일본졸업

일본졸업
왜 일본이 사과할 것이라고 생각하는가?

초판 1쇄 발행 2020년 11월 11일

지은이
윤형돈

편집
윤형돈

교정
장윤정, 한종훈

디자인
로컬앤드

펴낸이
윤형돈

펴낸곳
지식공장장

출판등록
2020년 6월 25일
(제2020-68호)

팩스
0504-159-4627

이메일
inswrite@gmail.com

브런치
https://brunch.co.kr/@hdyoon

ⓒ윤형돈, 2020

ISBN
979-11-971079-0-0 03300

이 도서의 국립중앙도서관 출판예정도서목록(CIP)은 서지정보유통지원시스템 홈페이지(http://seoji.nl.go.kr)와 국가자료종합목록 구축시스템(http://kolis-net.nl.go.kr)에서 이용하실 수 있습니다. (CIP제어번호 : CIP2020038867)

이 도서는 한국출판문화진흥원의 '2020년 우수출판콘텐츠 제작 지원' 사업 선정작입니다.

※이 책은 저작권법에 따라 보호받는 저작물이므로 저작권자와 출판사의 허락 없이
  이 책의 내용을 복제하거나 다른 용도로 쓸 수 없습니다.
※책값은 뒤표지에 있습니다. 잘못된 책은 구입한 곳에서 교환해 드립니다.

왜 일본이
사과할 것이라고
생각하는가?

일본졸업
日本卒業

윤형돈
지음

지식공장장

머릿말

역사를 통해 짚어보는
앞으로 한국이 접할 일본

2020년 8월 말, 아베 신조(安倍晋三) 총리는 일본 최장수 집권 총리라는 타이틀을 단 채 사임 의사를 발표했다. 이후 새 총리로 스가 요시히데(菅義偉) 씨가 결정되고 국민에게 내각 재산임을 묻는 투표를 진행한다. 10월에는 새로운 내각이 탄생하고 이 내각이 한국과 수교를 맺어나갈 것이다.

그런데 이쯤에서 궁금증이 생긴다. 아베 내각이 아니라면, 새 내각이 집권하면 한일관계는 좋아질까? 극우 행보를 멈추고 한국에 우호적으로 나올까? 일본의 새 내각이 극우 행보를 멈추면 한국의 고민은 사라질까?

일본은 참 이해하기 어려운 나라다. 사회·문화적인 면에서는 한국과 닮은 부분도 많고 교류도 활발해서 잘 통하는 것 같은데 어떤 순간에는 전혀 예측할 수 없는 행보를 보여서 한국인을 자극하고 한국을 헤집어놓는다. 한 예로 한국인들은 왜 일본은 과거사를 사과하지 않고, 사과를 번복하는지 이해하지 못한다. 그리고 일본의 뻔뻔한 태도에 분노한다.

이는 우리가 일본이라는 상대를 단편적인 지식으로만 이해하고 이유는 생각하지 않기 때문에 일어나는 현상이다. 하나의 사실을 놓고 논리성, 도덕성만 놓고 욕심과 본성을 젖혀놓고 평가하니 일본이 이상해 보이는 것이다.

하지만 우리 주변에서 일어나는 여러 가지 일은 생각외로 논리적으로 일어나지 않는다.

　우리가 꽤 많이 접할 교통사고 수습을 예로 들어보겠다. 교통사고를 내면 가해자가 사과하는 것은 우리가 알고 있는 상식이다. 그러나 현실은 그렇게 돌아가지 않는다. 함부로 사과하면 없던 배상 책임도 생긴다. 그래서 피해자는 목덜미부터 잡고 나오고, 가해자는 피해자를 걱정하기는커녕 과실을 줄이기 위해 보험사에 연락부터 한다. 이렇게 불려 나온 보험사 직원은 원칙대로라면 우리를 도와줘야 하지만, 현실상에선 나중에 일어날 분쟁조절, 나아가 앞으로 언제 올지 모를 상대방 회사로 이직할 기회를 아껴두기 위해 자기 고객이 전혀 잘못이 없어도 9:1로 처리할 것을 권한다.

　이렇게 세상은 우리가 알고 있는 지식을 배반한다. 그래서 우리는 세상에서 살아남기 위해 지식이 아니라 지식의 대상이 발생한 이유를 생각해야 할 것을 강요받는 세상에서 살고 있다.

　한일관계도 마찬가지다. 일본을 위한 가장 나은 방법은 제대로 사과하고 두 번 다시 재발하지 않게 제도를 마련하는 것이다. 하지만 그들은 사과의 기억이 사라지기 전에 과거를 부정한다. 심지어 일본이 미국과 함께 일방적으로 밀어붙인 '불가역적 위안부합의'를 먼저 깬 것은 그 누구도 아닌 바로 합의를 밀어붙인 당사자이자 최대의 수혜자인 아베 총리 본인이었다.

　차라리 그들이 정말 무능하고 제정신이 아니어서 그런 일이 일어났다면 이해라도 가겠다. 하지만 여러 가지 단편적인 지식을 인과관계를 갖고 분석해보면 나름대로 치밀한 전략하에 실행되고 있으며 더 큰 문제는 이 치밀한 전략이 한국의 미래에 드리우는 먹구름을 몰고 올 것이라는 사실이다.

　세상 혼자서만 살 수 없듯 우리는 일본과 참 많이 얽혀 있다. 역사상 수많은 나라가 이웃 나라와 먹거리 싸움을 해왔으며, 특히 한국과 일본은 전 세계적인 저성장의 시대에서 코로나 19사태 이후 펼쳐지는 변혁의 하는 시대, 미국과 중국의 패권게임으로 인해 대립하는 시대에서 서로 간의 영역을 지키기 위해 싸워야 한다.

이 책은 아베 총리가 물러난 이 시점에서 **역사를 바탕으로 한국, 일본의 관계를 기초부터 다시 생각해보자는 의미로 쓴 책이다.** 시중에 일본의 기초를 다룬 책이나, 일본에 관련된 핵심영역에 대해 전문적으로 판 책은 있어도 일본이라는 나라를 단편적으로 알고 있는 사람에게 한국이 처한 위협에 대해 이해할 수 있게 체계적으로 쓴 책은 보이지 않기 때문이다. 우리나라는 국가의 위협을 깨어난 국민들의 힘으로 헤쳐온 나라다. 그리고 그 위협의 상당비중은 일본이 차지하고 있다. 그러므로 앞으로 펼쳐질 일본의 위협을 극복하기 위해선 한국발전의 핵심이자 주역인 국민들의 이해가 꼭 필요하다.

앞으로 한국과 일본은 계속 부딪힐 것이다. 양보하고 싶어도 할 수 없는 상황이 올지도 모른다. 이미 무력도발, 수출규제 등의 사건으로 국가 간의 충돌은 시작되었다. 그렇다면 우리는 어떻게 이를 바라봐야 할까? 어떻게 대처해야 할까?

이런 의문을 해결하기 위해 내가 활용한 도구는 철저히 역사다. 이 글에서 나온 예측은 대부분이 과거 일본의 행위, 과거 세계역사의 흐름에서 나왔다.

내가 역사를 활용한 이유는 내가 경영학도이기 때문이다. 경영학이 역사와 무슨 관계가 있느냐고? 경영학이라는 이리저리 치장해봤자 본질은 과거 사례라는 역사를 바탕으로 인간의 행동을 이해, 미래를 대비하는 학문이다. 즉 우리가 역사를 배우는 이유와도 닿아있으며, 설령 나의 지식, 통찰력이 나를 버리더라도 역사가 나를 버린 적은 아직은 없었기 때문에 역사의 힘을 빌렸다.

인류학자 루스 베네딕트(Ruth Benedict) 교수는 일본에 한 번도 가보지 않았음에도 '국화와 칼(The Chrysanthemum and the Sword)'이라는 명저를 낳았다. 국화와 칼이 명저가 된 이유는 일본인을 잘 분석했기 때문이기도 하지만 미국이 '일본을 통치할 때 필요한 내용'이라는 '목적'에 충실히 답한 것이 더 크다. 그들의 정신세계의 배경을 설명하고 그들을 대하는 방법을 제시함으로써 미국이 도저히 이해할 수 없는 일본을 이해하고 효율적으로 '통치'하는 데 도움을 주었다. 그리고 우리가 그들의 정신세계를 엿보는 데도 도움이 되었다.

하지만 지금 한국의 상황은 다르다. 한국은 일본을 통치하기 위해 분석하는 게 아니라, 경쟁해서 치고 나가기 위해, 그들의 계략에서 벗어나기 위해 배워야 하는 상황이다. 그렇다면 경쟁을 하기 위해 무엇이 필요한지 이해해야 한다. 그들의 계략에 빠지지 않기 위해 뭘 해야 하는지 이해해야 한다.

물론 시중에는 이를 위한 좋은 책들이 많다. 그러나 너무 기본적이거나 반대로 깊이 있는 내용이라 이를 하나의 흐름으로 이해하기 어렵다는 한계가 있다. 이것이 이 책을 쓴 이유고, 그렇기에 이 책이 엄청난 경쟁률을 뚫고 한국출판문화진흥원의 '우수출판콘텐츠'로 선정되었을 것이다. 세상에 필요한 책으로 꼽혔을 것이다.

이 책은 다음 세 가지를 염두에 두고 썼다.

첫째, 일본에 대한 지식이 많지 않은 사람, 어느 정도 있는 사람들이 읽기 쉽도록 편집했다. 알려진 사건, 에피소드에 관한 내용은 짧게만 다뤘다. 요즘 책을 읽는 독자들은 기본 지식을 갖추고 있거나, 궁금한 부분을 찾아가며 읽는 재미를 아는 지식인들이다. 이런 독자들에게 너무 자세한 설명을 하는 것보다는, 거시적인 이야기를 하는 것이 더 좋다고 생각했다.

둘째, 설명은 될 수 있으면 주석으로 뺐다. 일본에 대한 이해도는 사람마다 다르다. 이런 상황에서 일일이 설명을 하면 아는 이야기를 읽는 사람이 지루해질 수도 있고, 그렇다고 다 빼버리면 일본에 대해 잘 모르는 독자가 혼란에 빠질 수도 있기 때문이다.

셋째, 역사적 기록을 많이 활용했다. 역사는 거짓말을 하지 않고, 사람들은 그 역사를 답습하는 경향이 많다. 그래서 사람을 판단하고 싶으면 과거에 한 행동을 돌아보고, 기업에 투자하고 싶으면 과거 행적을 보는 것이 가장 좋다.

많은 국가가 본인들이 벌인 과거의 실수를 그대로 답습한다. 특히 일본은 더 심하다. 과거의 행동 패턴이 오늘날까지 그대로 반복되는 특이한 나라다. 그래서 그들의 여러 가지 행동, 목적을 역사적 사례를 바탕으로 설명, 여러분들을 설득하고자 했다.

혹자는 일본은 우리보다 대국이니 그에 맞춰 행동하는 외교가 필요하다고 말한다. 심지어 저자세로 가야 한다고 한다. 하지만 이는 인간에 대한 기본적인 이해가 없는 얕은 지식만으로 판단했기에 나오는 결론이다.

진짜 강자에게 저자세로 굽히면 더욱 강한 압박이 들어온다. 그렇게 시달리다 끝내 잡아먹힌다. 그러므로 오래 살아남기 위해선 원칙을 지키며 당당히 받아쳐야 한다. 이는 인간관계의 확장판인 국가 간의 관계에서도 마찬가지이다. 특히 한일관계에선 더욱 그렇다.

과연 우리는 어떻게 이 관계를 풀어나가야 할까? 어떤 인식을 버리고, 어떤 인식을 갖춰야 할까? 이 책은 그 답 중 하나를 역사를 통해 찾아나가는 방법을 담은 책이다.

2020년 윤형돈

차례

머릿말　역사를 통해 짚어보는 앞으로 한국이 접할 일본　5

1장　정치에 분노하지 않는 일본인, 한국에 분노하는 일본인

1. 일본에선 사회를 바꾸기가 유난히 어렵답니다　14
2. 내 출세 여부는 사회 시스템이 정해줍니다　29
3. '와'라는 이름의 평화로운 통제 시스템　42
4. 일본성장의 1등 공신, 매뉴얼의 배신　54
5. 무너진 거품경제의 칼날, 한국을 향하다　64

2장　일본을 비추는 역사라는 거울

6. 전범의 후손은 역사 왜곡의 꿈을 꾸는가?　78
7. 군대가 자신의 필요성을 증명하는 법　95
8. 야스쿠니는 절대 사라지지 않는다　103
9. 일본은 절대 사과하지 않는다　121
10. 칼을 든 전쟁, 돈을 쥔 전쟁　131
11. 일본 최대의 약점을 둘러싼 싸움　150

3장   **일본의 현재, 미래를 말하다**

     12. 일본의 공격을 막는 최고의 방법   172
     13. 일본은 부활할 수 있을까?   179
     14. 올림픽과 경제 그리고 전범   195
     15. 앞으로의 한일관계   210

맺음말   일본 졸업   224
참고문헌   읽어보면 좋은 책들   237

1장

정치에 분노하지 않는 일본인, 한국에 분노하는 일본인

2019년 일본에선 아베 정부가 국가 관리하에 있는 최저임금 관련 데이터를 멋대로 조작한 일이 일어났다. 기업들로 하여금 임금을 늘리게 유도하고, 그를 바탕으로 세수를 늘리려는 목적이었다. 하지만 이는 국가경제 설계에 큰 악영향을 끼치는 범죄다. 이 점을 지적하는 야당의 공세에 아베 총리는 다음과 같이 답한다.

"내가 국가다."

태양이라는 이름이 붙은 번쩍거리는 어느 왕을 연상시키는 이 답변에, 민주주의에 익숙한 한국 사람들은 기가 막혔다. 그런데 이후의 상황은 더 기가 찼다. 아베 총리의 이 발언 때문에 일본에서 촛불 혁명까진 아니더라도 데모 정도는 일어날 거라 예상했는데 정작 일본은 너무나 평온했던 것이다. (이는 일본이 사실상 독재국가 형태로 운영된다는 점을 우리가 몰랐다는 데서 비롯된 착각이었다.)

제2차 세계대전에서 승리한 미국은 일본에 민주주의 시스템을 이식하려 했으나, 일본인들은 그것을 자국의 봉건주의에 맞게 고쳐서 정착시켰다. 일본의 사회와 문화가 독특한 특징을 형성하게 된 이유다. 일본의 행동을 이해하기 위해선 이 배경을 알 필요가 있다.

1.
일본에선 사회를 바꾸기가
유난히 어렵답니다

일본 사회에서는 기존의 제도를 바꾸는 것이 힘들다.
일본인의 모든 것은 제도에 순응하면서 시작된다.

당하고만 사는 국민?

2018년 일본 정부는 수도민영화법을 통과시켰다. 당시 한국인들은 남의 나라 일이니 그저 그러려니 한 모양이다. 그러다 1년 뒤 그 법이 시행될 때에야 이웃 나라의 상황에 관심을 두기 시작했다. 통과될 때 가만히 있던 일본인들이 그제야 격하게 반응했기 때문이다.

일본에서 민영화가 문제로 떠오른 건 이것이 처음이 아니다. 상당수의 서비스가 민영화가 되어 국민에게 부담을 주었는데 이중 철도 민영화가 주는 부담은 한국인인 우리도 일본에 가면 바로 느낄 수 있다. 서울 지하철의 경우 9호선과 공항철도 외에는 공영이기 때문에 별도의 환승 처리 없이 환승이 가능하지만, 일본은 선로별로 운영하는 회사가 다른 경우가 많아 환승 할인이 안 되는 데다 요금도 제멋대로다.

그만큼 교통비도 엄청나게 많이 들기 때문에 일본의 회사들은 아무리 작은 곳이라 해도 직원들에게 교통비를 별도로 지원해준다. 인재 모집에 있어 교통이 큰 걸림돌이 된다는 뜻이다. 이렇듯 민영화된 교통으로 골치가 아픈 상황에서 수도, 전기까지 모두 민영화되고 있는데, 그런데도 일본인들은 이런 문제에 무관심하다. 그들에겐 더욱 나은 사회에 대한 희망이 없는 것일까? 아니다. 희망을 실현하는 방법이 한국과 다를 뿐이다.

한 국가를 이해하기 위한 가장 좋은 방법은 그 나라에서 존경받는 위인들의 공통점을 찾아 주요 사건들과 연결해보는 것이다. 미국에선 코로나19 예방을 위해 마스크를 쓰라는 경고가 잘 지켜지지 않는다. '자유'를 침해당한다고 생각하는 사람들이 많기 때문이다. 미국인들은 총기 규제에 대해서도 개인의 생명을 지키는 '자유'를 침해한다며 반대했다. 자유를 중시하기에 그들은 프랭클린 루스벨트(Franklin Roosevelt), 벤저민 프랭클린(Benjamin Franklin), 조지 워싱턴(George Washington), 에이브러햄 링컨(Abraham Lincoln) 등 '자유'를 위해 뛴 위인들을 존경한다.

한국에선 세종대왕과 이순신 장군이 뭇 한국인들로부터 존경을 받는다. 한 사람은 평화로운(?) 시대를 이어받은 지식인, 다른 한 사람은 청렴함과 능력을 모두 갖춘 듯한 장수다. 두 인물의 공통점이 있다면 '삶의 방식'이다. 둘 다 일 중독자였고, 둘 다 공정하고 엄격했으며, 둘 다 백성을 사랑하는 리더였다.

국정 모니터링 시스템인 e나라지표의 2019년 통계를 보면 우리나라의 부패인식지수(CPI)는 59점으로 180개국 중 39위로 부패와 꽤 거리가 있는 것 같지만, OECD 국가들과 비교해보면 36개국 중 27위로 최저 수준의 청렴도를 보인다. 2020년엔 불법휴가시설 강제철거 시기에 담당 공무원이 해당 시설을 운영하는 업주에게 조심하라고 주의를 주는 장면이 방송을 탄 적도 있다. 2000년도, 2010년도 아닌 무려 2020년에 말이다.

자기 안위만을 위해 힘쓰는 사람들이 이렇듯 지금도 버젓이 존재하니, 일반 국민들 사이에서 공정하고 백성을 위하며 살신성인했던 위인들이 인기를 끄는 것도 이해가 간다.

일본의 경우는 어떨까? 대개의 일본인이 존경하는 인물로는 오다 노부나가(織田信長), 사카모토 료마(坂本龍馬), 사나다 유키무라(真田幸村/真田信繁) 등이 있고 가끔은 도요토미 히데요시(豊臣秀吉)나 도쿠가와 이에야스(德川家康)도 언급된다. 그런데 언제부턴가 뜬금없이 비교적 현대의 인물인 다나카 가쿠에이(田中角栄)까지 등장한다. 가쿠에이는 미국의 항공기 제조회사 록히드(Lockheed, 현재의 록히드마틴)로부터 뇌물을 받아 일본 총리 최초로 실형을 선고받은 범죄자다. 한국인 관점에서 보면 이들 인물 간의 공통점이 안 보인다. 그도 그럴 것이 이를 이해하려면 일본의 역사가 만들어지는 방식을 이해해야 하기 때문이다.

이미지와 일본 역사

한국 사람들이 역사를 이야기할 때 중시하는 것은 '사실'이다. 《조선왕조실록》, 《승정원일기》 등 세계 최고 수준의 기록자료 덕분에 후손들이 사실을 넘어 여러 사건들의 인과관계까지 이해할 수 있게끔 역사가 기록되어왔기에 사실을 중시하는 성향이 강하다.

한 예로 영화 '나랏말싸미'가 관객들로부터 비난받은 이유 역시 세종이 한글을 만든 것은 아니라는 사실이 아닌 이야기를 했기 때문이다. 수많은 역사적 기록이 부정하는 해석, 한국인의 이상형까지 무너뜨리는 듯한 시도 탓에 이 영화는 손익분기점도 넘기지 못하는 참패를 맛봤다.

이에 반해 일본은 사실이 아닌 '이미지'에 집중한다. 이는 일본 기록의 특수성 때문이다. 한국과 달리 일본에는 중앙정부의 공식기록이란 것이 존재하지 않는다. 19세기의 메이지 유신(明治維新)' 전까지만 해도 일본에선 쇼군, 즉 정이대장군(征夷大将軍)에 의해 각 지역의 영주인 다이묘(大名)가 통치하는 봉건주의 제도가 운용되었다. 더불어 역사 기록은 각각의 다이묘들에게 고용된 이들이 담당했는데, 그렇다 보니 다이묘로부터 급여를 받고 역사를 기록하는 '유우히츠(右筆)'[2]는 자신의 고용주에게 애정을 실어 서술할 수밖에 없었다.

어느 기업이라도 CEO에 관한 보도자료를 해당 회사의 사원이 작성한다면 휘황찬란한 미사여구나 과장이 들어가기 마련이다. 왕이 볼 수 없는 《조선왕조실록》조차도 그것을 기록한 이가 '사관'이라는 한 명의 '인간'이기에 파벌에서 벗어날 수 없었을 것이란 점에서 논란에 오르곤 하는데, 하물며 고용주가 일일이 검토하는 기록이라면 그 객관성과 사실성은 어떤 수준이겠는가?

그렇기에 일본의 지방 기록은 '백성이 원하는 지도자'를 만들기 위한 '이미지'를 만드는 작업이었다. 일례로 일본 전국시대의 다이묘였던 다케다 신겐(武田信玄)은 기마군단을 통솔했다고 기록되어 있으나, 당시 일본에 있었던 말은 조랑말이 전부였다. 조랑말은 이동에 적합할 뿐, 유격전에 적합하지 않으니 기마군단의 역할은 짐을 옮기는 게 고작일 것이다.

이런 식이라 일본의 역사연구는 여러 나라(国, 쿠니)[3]가 쓴 역사 기록을 교차 검증하여 합리적 사실을 정립하는 방식으로 이뤄지고, 이 과

---

1   막번 체제를 해체하고 왕정복고를 통한 중앙 통일 권력의 확립에 이르는 광범위한 변혁 과정을 말한다. 이후 일본은 서양식 제도와 문물을 받아들여 기존과는 다른 형태로 발전한다.

2   일본어 사전에서 '사관(史官)'이라는 단어를 찾아보면 '고대 중국에서 역사를 기록한 사람의 직책'이라고 나온다. 다시 말해 일본에는 그러한 관직이나 직무, 개념 자체가 존재하지 않는다는 뜻이다.

3   쿠니(国)와 번(藩)의 차이: 쿠니(国)는 율령제, 즉 메이지 시대 이전을 나타내는 말이며 번(藩)은 메이지 시대에 덴노에게 권력이 반환된 이후의 표기다. 이 책에서는 이 두 가지를 상황에 맞춰 번갈아 표기한다. 또한 '번'은 편의상 '번'으로 통일하여 표기하기로 한다.

정에서 일본의 위인들은 키워드를 바탕으로 마케팅된다. 오다 노부나가의 경우, 일본을 통일하는 과정에서 승려 집단이자 무장 세력인 엔랴쿠지(延曆寺)를 제압하기 위해 절에 불을 질러버린 비정함 덕분에 '제육천마왕(第六天魔王)'[4]이라는 악명이 붙은 것이 대표적 예다.

　일본 개화에 크게 기여한 사카모토 료마(坂本龍馬)는 한술 더 뜬다. 그는 일본인이 가장 사랑하는 위인이며, 한국에서도 시바 료타로(司馬遼太郎)의 소설 《료마가 간다(竜馬がゆく)》 덕에 널리 알려졌다. 문제는 소설 속 료마와 실제의 료마가 사실상 다른 인물임에도 사람들이 소설 속 인물에 더 익숙하다는 것이다.

　물론 작가는 이를 숨길 생각이 없기에 '소설의 캐릭터는 창작의 산물'이라며 주인공 이름을 실제 인물의 이름인 '료마(龍馬)'가 아닌 '료마(竜馬)'로 바꿨다. 즉, 대중에게 익숙한 료마는 실존 인물인 사카모토 료마가 아닌, 작가 시바 료타로의 사상을 대변하는 가상의 인물인 것이다.

노부나가와 료마

조사기관과 시기에 따라 일본인이 좋아하는 위인은 한국과 비교할 때 꽤 자주 바뀌는 편이다. 그렇다면 이 위인들의 키워드를 바탕으로 일본의 변화하는 시대상을 읽어내는 것도 가능할 것이다.

　일본인이 존경하는 인물 리스트에 단골로 들어가는 오다 노부나가와 사카모토 료마를 구글 트렌드에서 검색하면 '변혁'이 연관 검색어에서 높은 순위를 차지하고 있음을 알 수 있다.

　변혁의 사전적 의미는 '급격하게 바꾸어 달라지게 함'이다. 그러나

---

[4]　불교에 나오는 강력한 악마로 마라 파피야스, 마구니, 마군 등으로 불리기도 한다. 이는 노부나가가 불교 집단을 공격했기에 붙은 별명이지만, 마라의 성격 자체가 비열하고 치졸하다는 점에서 노부다가를 비하하는 의미를 갖는 별명이기도 하다.

내가 생각하는 일본은 이 단어와 도저히 어울리지 않는 나라다. 매뉴얼의 나라, 시스템의 나라, 그래서 아무리 결과가 좋아도 매뉴얼을 어기거나 시스템을 무너뜨리면 피해를 보는, 혹 본다고 생각하는 나라가 '변혁'을 꿈꾼다는 건 어딘가 논리에 맞지 않는다.

사실 일본인만이 '변혁'에 어울리지 않는 것은 아니다. 인간은 배부르고 등 따뜻하면 현실에 안주하는 습성이 있고, 불교에선 이를 지옥에 떨어진 칸타타가 목숨이 위험함에도 벌꿀을 받아먹으며 지옥탈출에 대해선 아예 잊어버린 우화를 통해 풍자한다.

그러니 만약 인간이 무언가를 위해 변혁을 시도하는 때는 결핍을 느꼈을 때, 혹은 받아먹을 꿀이 더 이상 없을 때다. 다만 일본은 유난히 이런 성향이 심하다.

지금은 상상도 할 수 없지만 1980~1990년대의 일본은 IT 최강국이어서, 독자적 규격의 하드웨어와 소프트웨어를 만들 수 있음은 물론 이를 바탕으로 독자적인 기술만으로 시스템을 구축하는 것도 가능했다. 그들이 제작한 게임 소프트웨어는 전 세계를 뒤흔들었고 일본을 게임 종주국으로 만드는 데 이바지했다. 그러나 일본은 여기서 멈췄다.

반면 한국은 정 반대다. 과거 한국만의 생태계에 만족하던 수많은 기업은 2009년 한국에 아이폰이라는 차세대 플랫폼이 진출하자 매출에 타격을 입거나 무너져내렸다. 하지만 한국은 멈추지 않았다. 삼성은 안드로이드 생태계에서 손꼽히는 우수한 하드웨어를 만들어냈고, 카카오는 메신저를 바탕으로 하는 모바일 플랫폼을 선보였다. 또한, 네이버는 아예 일본에 라인(Line)이란 자회사를 세웠고 동명의 메신저로 일본의 메신저 시장을 장악해버렸다. 과거 IT 강국이었던 일본에서 현재 가장 잘 팔리는 것은 아이폰이고, 그다음이 삼성의 스마트폰이며, 국민 메신저는 라인이다. IT인프라를 완전히 구축한 국가가 후발주자의 서비스에게 시장을 내어준 셈이다. 대체 일본에선 약 20~30년 사이에 무슨 일이 일어난 걸까?

'변혁'이 지금의 상황에 만족하지 않고 다음 단계로 오르기 위한 도전이라면, '변화'는 지금의 상황을 좋게 만들어 보다 나은 생활을 살기 위한 노력이다. 이 둘은 닮아 보이지만 근본적인 면에서 전혀 다르다. 한국의 경우 적극적으로 변화를 주도하는 모습은 많이 보이지 않지만, 극한의 한계에 몰리면 변혁하려 한다. MMORPG(대규모 다중사용자 온라인 롤플레잉 게임)에만 집착하다가도 모바일 게임의 발전 가능성이 보이면 기반을 바꾸려 하고, 엔진과 파워트레인이 달린 차만 고집하다가도 세계 자동차 산업의 중심이 전기차나 수소차, 자율주행으로 옮겨가면 그에 대해 준비를 해나간다.

하지만 일본은 다르다. 샤프(Sharp)는 LCD 수요가 포화상태에 이르렀음에도 LCD를 증산하려다가 무너졌다. 또 세계가 LCD와 PDP 시장에서의 주도권을 놓고 싸우는 상황에서도 브라운관에만 집착하던 소니(Sony)는 그 전까지 한 수 아래로 보던 삼성으로부터 패널을 구입하여 자사 제품을 생산해야 하는 신세가 되었다.

물론 변혁을 이룬 일본 기업이 전혀 없는 것은 아니다. 그러나 국가, 사회, 기업의 역사에서 보자면 그런 사례가 거의 존재하지 않는다.

왜냐하면, 지금 일본은 미래가 아닌 거품경제의 절정기, 그때 일본이 누렸던 찬란한 영광의 시절에 대한 향수에서 벗어나지 못하고 있기 때문이다. 다른 나라들이 도저히 자국의 수준에 다다를 수 없었던 시절, 세계 모든 국가가 자국을 부러워하던 그 시절로 돌아가려는 열망이 너무나 강한 것이다. 그 탓에 일본은 모든 것을 무너뜨리고 새로운 발전을 꾀하는 '변혁'보다는 현재 상황을 조금 더 낫게 바꿔보려는 수준의 '변화'를 택하고 있다.

변혁은 자신의 위치에 안주하지 않고 도전하려는 자만이 해낼 수 있고, 그렇기에 끊임없이 변혁을 시도하는 이들은 대개 불안한 입지에 놓인 사람들이다. 일본인이 좋아하는 오다 노부나가와 사카모토 료마의 공통점도 바로 이것이다. 그들의 삶은 결코 안정적이지 않았다. 노부나가는 오와리(尾張)[5]의 다이묘인 오다 노부히데(織田信秀)의 둘째 아들로 태어나 두 살 때 나고야성의 성주가 되었다. 얼핏 보면 요즘 흔히 말하는 '금수저', '갓물주' 같지만 실제로는 하루살이였다. 당시 오다 가문은 신생 영주였기에 지지 기반이 약했을 뿐 아니라 이전에 오와리를 지배했던 시바(斯波) 가문의 위협을 받고 있었다. 게다가 노부나가의 아버지 노부히데는 직계가 아닌 방계였기 때문에 순혈주의를 내세우는 직계들이 목숨까지 노리는 상황이었다. 즉, 노부나가는 제 명에 못 죽을 확률이 지극히 높은 인물이었다.

리스본 출신의 선교사 루이스 프로이스((Luís Fróis)[6]는 노부나가를 다음과 같이 표현한다.

명예심이 충만하고 정의감이 강했다. 때로는 인정과 자비를 베풀 줄 알았다. 하지만 다른 사람을 믿지 않았으며 형식에 얽매이지 않았다. 온갖 미신은 물론 신과 부처도 거부했다.

오다 노부나가는 '오와리의 바보'라 불렸다. 남들은 서로 연합해서 세력을 불리고 군량을 비축하는 판인데 그는 씨름대회를 열어 젊은 사

---

5 현재의 아이치현(愛知県).

6 포르투갈 예수회 소속 사제이자 선교사. 저서 《일본사》로 전국시대의 일본, 임진왜란 및 정유재란에 관한 기록을 남겼다. 노부나가는 자신을 위협하지 않는 한 종교에 관대했으므로 프로이스와 좋은 관계를 유지했으나, 이후 정권을 잡은 도요토미 히데요시는 종교를 배척했기에 그를 나가사키로 추방했다.

람들과 씨름을 하며 놀거나 그저 할 일 없이 영지를 어슬렁거렸다. 사람들은 그런 모습을 보며 그를 바보라 비웃었다. 그러나 이게 최고의 전략이 될 줄을 누가 알았으랴.

노부나가는 실용주의자였다. 그가 열었던 씨름대회는 세력 하나 없는 자신을 따를 무사를 직접 고르기 위한 시험장이었고, 그가 슬렁슬렁 영지를 돌아다녔던 시간은 한정된 자원으로 자신의 영토를 지키기 위한 분석 시간이었다. 이는 노부나가가 취할 수 있는 최선의 전략이었을 것이다. 만약 드러내놓고 병력을 모았다면 직계가 그를 가만히 놔둘 리 없었을 테니.

이 결실이 증명된 것이 바로 오케하자마 전투(桶狭間の戦い)다. 1554년 당시 최강 군벌인 쓰루가(駿河)의 이마가와 요시모토(今川義元)는 3만 동맹군을 몰고 오와리를 침공한다.

당시 오와리의 군사는 불과 2,000명, 규모만 해도 15배 차이인데 전투 경험의 격차는 훨씬 더 벌어지는 승산 없는 전투였다. 결국, 노부나가는 몇 번 전투도 채 하지 못한 채 언덕 위에 갇혀버렸고, 이마가와는 크게 기뻐하며 언덕을 포위한 채 잔치를 벌인다. 누가 봐도 노부나가는 죽은 목숨이었다.

하지만 변수가 생겼다. 노부나가가 갇힌 언덕에 숨은 통로가 있었던 것이다. 노부나가는 적이 방심한 틈을 틈타 이곳으로 빠져나가려 했다. 그런데 그가 나온 곳은 하필, 이마가와가 있는 본진이었다. 순간의 선택은 운명을 가른다.

노부나가는 도망을 포기하고 적의 리더를 치는 쪽을 택한다. 놀란 이마가와는 필사적으로 도망쳤으나 결국 노부나가에게 죽고, 이마가와의 위세에 의해 반강제로 모인 동맹군은 맥없이 흩어졌다.

이런 파격적 변혁에 맛을 들인 탓인지 노부나가는 이후에도 형식을 파괴하기 시작한다. 칼로 싸우는 정정당당한 대결에 조총이라는 반칙을 끌어들인 최초의 인물도, 다들 서양 문물을 거부하던 시기에 그것을 흡수하는 것도 모자라 흑인 용병까지 고용할 정도로 파격적이었던 인물이 노부나가다.

사카모토 료마도 지위가 불안한 인물이었다. 노부나가에 관해선 기록이라도 남아 있지만, 료마는 기록 자체가 부족하다. 상인 가문이었던 료마 집안은 돈을 주고 '사카모토'라는 무사 계급을 샀다. 돈으로 산 무사 계급이니 인정을 받았을 리 없고, 따라서 기록이 남았을 리도 만무하다.

무사로서 출세하는 것이 불가능했던 료마는 자연스럽게 본업인 상업에 집중했다. 당시 일본은 미국 페리호의 강제 개항을 기점으로 사회 시스템이 크게 흔들리는 중이었던 데다 에도(江戶) 막부'와 조슈(長州) 번, 사쓰마(薩摩) 번이 갈라져 싸우고 있었다.

료마는 이런 상황을 이용, 에도(오늘날의 도쿄)에 상경하자마자 가이엔타이(海援隊)[8]라는 조직을 만들어 당시 막부에 무역봉쇄를 당한 조슈 번에 무기를 공급해주었다. 이 과정에서 사쓰마 번에도 이익이 생기자 료마는 자연스럽게 조슈 번과 사쓰마 번을 어우르는 큰 손이 되었다.

료마는 기존 질서를 없애야 자신이 성장할 수 있다고 생각했다. 그 기존 질서의 총아는 기존 권력자인 에도 막부였다. 그 때문에 료마는 조슈 번과 사쓰마 번을 중재하는 삿초동맹(薩長同盟)[9]을 제안함으로써

7 일본의 통치 시스템은 덴노(天皇, 천황)를 중심으로 한 '조정'과 장군을 중심으로 한 '막부'의 이중 정부로 구성되었는데, 모든 실권은 막부가 가졌다.

8 훗날 미쓰비시(三菱) 그룹의 토대가 된다. 조선인 강제징용 판결에서 패소한 그 기업 맞다.

9 막부 시대 말기에 에도 막부의 눈 밖에 나 있던 조슈 번, 사쓰마 번의 경제력과 정치력이 급격히 성장했다. 하지만 두 세력은 사상이 달라 서로 엮이지 못했는데 료마가 이를 중재한 것이다.

에도 막부에 대항할 수 있는 세력을 형성했다. 더불어 그는 에도 막부가 천황에게서 찬탈한 권력을 돌려준다는 명분을 바탕으로 1867년에 대정봉환(大政奉還)[10]도 기획했다. 이것이 료마가 막부의 권력, 정당성을 위협하는 전략이었다.

이렇게 그는 변혁의 선두에 섰다. 하지만 료마는 안타깝게도 31세라는 젊은 나이에 암살당한다. 하지만 변혁을 향한 그의 시도는 성공을 거뒀다. 그가 세상을 뜬 뒤, 에도 막부가 무너지고 메이지 정부가 들어섰기 때문이다.

노부나가와 료마는 당시의 자기 입지가 불안했고 이를 해결하기 위해 변혁을 시도, 성공시킨 인물이란 공통점이 있다. 이들의 이야기는 변혁을 통해 불안한 현실을 바꾸고 싶다는 의지가 일본인들에게도 분명 있음을 보여준다. 그런데 지금의 일본인들은 왜 당장 자기 주머니를 위협하는 변혁에 관심이 없고, 이를 위한 행동조차 취하지 않는 것일까?

일본인의 일본식 변혁

한국도 남 이야기하듯 할 상황은 아니지만, 일본은 한국 이상으로 변혁이 힘든 사회인 데다 실패했을 경우 감당해야 할 위험성도 한국 이상으로 크다. 이는 사회의 여러 지표로 알 수 있는데 그 증거 중 하나가 샐러리맨이다.

일본은 국민의 90%가 샐러리맨이다. 즉, 대다수 국민이 정해진 월급으로 생활한다는 뜻이다. 또한, 회사의 급여나 승진 시스템이 지극히 안정적으로 돌아가기 때문에 직원들은 고속승진, 벼락출세를 꿈꾸

---

10 덴노에게 통치권을 반납하는 행위. 일본 사회에서 덴노의 입지가 바뀌는 계기가 되었다.

기 어렵고, 따라서 일본에서는 첫 직장의 월급이 평생 벌 돈을 결정하는 바탕이 된다.

물론 공무원을 최고 직업으로 꼽는 한국인들의 측면에서 보자면 '적은 돈이라도 평생 벌 수 있다면 그것만으로도 다행 아닐까' 싶겠지만 말이다.

문제는 월급이 인생을 결정하는 나라의 경제가 도통 성장하지 않는다는 점이다. 아니, 성장하지 않는다는 사실 자체보다는 거품경제가 무너진 1990년대 초반 이후 30년간 정체되어온 상태라 '과거가 더 나았다'라는 지표가 존재하는 것, 그리고 그 영광에서 벗어나지 못하고 있는 것이 더 큰 문제다.

일본경제의 추락은 지표가 증명한다. 2000년 초만 해도 일본 민간 기업의 평균 임금은 공무원의 그것보다 높았다. 하지만 그로부터 20여 년이 지난 지금은 공무원 평균 연봉이 667만 엔인 데 반해 민간 기업은 432만 엔에 불과하다. 그간 공무원의 임금은 계속 상승해왔지만, 민간 기업의 연봉은 정체되거나 오히려 줄어든 것이다. 게다가 공무원이란 직업은 정년이 보장되나 일반 회사원의 경우엔 평생 고용도 이뤄지지 않는다. 이런 사회에서 정체된 채 사는 사람들의 마음이 편할 리 없음은 당연하다.

이 예만 보면 한국과 일본이 비슷하다는 생각도 들겠지만, 조금 더 살펴보면 양국의 큰 차이가 드러난다. 한국은 한국전쟁 이후 신분제가 완전히 사라졌고, 이후부터 민주주의를 가치로 삼아왔다.

따라서 독재정권이 등장해도 끊임없이 들고 일어나 무너뜨렸고, 그 과정에서 국민의 주권의식도 점차 강해졌다. 국민이 용납할 수 없을 정도로 국가나 정권의 부정부패가 심각해지면 판을 바꾸는 데 대한 거부감이 적은 편이란 뜻이다.

하지만 일본의 경우 제2차 세계 대전에서 패전하긴 했으나 GHQ"의 정책, 한국전쟁 등의 상황으로 인해 전쟁범죄자, 즉 기존 권력자가 처벌받지 않은 상태에서 사회계층 및 지배구조가 그대로 존속되었다. 그래서 비록 쇼군/다이묘/사무라이라는 계급은 사라졌지만, 그 집안들은 여전히 지배 계층으로 이어진다. 다만 통치의 도구가 칼이 아닌 다른 것으로 달라졌을 뿐이다.' 그래서 일본 사람들은 무의식적으로 신분을 의식하기에 직접 정치를 하는 것보다는 자신들이 투표로 뽑은 정치가에게 제대로 정치를 해주기를 요구한다.

이렇듯 일본은 봉건주의가 여전히 유지되는 나라다. 이 때문에 현재 일본 사회에선 정치가의 이익과 국민의 이익이 다른 경우가 상당히 많이 나타난다. 정치가의 관점에서 국민의 안정된 생활은 선거철에나 필요한 것이고, 민영화의 떡고물은 항상 자신을 살찌우기에 국민의 요망(要望)에 큰 관심이 없다.

KBS의 토크프로그램인 '대화의 희열'에서 유시민 작가는 **"정치인은 자신이 옳다고 생각하는 것을 하는 자리가 아니라 '많은 사람이 원하는 일'을 이루어주는 자리"**라고 이야기했다. 많은 이가 원하는 일이 무엇인지 알리려면 누군가가 계속 목소리를 내야 한다. 하지만 '일본 국민들은 이것을 남의 일이라 여겨 거의 관심을 두지 않기에 경제위기, 안보위기만 아니면 정권 지지율이 대개 안정적이다. 그래서 일본의 정치가들은 국민의 지지율을 높이기 위한 단기적인 정책에만 힘쓰는 것이다.

지지율 제고를 위해 대개의 정치인은 두 가지 방법 중 하나를 취한다. 하나는 프랑스의 앙리 4세(Henri IV)처럼 국민들이 잘 먹고 잘살게 하는 방법을 찾고 시행하는 것이다. 그리고 다른 하나는 의도적으로

---

11 제2차 세계 대전 후 포츠담 선언에 기반하여 일본을 점령하고 관리하기 위해 설치한 연합국군 최고사령관 총사령부.

적을 만들어 국민의 분노를 그쪽으로 돌리는 것인데, 일본의 정치가들은 후자를 택했다. 그 가상의 적이 바로 '한국'이다.

일본의 적, 그 이름은 한국

1990년대 거품경제 붕괴 이후, 추락하는 자국 경제 탓에 일본의 총리는 1년 주기로 바뀌었다. 다만 그 운명을 피한 사람들도 있었으니 바로 고이즈미 준이치로(小泉純一郎) 총리, 아베 신조(安倍晉三) 총리다. 이 두 인물에겐 묘한 공통점이 있다.

첫째, 총리 취임 전에는 극우 행보 대신 친한파 행보를 보였다.
둘째, 취임 후 갑자기 극우 노선을 추진하며 한국에 공격적이 되었다.
셋째, 야스쿠니(靖國) 신사를 참배했다.[12]

내부에 위협이 있을 때 가상의 적을 만들어 결속을 다지는 것은 그간 인류 역사에서 너무나 많이 사용되어 누가 특허를 냈는지조차 희미한 전법이다. 미국의 도널드 트럼프(Donald Trump) 대통령은 '경제'와 '일자리 불안'이라는 내부 위협을 이민자 및 중국에 대한 공격으로 해결하려 한다. 그리고 일본은 한국을 골랐다. 이유는 간단하다. 한국은 오랫동안 중국, 러시아보다 쉬운 상대였기 때문이다. 이는 이후 천천히 설명하기로 하겠다.

재미있는 것은 앞서 언급한 정치가들이 자신의 이미지를 위해 역사적 위인들을 상당히 많이 활용한다는 점이다. 고이즈미 준이치로는 '괴짜(変人)' '일언거사(一言居士)'라는 별명을 가지고 있다. 말 한마디 한

---

12   일본의 71~73대 총리인 나카소네 야스히로(中曽根康弘)가 한 번 참배했다가 주변국의 반발로 그만둔 것을 제외하면 이 둘이 유일하다.

마디가 파격적이고 행동 하나하나가 괴짜여서 붙여진 별명이다. 상상이 잘 안 되는 독자라면 '펀쿨섹좌'라는 별명이 붙여진 그의 아들 고이즈미 신지로(小泉進次郎)의 행보를 떠올려보자. 그가 아버지의 복제판이니까.

고이즈미 준이치로의 파격적인 행보 덕인지, 노부나가의 일대기를 그린 소설 《혼노지(本能寺)》의 저자 이케미야 쇼이치로(池宮彰一郎)는 그에게 '노부나가'라는 별명을 붙여주었다. 이것이 매스미디어를 통해 브랜딩 되었는데, 이렇게 형성된 이미지를 등에 업은 고이즈미는 비주류인 데다 파벌이 약했음에도 총리 자리가 될 수 있었다.

이후 일본에선 파벌정치가 어느 정도 타파되고 비주류도 총리가 되는 시대가 열렸는데, 이런 시대적 배경에서 일본 권력의 정점에 선 사람이 바로 아베 신조 총리다. 그는 과거 조슈 번의 중심지였던 야마구치(山口)를 지역구로 하는 세습 정치인이기도 하다. 그래서 그가 고른 캐릭터가 바로 사카모토 료마다.

2019년 참의원 선거를 위해 아베 총리는 인기 게임 '파이널 판타지(Final Fantasy)' 시리즈로 유명한 삽화가 아마노 요시타카(天野喜孝)에게 의뢰해서 내각 주요 인사를 유신지사(維新志士, 메이지 유신의 주역들)로 묘사했다. 이때 아베 신조 총리가 사카모토 료마로 묘사되었다.

한국에서는 직계 후손이 아닌 이상, 아니 직계 후손이더라도 다른 장점이 있다면 역사 위인과 컨셉 매칭을 잘하지 않는다. 효과는커녕 역풍이 불기 때문이다. 고작해야 세종대왕, 이순신 장군의 동상이 서 있는 광화문에서 사진을 찍는 간접홍보가 고작이다.

하지만 일본은 다르다. 고이즈미 전 총리의 경우 확실한 효과를 얻었고, 아베 총리도 이를 통해 화제 몰이를 했다.

얼핏 보면 '연예인 오디션 프로그램'과 별 차이가 없는 듯한 이 이상한 현상이 일본 정치의 모습이다. 일본에서 민주주의라는 정치 시스템은 자리를 잡았으나 그것의 실제 운영은 민의를 반영하지 못한 채 표류하는 이유가 이것이다. 그러나 일본 정치인들은 이러한 상황이어야 권력을 편히 누릴 수 있으니 굳이 바꾸려 시도하지 않는다. 문제는 이 때문에 한국이 피해를 본다는 것이다.

2.
내 출세 여부는
사회 시스템이 정해줍니다

성장과 출세를 향한 욕구는 인간으로서 지극히 당연하다.
하지만 사회는 그 당연함을 자연스럽게 반박한다.
특히 일본에서는.

인간은 출세의 꿈을 꾸는가?

오프라인 서점의 베스트셀러 코너, 또는 온라인 서점의 판매지수를 가만히 들여다보면 알게 되는 한 가지 사실이 있다. 바로 자기계발서 분야의 책은 반드시 베스트셀러 목록에 든다는 것이다.

하지만 나는 이 부류 책 중 상당수를 그리 좋아하지 않는다. 이미지를 나타내는 키워드만 내걸어 판매할 뿐이지 구체적 방법은 제시하지 않기 때문이다. 즉, 될 것 같은 꿈만 키워주고 나머지는 알아서 하라는 책인 셈이다.

이런 '꿈을 위한 이미지'를 잘 파는 나라가 일본이다. 한국 베스트셀러에 들어가는 자기계발서 중 상당수는 일본에서 온 것이며, 제목만 그럴듯한 자기계발서가 잘 나오고 잘 팔리는 나라 또한 일본이다. 이는 일본인들에게 '성장'이 그만큼 절실한 이미지라는 이야기다.

그에 따라 자연스럽게 일본인들이 좋아하는 위인들 목록에도 새로운 얼굴들이 등장했다. 그중에 같은 키워드로 엮인 사람들이 있는데 그들이 바로 다나카 가쿠에이와 도요토미 히데요시다.

일본 역사에 관심이 전혀 없어도 공교육 시스템을 거친 한국인에게 풍신수길(도요토미 히데요시), 가등청정(加藤淸正, 가토 기요마사), 소서행장(小西行長, 고니시 유키나가) 트리오는 익숙한 인물이다. 임진왜란 당시 한국을 침략한 핵심 인물들이니까.[13]

그 리더인 히데요시는 한국 사람들에게 미운털이 단단히 박혀서, 일본 역사와 관련된 지식은 이토 히로부미(伊藤博文)가 안중근 의사에게 저격당한 사람이라는 정도밖에 갖고 있지 않은 사람조차도 히데요시의 악행에 대해선 세세히 알고 있을 정도다.

재미있는 것은 히데요시가 그간 일본에서 유명한 인물이 아니었다는 점이다. 한국사에서 임진왜란의 비중은 엄청나다. 이야기 자체도 흥미진진하지만 이후 조선의 국력이 크게 꺾였을 뿐 아니라 그로 인해 훗날 청나라 및 일본에 수탈당했다는 비극성, 그리고 이순신이라는 불멸의 영웅의 등장 등 여러모로 이 땅의 명줄을 뒤흔든 대서사시라 할 수 있기 때문이다.

하지만 일본에선 반대다. 우선 일본에서 역사 교육의 역할은 사회 구성원으로서, 또 일본인으로서 자긍심을 심어주기 위한 이미지를 만드는 것에 그친다. 과거를 반성하여 미래로 나아간다는 목적이 없는 것이다. 따라서 자국에 불리한 역사, 패자의 역사는 최대한 축소된다. 임진왜란에 대해서도 "히데요시가 추진한 조선 정벌이 '분로쿠의 역(文禄の役)[14]다' 정도로만 묘사된다. 덧붙여 패배자에게 유난히 가혹한 일본 사회의 정서도 히데요시의 무명세(?)에 불을 붙였다. 그랬던 그가 왜

---

13 공교육에서 원어 발음이 아닌 한자표기를 우선시하다 보니 생긴 현상. 현재는 원어 발음으로 교체된 교육이 시행되고 있다.

14 임진왜란의 일본식 표기. 분로쿠는 1592~1595년 당시 일본의 연호다.

갑자기 일본인들이 좋아하는 위인 목록에 오른 것일까?

　오다 가문을 무너뜨리고 일본 최고가 된 히데요시, 하지만 권력은 불안했다. 우선 정적이 많았다. 서부의 강자 모리 모토나리(毛利元就), 시마즈 요시히로(島津義弘)[15]는 힘으로 꺾을 수 없는 이들이었고, 맞수인 도쿠가와 이에야스는 아예 재산이 더 많았다.

　즉, 당시 일본 사회는 힘에서든 명분에서든 조금만 균형이 깨지면 히데요시를 잇는 행운아가 등장할 소지가 너무 많았다. 국가가 한 개인의 역할을 정해주는 법인 '인소령(人掃令)'을 히데요시가 만든 것도 그 때문이다. 인소령은 무사가 상업과 공업, 농업에 손대는 것을 금하고, 농민이 농업 이외의 일을 하는 것을 막는 법이었다.

　이렇게 자신과 같은 행운아가 두 번 다시 안 나오게끔 막아둔 히데요시는 자신의 권력을 굳히기 위한 다음 단계에 돌입했다. 바로 조선 침공이었다.

조선을 침공한 이유

히데요시가 조선을 침공한 이유를 정확히 아는 사람은 없다. 일본의 기록문화 특성상 절대자인 히데요시가 말하지 않은 내용을 알 방법은 없기 때문이다. 그래서 우리는 역사에서 답을 찾을 수밖에 없다.

　히데요시는 일본 최고가 된 것이었지, 일본의 모든 것을 손에 넣은 것이 아니었다. 아직 히데요시가 권좌에 오르는 과정에서의 논공행상도 끝나지 않았고, 히데요시 자체적으로 성장할 수 있는 수단에도 한계가 있었기 때문이다.

　하다못해 돈이라도 더 끌어모아야 이에야스 위에 설 수 있었지만

15　이후 조선 침공의 주역이 되는 세력들이 된다.

오랜 전쟁 탓에 물자는 바닥난 데다 무역적자까지 겹쳐버렸다. 중국에서 비단과 원사, 조선의 면포, 곡물, 도자기를 사들일 때 은을 지급했는데 이게 도가 지나쳤던 것이다.

결국, 히데요시는 논공행상, 무역적자라는 두 가지 문제의 해결을 위해 명나라를 칠 수밖에 없었다. 그가 첫 목표로 삼은 곳은 현재 타이완의 지역인 펑후(澎湖)였다. 그러나 명나라가 재빨리 방어망을 치는 바람에 해로가 막힌 히데요시는 육로를 택할 수밖에 없었는데, 그 육로에는 조선이라는 관문이 있었다. 그는 다음과 같은 이유로 조선을 먼저 치기로 결정했다.

① **은의 확보**: 당시 함경도 단천(端川) 등에는 개발되지 않은 대규모의 은광이 남아있었다.

② **영지 확보**: 하급 무사들에게는 영지가 충분히 배분되지 않았고, 따라서 이들에게 나눠줄 토지가 필요했다. 조선 침공의 선봉에 고니시 유키나가, 가토 기요마사 등의 연공서열 하층부의 하급 무사가 나선 이유다.

③ **침공로 및 보급로 확보**: 히데요시는 본래의 목적이 명나라 침공이었고, 해로가 막힌 상황에서 육로를 통해 이 목적을 이루려면 당연히 조선에 보급망을 확보해야 했다.

④ **기술 및 외화 확보**: 일본은 조선에서 잡아간 도공 등 기술자를 특히 우대했다. 굳이 중국이나 조선의 면직물과 도자기를 비싸게 살 필요 없이, 이런 기술자들을 통해 직접 물건을 만들어 팔면 국부유출을 방지함은 물론 수출도 가능할 것이기 때문이었다.

⑤ **생존**: 만약 무사들에게 보상을 해주지 못하면 히데요시를 쳐서 직접 보상을 받으려고 할 것이다. 그래서 전쟁을 일으키고 영지를 나눠주는 것을 멈출 수 없었다.

이 모든 것에는 군대가 필요했고, 군대를 운용하기 위해서는 돈이 필요했다. 따라서 역사학자들은 당시 히데요시에게 가장 중요한 과제는 은의 확보였을 것으로 추측한다.

화산 폭발로 만들어진 나라, 허구한 날 태풍과 해일이 덮치는 나라, 불순물이 넘치는 철 때문에 제대로 된 병기도 못 만드는 나라. 일본은 이런 저주를 받은 땅이기도 하나 그 덕에 받은 축복도 존재했다. 토지에 은 함량이 비정상적으로 많았던 것이다. 일본은 토지에서 추출한 은을 가공해서 국력을 키웠고, 이 은을 노리며 다가온 세계 여러 국가가 일본을 살찌웠다. 은이 기축통화인 세상에서 일본의 경제는 성장할 수밖에 없었다.

그런 성장을 도운 것이 명나라였다. 초창기 명나라는 화폐제도를 도입하지 않았기에 쌀, 보리 등의 곡물이나 부역으로 세금을 받았다. 하지만 정량화할 수 없는 특성[16]상 세액의 불공평, 세리의 부정이 만연해서 조정과 백성은 가난하고 세금을 거둬 조정에 내는 관리들만 살찌는 일이 비일비재했다.

조선의 은인임과 동시에 태정(怠政)으로 유명한 명나라 만력제(萬曆帝)의 스승이자 관리인이었던 장거정(張居正)은 이런 폐단을 막기 위해 일조편법(一條鞭法)[17]을 만들었다. 이때 세금 납부 수단이 은으로 통일됨에 따라 명나라에는 은본위제가 도입되었고, **이 시점에서 조선과 일본의 운명이 갈렸다.**

조선의 10대 왕 연산군은 연은분리법(鉛銀分離法)에 관심이 많았다.

---

16 곡물을 세금으로 대신할 경우 곡물이 부패했다는 핑계 혹은 모래나 쌀겨 등을 섞음으로써 정량 납부를 피할 수 있었기 때문이다. 조선에서 임오군란이 일어난 이유이기도 하다.

17 부역과 조세, 잡세 등을 일원화해 납세자의 토지 소유 면적과 납세자 수에 따라 세액을 결정하는 제도.

연은분리법이란 납과 은의 녹는점이 다르다는 것을 이용, 순수한 은만을 추출하는 기술이었다. 그러나 연산군이 이에 관심을 가진 목적은 고작 사냥, 연회 그리고 흥청(興淸)을 운영하기 위해 망가진 국가재정을 유지하기 위해서였다.

그래도 어쨌든 이런 목적 덕분에 조선의 연은분리법은 김감불과 김검동이라는 기술 장인들의 연구에 힘입어 비약적으로 발전했는데, 문제는 중종 때 이 두 장인이 일본으로 가서 기술을 유출[18]하는 사태가 벌어졌다는 데 있다.

그 배경에는 유서종(柳緖宗)이라는 종4품 판관의 비리도 있었지만, 연산군이 남긴 연은분리법이라는 유산을 중종 대에서 아무 검토도 하지 않고 금지함으로써 묻어버린 탓이 더 크다. 당연히 김감불, 김검동의 입장에선 있는 재능을 활용하지 못하는 조선보다는 일본행이 나은 선택이었을 것이다.

일본의 기록에 따르면 1526년 일본은 어디서 왔는지 알 수 없는 경수(慶寿)와 종단(宗丹)이라는 두 기술자를 초청해 연은분리법을 습득하는 데 성공한다. 이 둘이 김감불과 김검동이란 증거는 없다. 하지만 적어도 타국의 기술자가 일본에 연은분리법을 전수했다는 것만은 확실하고, 이렇듯 조선의 기술자들이 일본을 선호하는 성향은 임진왜란 이후에도(심지어 헌정이 시작된 이후까지) 이어졌다.

은 함량이 넘치는 일본에 있어 연은분리법은 하늘이 내린 선물이었다. 덕분에 17세기에 일본은 전 세계 은 생산량 중 3분의 1을 차지하는 국가가 되었다. 이렇게 만든 은은 일본에서 교역 수단으로 활용되었다. 포르투갈이 노예무역을 위해 일본의 은에 관심을 가지면서 일본은

---

18 이 두 장인이 일본에 납치되었다는 설도 있으나, 중종 대 그들이 받았을 대우를 생각해보면 자진해서 일본행을 선택했을 가능성이 크다.

세계교역에 저절로 뛰어들게 되었다. 특히나 일조편법이 도입된 명나라 입장에서 일본의 은은 중국의 은보다 쌌기 때문에 납부액을 크게 줄일 수 있는, 너무나도 소중한 절세 수단이었다. 결국 명나라는 자국에 은이 몰려들어 은의 가치가 폭락하자 나중에는 은의 수입을 전면 중단하기까지 했다.

다이묘들에게도 은은 큰 자산이었다. 전국시대의 힘은 무력에서 나왔고, 무력은 경제력을 바탕으로 했다. 일례로 노부나가가 조총부대로 무장하는 데도 은은 큰 힘이 되었는데, 이를 보고 배운 히데요시는 노부나가의 뒤를 이어 권력을 잡자마자 이와미(石見) 은광을 장악, 은을 바탕으로 군사체제를 정비했다. 이것이 그가 당대엔 상상도 할 수 없었던 30만 대군을 구성해서 조선을 침공한 재력의 배경이다.

즉, 이 시점에서 이미 일본은 조선보다 국력이 강한 나라였다. 다행인 것은 이순신 장군을 비롯한 여러 맹장의 활약, 의병 그리고 명나라 군대의 힘으로 히데요시의 조선 침략이 실패로 끝났다는 사실이다. 그러나 조선은 이런 패전을 겪고서도 자국의 국력이 그렇게 얕보던 일본보다 처졌음을 깨닫지 못했으니 이는 조선에 큰 불행이었다.

이후 도쿠가와 이에야스가 권력을 차지한 뒤 조선과 일본의 국교는 정상화된다. 하지만 이후 서양세력의 침공을 계기로 정권을 잡은 메이지 정부 시대엔 국내 경제 악화로 인한 혼란이 일어났다. 인류 역사는 자국의 성장이나 이익을 위해 옆 나라를 공격하는 사건의 반복이듯, 일본 역시 그 혼란에서 벗어나고자 다시금 조선을 공격한다.

임진왜란의 후폭풍은 컸다. 이를 기점으로 조선은 국력이 약해졌고 이후 병자호란을 겪으며 완전히 쇠락했기 때문이다. 이렇게 한국과 일본의 차이가 벌어졌고, 이후 메이지 정부가 침공할 무렵의 조선은 열강과 제대로 된 합의나 협정을 할 국가 경쟁력조차 잃어버린 상태였다.

일본이 쉽게 조선을 집어삼킬 수 있었던 이유다.

하지만 조선과 명나라에만 피해를 준 건 아니었다. 조선과 명나라는 끈질기게 버텼고 이 과정에서 히데요시의 병력과 자원이 크게 줄어든 것이다. 이후 히데요시가 세상을 뜨자 일본은 그의 아들 도요토미 히데요리(豊臣秀頼)가 이끄는 서군(西軍)과 최강의 경제력과 무력을 가진 도쿠가와 이에야스 휘하의 동군(東軍)으로 갈라져 싸운다. 이 세키가하라 전투(関ヶ原の戦い)[19]에서 여러모로 쇠약해진 서군은 도쿠가와의 동군에 패배, 히데요시의 영광은 일장춘몽이 되었다.

히데요시의 인기와 삶에는 말 그대로 일장춘몽, 끝없이 치솟다가 갑자기 추락했다는 공통점이 있다. 이 인기 추락의 배경에는 2014년에 방영된 NHK 드라마 '군사 간베에(軍師官兵衛)'가 거론된다. 이 드라마는 히데요시의 군사였던 구로다 간베에(黒田官兵衛)의 이야기를 다룬 작품이다. 뛰어난 지략으로 히데요시를 반석에 올리는 데 기여한 그는 냉정하면서도 다정다감한 입체적 성격 덕에 재미있는 일화가 많다. 그런데 이 구로다 간베에가 히데요시의 인기를 올렸다가 주저앉힌다. 일본 사람들이 잘 모르던 패배의 역사, 임진왜란의 진실이 알려진 것이다.

현재 일본은 가상의 적을 한국으로 설정, 정권의 불만을 돌릴 대상으로 설정한 상황이다. 이를 바탕으로 생겨난 혐한 현상은 날로 심해져 급기야 만화나 드라마의 캐릭터, 연예인으로부터 한국 상품을 좋아한다는 말이 나오면 비난의 화살이 몰리기도 한다.

이렇듯 한국에 대한 좋은 감정이 희석되고 반감이 늘어나는 현 상황인데, 한국과의 전쟁에서 진 히데요시가 한때나마 인기를 얻은 건 왜일까?

마지막 희망은 교육

가끔 한국 언론에는 '한국과 비교해보면 일본은 학벌을 따지지 않는 사회'라며 본받아야 한다는 기사가 나온다. 그러나 천만의 말씀이다. 한국 사회의 경우 능력과 성과가 같은 두 직원이 있다면 학벌 좋은 사람이 더 높게 평가되지만, 일본은 그렇지 않다 보니 착각할 뿐이다. 이유인즉슨 일본에선 직원 선발 시 회사가 원하는 학벌에 맞춰 지원자들을 걸러 내므로 전체 직원들의 학벌이 평준화되기 때문이다. 개인적으로는 연봉 협상 시 학벌을 빌미로 연봉을 크게 깎거나 승진 시 학벌로 차별하는 한국보다 훨씬 낫다고 생각한다. 그러나 이는 어디까지나 내 생각일 뿐, 정작 일본인들 입장에선 당연히 만족스럽지 않다. 첫 직장에서의 연봉이 곧 평생 연봉이 되기 때문이다.

일본에서 출세하려면 최대한 좋은 학벌을 가져야 하고, 그러니 자연스럽게 자녀에 대한 부모들의 교육열이 높을 수밖에 없다. 그래서 일본의 입시 전쟁은 한국보다 더 치열하며 심지어 고등학교 진학률은 한국보다 높다. 대학 진학률은 낮은데 고등학교 진학률이 높은 이유는 뭘까?

한국에서 명문대 브랜드를 갖고 있으면 온갖 도전의 난도가 내려간다. 입학 후엔 여러 장학금 혜택을 받을 수 있는 데다 취업 등 여러 관문을 통과하기 위해 들이는 노력이 비명문대 학생들보다 상대적으로 매우 덜하다. 대기업이나 유망 공기업에 들어가기도 쉬운데, 이런 곳에 입사하면 대출이 훨씬 쉬워지니 경제적으로도 풍요로워진다. 속

---

19   히데요시의 아들 히데요리를 따르는 이시다 미쓰나리(石田三成)의 서군, 도쿠가와 이에야스의 동군이 일본 중앙인 기후현(岐阜県)에서 벌인 전투. 승리한 도쿠가와는 일본을 250여 년간 지배했고, 패배한 서군은 죽음과 가문의 몰락을 맞아 250년간 권력에서 철저히 밀려난다. 이는 훗날 일본의 개항을 앞두고 벌어지는 갈등의 계기가 된다.

된 말로 팔자를 고치려면 명문대에 가야 한다.

일본에서는 이를 MARCH[20], 칸칸도리츠(関関同立)[21]라는 서열이 대신한다. 하지만 일본엔 한국과 다른 점이 있다. 한국은 개인이 학업을 더 이어나가 최종학력을 업그레이드하거나 유학을 갈 수 있지만, 일본은 그것 자체도 불가능하다는 점이 그것이다. 일본에선 적어도 일정 수준의 중학교에 입학해야만 이후 좋은 고등학교, 대학교에 갈 수 있기 때문이다.

더불어 최종학력과 학벌은 해당 개인이 갈 수 있는 회사의 등급을 결정한다. 이른바 레일(rail)형 시스템, 좋은 궤도에 올라탄 이후엔 인생이 탄탄대로이다.

하지만 레일에서 벗어난 일본인은 삶이 힘들어진다. 한국에서는 비록 명문대 출신은 아니지만 뛰어난 역량을 가진 지원자라면 아무리 학벌을 중시하는 기업이라 해도 입사 자체가 불가능하진 않다. 물론 그 확률은 매우 희박하고 이후의 승진에서도 명문대 출신과 동등하게 경쟁할 수 있을지까진 모르지만 말이다.

그러나 일본에선 이런 일 자체가 있을 수 없다. 일본의 만화, 드라마에서 아이가 불량배 많은 학교로 전학을 가는 순간 '우리 아이의 인생이 끝났다'며 울부짖는 어머니들이 나오는 이유다. 이런 현상은 **히데요시의 인소령이 계승되어 현대까지 이어진 결과라 봐도 좋다.**

일본에는 '기업은 사람을 뽑을 때 자리에 걸맞은 스펙과 배경을 가진 지원자만 골라내므로. 일정 수준의 회사에 일정 학벌 이하의 사람

---

20 메이지(明治)대학, 아오야마가쿠인(青山學院)대학, 릿쿄(立教)대학, 주오(中央)대학, 호세이(法政)대학의 머리글자를 차례로 이어 붙인 용어.
21 사립대학인 간사이(関西)대학, 간세이가쿠인(關西學院)대학, 도시샤(同志社)대학, 리쓰메이칸(立命館)대학의 머리글자를 딴 용어.

이 지원하는 것은 민폐'라는 인식이 존재한다. 지원자도 회사도 이에 암묵적으로 동의하고 있다.

이런 인식은 다양한 문화 콘텐츠로 표현된다. 한국에도 수많은 팬이 있는 일본의 인기 드라마 '한자와 나오키(半沢直樹, 2013)'에서 주인공 한자와가 다니던 산업중앙은행은 거품경제 붕괴에 휘말려 파산, 도쿄중앙은행에 합병된다.

새로운 조직에서 한자와는 화려한 활약을 하는데, 그때마다 꼭 나오는 대사가 한자와의 출신을 묻는 말이다. 도쿄중앙은행의 직원들은 크게 진골과 성골 두 부류로 나뉘는데, 진골은 애초부터 도교중앙은행에 입사한 직원들이고 성골은 한자와처럼 산업중앙은행에 다니다가 합병을 통해 도쿄중앙은행으로 들어온 이들이다. 그래서 진골인 도쿄중앙은행 출신 간부들은 성골인 한자와가 활약할 때마다 불쾌해한다.

인기 추리만화 김전일 시리즈의 최신작 '김전일 37세의 사건부(金田一37歳の事件簿, 2018)'에서는 37세가 된 주인공들의 뒷이야기가 나온다. 그런데 그들은 자신들의 능력과 지능을 떠나 학창시절의 성적에 맞는 수준의 회사에서 각각 직장생활을 하고 있다. 김전일은 아이큐가 180이 넘고 대인 지능, 순발력, 적응력도 상상을 초월할 정도로 뛰어나지만, 그가 갈 수 있었던 곳은 수상해 빠진 블랙 기업[22]뿐이었다.

창작 콘텐츠이긴 하지만 일본의 실질적인 면이 반영된 설정이고, 현실이 이러하니 일본인들은 자신 혹은 자녀의 출세를 위해 교육에 모든 것을 쏟아부을 수밖에 없다.

---

22 원래 야쿠자와 관련된 회사를 지칭하는 용어였으나 현재는 불법·편법적 수단을 이용해서 노동자에게 상식을 넘어선 수준의 노동을 강요하거나 직원과 고객에게 자사의 손해를 떠넘기는 악덕 기업을 뜻하는 것으로 그 의미가 확장되었다. 일본에서 생긴 용어지만 최근 한국에서도 급속도로 전파되고 있다.

지독한 시스템의 나라

일본은 국가가 만든 시스템에, 역할이 정해진 개인이 배치되는 국가다. 뒤에서 살펴보겠지만 이것이 '와(和)'로 발전해 수백 년간 계승되고 있고 제국주의, 고도경제성장기라는 신화를 이루는 데 이바지한 것 또한 사실이다.

그러나 이런 제도는 사회구성원 모두가 살 수 있는 제도를 만든다는 국가의 역할에서 벗어나 있다. '일본에서는 아르바이트만 해도 먹고 살 수 있다'라는 이야기가 있지만, 이는 틀린 말이다. 그렇게 사는 이들은 사회에서 구축된 레일에서 밀려나서 각종 사회보장에서 벗어나는 불안한 길을 살 수 밖에 없을 뿐이다. 그리고 이런 약자에 대한 배려는 일본 시스템에 없다.

문제는 이 시스템이 현재 일본의 발목을 잡고 있다는 것이다. 주어진 시스템만 굴리면 성장할 수 있었던 과거와 달리 트렌드가 급격하게 변하는 오늘날엔 그에 맞춰 유연하게 역할을 바꿀 수 있는 조직이 선호된다. 일본은 바로 이런 점에서 약하다. 2001년 IT 혁명에 실패한 이후 일본이 세계 경제의 격변기에서 변화의 타이밍을 항상 놓친 것은 결코 우연이 아닌 것이다. **삶의 방향이 이른 시점에서 정해지는 나라, 출세를 원해도 시스템에 제약이 걸린 나라에서 변혁이 일어나긴 힘들다.**

재미있는 점은 자국 시스템으로 인한 제약은 히데요시에게도 예외가 아니었다는 것이다. 그는 정치상 최고 실권자인 관백(關白)의 자리에는 올랐으나 일본 율령하의 최고 관직인 쇼군, 즉 정이대장군(征夷大将軍)은 될 수 없었다.

왜냐하면, 일본은 덴노가 다스리는 나라고, 덴노의 신하로서 절대 권력을 잡을 자격은 왕실의 혈통을 이은 미나모토씨(源氏)의 일족뿐이기 때문이다. 맨손으로 올라간 농부 아들인 히데요시가 그런 핏줄과 인연이 있을 리 없었다. 아무리 일본 제일의 권력자가 되었다 해도 당시의 자국 시스템을 무너뜨린다는 것은 불가능했다. 그래서 그는 기존에 없었던 다이코(太閤)라는 자리를 만들고 그 자리에 올랐다. 최고의 직위 감투를 스스로 만들어 쓴 것이다.

결국, 그는 최고의 권력자임에도 시스템에 의해 힘을 인정받지 못했기에 스스로 최고의 직위를 만들어야 했다. 이후 자수성가형 총리인 다나카 가쿠에이가 '오늘날의 다이코'라는 뜻의 '이마다이코(今太閤)'라는 별명이 붙었고 이후 '다이코'는 자수성가한 사람을 칭하는 별명이 되었다.

최고의 지위에 올라갈 실력이 있어도 최고의 지위를 받을 수 없는 나라, 그래서 그런 이들의 입지전적 출세가 인기의 요인이 되는 나라가 바로 일본이다. 정말 지독한 시스템의 나라라 하지 않을 수 없다.

3.
'와'라는 이름의 평화로운 통제 시스템

일본의 평화를 상징하는 와(和)
그들이 말하는 평화의 정체란?

도쿠가와 이에야스, '와'를 만들어내다

일본어 중 제일 많이 듣고 쓰는 한자는 뭐가 있을까? 나는 '와(和)'라고 생각한다. 와의 기원은 대개 6~8세기 아스카(飛鳥) 시대의 정치가였던 쇼토쿠 태자(聖德太子)[23]가 만든 헌법 17조[24]라고 한다. 즉, 와는 처음부터 일본을 상징했던 단어가 아니라 통치 이념이라는 이야기다.

일본이 국제 기록에 처음 등장한 것은 중국의 《한서지리지(漢書地理志)》다. 이 책에는 1세기경 왜(倭)라는 국가가 나타났다고 나와 있다. 하지만 실제로 왜는 국가라기보다는 부족에 가까웠고, 이 왜의 내부에서 부족 간의 전쟁을 거쳐 3세기경 야마타이(邪馬台)라는 부족국가가

---

23   33대 스이코(推古) 덴노의 섭정이자 스승으로 백제의 혜총, 고구려의 혜자에게서 수학하여 한반도 문화를 받아들이는 가교가 된 인물로 전해진다. 백제 멸망 후 일본으로 건너온 백제 기술자들에게 나라현(奈良県)에 호류지(法隆寺)라는 사찰을 세우게 하기도 했다. 때문에 호류지에는 백제 양식이 많이 남아있다고 한다.

24   그러나 일본 학계에선 쇼토쿠 태자의 행적 자체가 과대포장되었다는 것이 정설이고, 식민사관 학자로 유명한 쓰다 소키치(津田左右吉), 언어학자인 모리 히로미치(森博達)의 연구 등에서 헌법 17조 자체가 쇼토쿠 태자 시대가 아닌 후대에 만들어졌다는 근거가 다수 드러난 바 있다.

성립되었다. 그리고 이 야마타이는 일본사 최초의 본격적인 국가인 야마토(大和)로 점차 발전했다.

이렇듯 일본은 국제사회에 뒤늦게 데뷔했는데, 일본의 문물과 관련된 표현에 '와'를 사용하게 된 것도 이때부터다. 일본 음식은 와쇼쿠(和食, 음식), 문화와 사상은 와후(和風, 일본풍), 일본의 정신은 와노코코로(和の心, 일본 정신)라 하는 것이 그 예로, 그저 단어 앞에 '와'를 붙이면 '일본의' 무언가를 뜻하는 말이 되는 식이다.

어떻게 보면 이런 '와'는 일본의 사상을 담은 단어라 할 수도 있고, 한편으론 일본을 이해하는 핵심 단어이기도 하다.

히데요리의 서군을 꺾고 일본을 손에 넣은 도쿠가와 이에야스는 히데요시와 달리 귀한 핏줄이라 정이대장군, 즉 쇼군이 될 수 있었다. 이렇게 일인자가 된 그에게 가장 시급한 문제는 히데요시와 같은 또 다른 행운아의 등장을 막아 자신의 자리를 지키는 것이었다. 이에 그는 히데요시의 인소령을 개량하는데, 이것이 바로 '와'라는 통제 시스템이다.

일본은 '와'의 정신으로 화목하고 조화롭게 살자는 이념으로 오늘날까지도 은연중에 영향을 미친다. 하지만 그들이 말하는 '와', 즉 조화는 예상치 못한 행운아가 나타날 가능성을 철저히 없애 평화를 만들기 위한 것이었다. 이는 이에야스가 목숨을 줄기차게 위협당하는 삶을 살면서 얻은 최고의 지혜였다.

이에야스가 만든 '와'라는 시스템에는 다음과 같은 특징들이 있다.

첫째, 도전자의 가능성을 없앴다. 내일의 일인자가 되려면 도전을 해야 하고, 도전하기 위해선 군대가 필요하며, 군대는 곧 돈이다. 그러니 도전을 막으려면 돈줄을 죄는 것이 최고다. 그래서 이에야스는 영주들의 자금을 관리했다. 이를 위해 고쿠타카(石高),[25] 즉 자원을 재배분한 것이다. 그는 총 2,800만 석 중 400만 석은 직할령에, 300만 석은 가신단에게 주어 총 700만 석의 영토를 만들었다. 여기서 주목할 것은 나머지 2,100만 석의 분배다.

동군에 참전해서 이에야스를 도운 사람들은 당연히 서군의 다이묘들이 전원 처형될 것이고 그들의 땅, 재산은 자신들의 것이 될 거라 예상했다. 하지만 이에야스는 서군의 리더인 이시다 미쓰나리(石田三成)와 안코쿠지 에케이(安国寺恵瓊), 고니시 유키나가(小西行長) 등 단 세 명만 처형했고, 나머지 이들에게선 영토를 몰수한 뒤 그것을 살아남은 다이묘들에게 골고루 나눠줬다.

누군가가 이에야스에게 그 이유를 묻자 그는 평화의 시대에 와를 중심으로 화합하기 위해 죄를 물을 사람을 최소화한 것이라 대답했다. 하지만 이는 새빨간 거짓말이었다. 이에야스가 노린 것은 더 많은 다이묘에게 영토를 쪼개서 나눠줌으로써 각 다이묘가 받을 영토를 줄여 힘을 축소하려는 것이었기 때문이다.

만약 여기서 이에야스가 측근만 특별히 더 챙겨줬다면 분란이 일어났을지도 모른다. 하지만 그는 자신을 도운 동군 다이묘의 고쿠타카마저 100석으로 제한했다. 이렇게 다이묘들의 힘이 사이좋게 약해지자 이에야스는 여기에 화룡점정을 찍는다. 사이 나쁜 다이묘들을 옆에 배치해 서로 싸우게 만든 것이다. 이렇게 그들은 쓸데없는 경쟁을 하면서 소모됨과 동시에 정부를 비판할 힘도 잃어갔다.

둘째, 사회구성원의 사회적 역할에 제약을 걸어버렸다. 우선 성곽 신축 금지, 선박 건조 제한을 내걸어 각 다이묘가 외적을 방어하는 능력이나 강, 바다로 이동해서 공격할 능력을 없앴다. 또한, 다이묘 가문

---

25 행정구역의 경제력을 쌀로 환산한 제도로 메이지 유신 전까지 사용되었다. 단위는 '석'이다.

간의 결혼을 막부 허가제로 바꿈으로써 혼맥을 통한 세력 확장을 막았으며, 심지어 후계자까지도 막부의 허가를 받아야 했다.

이에 따라 자연히 능력 있는 사람들은 정리되고, 똑똑하지 못해 재산을 까먹을 것 같은 사람이 차기 다이묘가 되었다. 자식이 없으면 양자를 들여 후계자로 만드는 것 또한 금지되었는데 이렇게 대가 끊어지면 그 영토는 모두 중앙정부인 막부가 몰수했다. 그런 땅을 원하는 다이묘들에게 충성경쟁을 시켰음은 말할 것도 없다.

백성들의 사회적 역할 역시 통제되었다.[26] 막부는 유교적 신분질서를 바탕으로 각각의 백성들에게 계층과 일을 정해주었다. 여기에서 가장 특이한 건 점포가 배치된 양상이다.

한국의 경우 하나의 업종이 잘 나가면 그 주변에 같은 업종의 가게들이 모여 경쟁을 하고, 이런 과정을 통해 그 업종의 가게들을 찾아온 고객들을 나눠 갖는 경우가 많다. 핸드폰 전문매장, 카메라 전문매장 등이 그 대표적인 예에 해당한다. 다만 이런 방식의 경우, 망하는 사람이 확실하게 나온다.

하지만 일본의 중앙정부는 옆에 같은 품목을 파는 가게가 없게끔 조정했다. 따라서 아예 안 팔리는 물건을 판다면 모를까, 상인들은 각자 나름대로 수입을 올리게 된다. 이런 문화는 오늘날까지도 이어져서 교토의 기온(祇園) 거리나 기요미즈자카(清水坂)의 기념품점들은 설령 똑같은 기념품을 판다 해도 바로 옆 가게가 취급하는 동일한 제품을 가게 앞에 진열해두진 않는다. 아키하바라(秋葉原)에 가도 게임전문점 옆에는 음반이나 완구 전문점이 위치하지 나란히 게임전문점이 들어서 있진 않다. 그러니 주인은 오모테나시(おもてなし),[27] 즉 고객을 관리하

---

26 히데요시의 정책, 인소령을 개선한 것이다.

는 방법에만 신경을 쓰면 된다. 이 역시 에도 막부의 작품이다.

또한, 신분 및 직업의 이동도 금지되었다. 농민은 전쟁에 나갈 수 없었고 무사는 농사나 상업에 종사할 수 없는 식이었다. 과거제 같은 것도 존재하지 않아 아무리 열심히 공부하고 능력이 뛰어나도 출세할 수 없었다. 일본 사회가 자신들이 만든 시스템에 사회구성원들을 '배치'하고, 능력이 있어도 벗어나지 못하게 하는 성향은 이때부터 자리 잡혔다.

셋째, 돈을 모으는 것이 금지되었다. 중앙정부는 번의 화폐 발행, 수입 및 지출을 모두 관리했고, 그것도 모자라 계속 돈을 쓰는 제도까지 만든다. '에도 봉행(江戶奉行)'이나 '참근교대(參勤交代)'가 그것이다. 에도 봉행은 큰 번의 제후를 '접대봉행(接待奉行)'으로 임명해 쇼군을 알현하게 하는 제도, 참근교대제는 각 다이묘가 1년 단위로 자신의 번과 에도 근방에 번갈아 거주하는 제도다.

다이묘들은 쇼군을 알현하거나 에도에 살 때마다 다른 다이묘에게 지지 않기 위해 자신의 재산과 급에 맞는 규모의 일행을 꾸렸다(이 일행에는 가족은 물론 가신, 시종까지 포함되어 있었다). 또한, 중앙정부에 로비하기 위해 선물도 준비해야 했는데, 당연히 이 선물은 경쟁자가 중앙정부에 바치는 것보다 좋은 것이어야 하므로 낭비가 심해질 수밖에 없었다. 그런 와중에도 그들이 데리고 온 부인이나 첩들은 미모 경쟁을 위해 온갖 사치품을 사들였다. 이에 대해선 다이묘도 뭐라 할 수 없었다. 여성의 장신구는 곧 자신의 경쟁력이기도 했으니까.

이 제도의 가장 악랄한 점은 위협이 될 경쟁자를 처리하는 방식에 있었다. 이에야스는 자신이 믿는 사람은 자기와 가까운 곳에 둔 반면

---

27 온 마음을 담아 고객을 극진히 대접한다는 일본식 친절을 대표하는 용어로 2020년 도쿄올림픽의 홍보문구로 선정되었다.

믿지 못하는 사람은 멀리 배치했다. 반란을 일으켜도 멀리서 달려올 테니 그에 대비할 시간이 생긴다는 생각에서였다. 문제는 일본 중앙에서 에도로 가는 것과 끝자락에서 에도로 가는 것은 쓰는 돈의 차원 면에서 매우 다르다는 것이었다. 예전에 갈라져 싸운 서군 세력 정도쯤 되면 연 수입 중 3분의 1에 달하는 돈을 알현비로 날릴 정도였다. 그러니 이들이 밀무역을 하다 못해 막부에 대항, 메이지 유신을 일으킨 것은 당연한 결과가 아니었을까?

물론 에도 봉행이나 참근교대에 부정적 측면만 있는 건 아니었다. 일본의 탄탄한 유통망과 지역경제의 기반이 이때 만들어졌고, 메이지 정부 및 패전 후 일본의 경제성장에도 톡톡히 이바지했기 때문이다.

세금도 많았다. 세시대 동아시아에서 가장 세율이 높은 나라는 일본으로 무려 50~80%에 달한다. 그나마 번에 돈이 모여서 세력이 강해질 듯하면 토목공사를 일으켜 비용을 부담하게 했다.

넷째, 쇄국으로 변수를 차단했다. 전국시대 당시 약소 세력이었던 오다 노부나가가 천하를 거의 통일할 수 있었던 것은 조총이라는 해외 문물 탓이었다. 이런 이변을 막기 위해 에도 막부는 무역을 독점, 모든 무역과 해외 교류는 나가사키(長崎)에 있는 데지마(出島)에서만 이뤄지게 했다.

또한, 무역의 대상도 엄격하게 선발했다. 예수라는 신을 믿는 크리스트교는 덴노를 신으로 모시는 일본에 절대 발을 붙여선 안 되는 종교였다. 때문에 에도 막부는 다른 나라를 모두 정리하고 포교엔 관심이 없는 네덜란드 상인과만 교역했다.[28] 물론 교역을 통해 넓어진 통찰

---

28 네덜란드 외의 국가들은 크리스트교의 포교가 목적이었기에 교역이 금지된 것이다. 크리스트교가 덴노를 신으로 여기는 일본의 시스템을 파괴하는 종교라는 이유도 있었지만, 더 큰 이유는 크리스트교가 평등을 추구하는 종교라는 점이었다. 일본이라는 계급 사회에서 이 점은 권력자에게 중대한 위협과도 같았다.

력과 이권은 당연히 막부의 것이 되었다.

'와'가 일본에 끼친 영향

'와'는 사회 안정을 위해 개인을 적재적소에 배치하는 시스템이다. 하지만 또 다른 한편으로는 그런 체계에서 튀어나오려는 사람을 잔혹하게 짓누르는 시스템이기도 하다.

그 짓누름의 방식이 과거에는 무거운 세금과 토목공사였다면, 현대에는 왕따(苛め: 이지메)를 시키거나 사회 영역에서 배제하는 형태로 나타난다. 일본인은 시스템에서 튀는 행위를 민폐(めいわく: 메이와쿠)로 간주함은 물론 그 '민폐꾼'을 철저히 제재한다.

2020년 코로나 19가 기승을 부리는 와중에 시중에 마스크가 부족해지자 소프트뱅크(Softbank)의 손정의 회장은 지자체에 100만 장의 마스크를 기부하겠다고 나섰다. 하지만 그는 네티즌들의 맹렬한 비난을 받고 그 발언을 철회했다.

비난의 이유는 정부가 '일본의 현 상황엔 아무 문제가 없다'라고 말했음에도 손정의 회장은 마스크 기부를 통해 '현재 일본 사회는 위험하다'라는 경고 신호를 보낸 데서 비롯되었다. 일본인들 입장에서 손 회장의 행동은 '와'를 깨는 것이었고, 그들의 비난은 곧 '와'를 깨는 자에 대한 사회적 제재였다.

일본에서 '와'를 깨는 사람은 예외 없이 편안하게 못 산다. 심지어 일본의 군주라는 나루히토(德仁) 덴노의 딸이자 일본의 공주인 아이코(愛子) 내친왕(內親王, 여자 황족)조차 학교에서 왕따를 당할 정도다(머리채를 잡혔다는 가십성 보도까지 있었다). **이렇듯 일본 사회는 '와'를 흔드는 대상을 처벌함으로써 와가 깨질 가능성을 막고, 서로를 결속시킨다.**

그런데 만약 이 처벌을 방해하면 어떻게 될까? 한국에서의 왕따는 스트레스를 약자에게 풀거나 서열을 가르는 수단이고, 따라서 방해하는 사람이 가해자보다 강하면 왕따 현상도 사라진다. 하지만 일본은 다르다. 방해자를 '와'를 무너뜨리는 이물질로 간주하여 새로운 먹잇감으로 삼고, 경우에 따라선 왕따를 당하던 사람이 이때를 기점으로 집단에 붙어선 오히려 자신을 구해준 사람을 따돌리기도 한다.

이렇게 보면 '와'에 대해 부정적 느낌이 들 것이다. 하지만 일본 사회의 질서를 지키는 동력이 되는 것 역시 이 '와'다. 한국에서 거리를 걷는 건 쉬운 일이 아니다. 좌측통행, 우측통행 구분이 없다. 앞에 사람이 느리면 좌측으로 넘어서 가로질러간다. 길거리 바닥에 있는 우측통행 마크를 당당히 밟으며 좌측통행을 하는 사람, 자전거 도로를 떡하니 막으며 걸어가는 이들이 널리고 널렸다.

도로는 더 가관이다. 단속카메라가 없는 곳이면 노란불도 아니고 파란불에 가속 페달을 밟는 운전자가 부지기수인 데다 좌/우회전 깜빡이를 안 켜는 이들도 많아 차량이 이동할 방향을 신호가 아닌 실제 움직임으로 파악해야 한다. 지하철역 내에는 통행 방향이 분명히 표시되어 있지만, 사람들이 그 표시대로 걸어가지 않는 바람에 출퇴근 혼잡이 극에 달한다.

하지만 일본은 다르다. 개인적으로는 도쿄 시부야의 교차로가 인상 깊었다. 신호가 바뀌자 모든 차량이 정지선에 칼같이 맞춰 서고 사람들은 신호에 맞춰 길을 건너기 시작한다. 파란불이 끝날 때면 사람이 빠지고 모든 차량이 일제히 움직인다. 정도의 차이가 있지만, 이것이 일본에서 보통 볼 수 있는 모습이다.

심지어 공중도덕이 잘 안 지켜진다는 오사카(大阪)의 쇼핑가에서도 사람들은 열을 맞춰 걷는다. 이 역시 사회 질서, 공중도덕이라는 측면에서 '와'가 갖는 좋은 역할이다.

시스템의 잔혹성

그러나 이런 순기능을 감안해도 현재 일본사회에게 '와'는 잔혹한 제도다. 올바른 국가는 사회구성원 모두가 상대에게 피해를 주지 않는 차원에서 개성을 발휘할 수 있어야 하는데 '와'는 사회를 위해서 개성마저 배제함으로써 순수성을 지키겠다는 제도이기 때문이다.

이 제도 밖으로 밀려날 때의 충격은 상상을 초월한다. 2016년 일본 최대의 글로벌 광고기업이자 일본 청년들이 취업을 꿈꾸는 선망의 대기업 덴츠(電通)[29]의 신입사원 다카하시 마쓰리(高橋まつり) 씨가 입사 1년 만인 24세의 젊은 나이에 자살하는 사건이 일어났다.

그 배경에는 시간 외 근무 시간이 정규 근로시간의 약 170%인 105시간, 하루 수면시간이 고작 2시간인 지옥 같은 직장생활이 있었다.

여기서 주목할 것은 다카하시 씨가 '자살'을 했다는 점이다. 한국인은 이해하기 힘들다. 일반적으로 회사와의 계약관계는 퇴사 통지로 종료된다. 재취업은 그저 꿈일 뿐인 처자식 딸린 중년이라면 모를까, 20대 초반의 도쿄대를 나온 재원이 왜 마지막 선택인 자살을 했을까? 나는 일본의 시스템이 그 이유라고 본다.

한국의 경우 졸업 후 1~2년 이내가 아니면 대기업의 신입이 되기는 불가능하다고 한다. TV 뉴스에서 모 대기업 인사팀 직원이 직접 밝힌 내용이다. 그런데 이런 면에서 일본은 더 엄격하다. 징병제가 없는 일본에선 대학을 졸업하는 남녀의 나이가 같다.

그리고 안정적 성과를 창출하기 위해 기업은 특정 나이(졸업 연령)를 기준으로 일정 수준의 인재를 뽑고 정해진 기간에 따라 그들을 교육, 훈련 현장 투입하는 시스템을 만들었다.

---

29 세계 최대 규모의 광고대행사. 일본의 모든 광고회사의 정점에 서 있는 데다 일본 대중매체를 통제할 수 있는 막강한 힘을 지닌 회사로, 일본에서 소위 '출셋길'이라 불리는 상위 집단의 기업이다.

그래서 일본에선 졸업 후 바로 취업해야 하며 늦어도 1년을 넘으면 안 된다. 이 시기를 놓치면 좋은 기업에 취업하는 것이 불가능하기 때문이다. 만약 다카하시 씨가 덴츠에서 퇴사하고 새로 구직활동에 나선다면 어떤 일이 일어날까? 적어도 덴츠 같은 일류 회사에는 못 들어간다. 나이도 문제지만 1년 만에 퇴사한, 시스템에 적응하지 못한 사회 부적응자라는 꼬리표까지 붙기 때문이다.

'그래도 사는 게 중요하니 아무 데나 들어가면 되는 것 아니냐'고? 그렇게 했다간 '도쿄대 출신이 이런 데 왔다'라며 왕따를 당한다. 이런 여러 이유가 그녀에게 죽음을 강요한 것은 아닐까.

'와'의 문제점

오늘날까지 이어지고 있는 '와'라는 시스템은 사회를 안정적으로 지키기 위해 구성원 각자가 정해진 역할에 만족하고, 타인의 역할에 간섭할 수 없는 상태를 만드는 시스템이다. 이런 '와'는 일본의 발전 및 사회질서에 이바지했지만, 소수의 견제를 막는 부정적 면이 있기에 리더가 잘못하면 그 여파가 걷잡을 수 없다는 문제를 낳는다.

이런 문제는 최근 들어 더욱 심해지고 있다. 예전에야 해외의 신문물이 배를 타고 수개월 혹은 수년에 걸쳐 유입되었지만, 요즘에는 글로벌 네트워크를 통해 몇 초 안에 전달된다. 사회가 발전하는 속도는 빨라지는데 과연 예전 시스템만으로 대응할 수 있을까? 또 외부로부터 비롯되어 일어난 혼란에는 과연 얼마나 기민하게 대응할 수 있을까?

실제로 일본은 큰 변화에 무력한 모습을 보였다. 전국시대의 균형은 노부나가의 조총부대로 인해 흔들렸고, 250년간 철통 권력을 휘둘렀던 에도 막부는 미국의 흑선(黒船)이 쏜 공포(空砲) 몇 발에 무능함을 드러냈다. 무균실에서 자란 생물이 외부 세균에 지나치게 취약하듯,

내부적으로 지나치게 강한 시스템은 외부 자극에 턱없이 약하다. '와'의 틀 안에서 자란 일본이 현재를 발전시키는 개선에는 강하지만 미래를 만드는 개혁에 약한 이유다.

한 번 정해진 시스템을 바꾸는 것은 일본에서 정말 어려운 일이다. 당장 앞에서 말한 덴츠의 경우만 해도 다카하시 씨 자살 사건 이후 정부와 민간이 만든 블랙 기업 리스트에 오르고 사장이 사임하는 사태까지 벌어졌지만 가혹한 근무조건은 지금까지 전혀 개선되지 않고 있다. 요식업체 스키야(すき家)는 사원 착취로 인해 주가와 매출이 폭락해도 자신들의 영업방식을 지키겠다며 매장 폐점까지 강행할 정도다.

지독한 시스템의 국가가 갖는 부작용은 간혹 최악의 형태로 나타난다. 그 대표적 사례가 우생보호법(優生保護法)이다. 이 법은 2차 대전 때 제국주의 국가들이 열성(劣性)의 유전자를 배제한다며 앞다퉈 실시했던 법[30]의 일본 판이다. 문제는 다른 선진국들은 제2차 세계 대전 이후 다른 국가들의 눈을 의식해서 이런 법을 폐지했으나 일본에서는 이 법이 유지되었다는 점이다. 그것도 1996년까지 무려 48년간이나.

일본의 우생보호법은 정부가 국민에게 유전자 검사를 했을 때 열등한 유전자가 발견되면 해당 개인에게 불임 수술을 강제하는 법안이었다. 그런데 그 정도가 과해서 이 시스템을 위해 불법과 편법이 거리낌 없이 동원되었다. 열성 유전자를 가진 개인에겐 무슨 수를 써서라도 불임 수술을 받게 해야 하니 수술의 목적을 거짓으로 말하거나, 심지어 강제로 수술해도 좋다는 조항까지 만들 정도였다. 그 때문에 8~9세 때 동의 없이 강제 수술을 받아 자신이 왜 불임인지 모르는 채 결혼하는 사람마저 나왔다.

---

30 독일의 나치가 장애인 학살을 위해 만든 T4 프로그램(Aktion T4)도 우생보호법의 대표적 예에 해당한다.

G7은 물론 OECD 상위권에 드는 일본임에도 국가가 정한 기준에 따라 인간의 삶을 파괴하는 법은 버젓이 운용되었다. 이 법에 따라 48년간 이뤄진 수술은 2만 5,000여 건에 달하며 그중 무려 1만 6,500건이 해당 개인의 동의 없이 시행되었다. 이에 그치지 않고 이 법은 보육원 원아들 사이에서의 임신을 막기 위한 도구로 사용되었는가 하면 한센병 등의 질병을 앓는 이들에게도 가차 없이 적용되었다. 일본 사회가 원하는 기준에서 조금이라도 벗어나는 구성원은 없게끔 하겠다는 목적하에 자국인의 인권을 짓밟은 것이다. **일본은 시스템 외부로 밀려나는 약자를 보호해주긴커녕 철저히 배제하는 나라임을 보여주는 예라 하겠다.**

이 법은 1996년에 밝혀져 사회적으로 큰 파문을 일으켰다. 하지만 그 뒤에도 사라지지 않고 모체보호법(母体保護法)으로 이름을 바꿔 지금도 시행되고 있다. 과거의 악법인 치안유지법조차 특정비밀보호법으로 이름을 바꿔 부활하는 등 '와'를 지키기 위해 만든 시스템은 강력하게 유지되고 있다. 이렇듯 일본에선 변혁은커녕 변화도 쉽지 않다.

4.
일본성장의 1등 공신,
매뉴얼의 배신

와를 지키기 위한 매뉴얼
일본의 강점이자 약점

모든 것이 매뉴얼로 이뤄진 나라

좋은 시스템이란 '누가 운영해도 정상적으로 작동하는 시스템'이다. 그리고 이를 위해선 해당 조직이나 사회구성원 누구든 자신들의 시스템을 이해하고 있어야 한다. 그래서 일본에선 시스템이 의도대로 움직일 수밖에 없게끔 하는 도구가 태어났다. 일본 사회에서 매뉴얼이 만들어진 이유다.

대기업에서 근무하는 한국 사람들에겐 업무 매뉴얼이란 것에 익숙할 것이다. 한국기업이 일본의 경영 방식을 그대로 베끼는 과정에서 그대로 들어온 매뉴얼이 많기 때문이다. 애프터서비스를 위해 무릎을 꿇고 작업을 한다든가 고객이 기다리는 시간 동안 노래를 불러주는 등의 행동은 일본의 매뉴얼에서 따온 것이다.

그러나 일본의 매뉴얼은 한국보다 한 수 위다. 앞서 말했듯 일본 기업은 기준에 맞는 인재를 채용하고, 회사 업무에 맞게 그들을 교육해서, 그 교육을 받은 사람은 누구나 할 수 있는 일을 맡긴다.

여기서 사용되는 매뉴얼은 효율적임과 동시에 몰개성적이다. 업무

뿐 아니라 인간관계에서의 사항들까지 하나하나 지시하기 때문이다. 상사와 동료는 어떻게 대해야 하는지, 인사할 때 허리는 얼마나 몇 초간 숙여야 하는지, 한 번 인사한 상대와 또 마주치면 어떤 행동을 취해야 하는지, 전화를 받을 때는 어떤 말들을 해야 하는지 등까지 모두 다 매뉴얼에 적혀 있다.

심지어 모 유명제과 대기업의 전화응대 교육자료에는 '전화 받을 때의 목소리가 도(C)나 미(E)음이면 상대에게 관심 없다는 뜻이니 관심을 보인다는 의사를 표현하기 위해 솔(G)음으로 받으라'고까지 되어 있다. 채용할 때 음감 테스트라도 하는 것일까 싶을 정도다. 이런 매뉴얼은 오로지 '시스템의 원활한 운영'을 위해 만들어졌다.

중용의 정치를 펼 수밖에 없었던 쇼군

도쿠가와 막부의 4대 쇼군인 도쿠가와 이에츠나(德川家綱)의 입지는 불안했다. 나이가 고작 11세였기 때문이다. 당연히 쇼군 자리에 오르자마자 유이 쇼세쓰(由井正雪)가 일으킨 반란[31]에 휘말리게 된다.

이를 수습한 건 숙부인 호시나 마사유키(保科正之)였다. 그는 전 정권 신하들과 힘을 합쳐 쇼군을 지켜냈고 이후 그들은 전 정권에서 이어받았다는 뜻을 담아 '간에이의 유로(寬永の遺老)'[32]라 불리게 된다.

이렇게 전 정권 실세들이 기반이 되어준 덕분에 이에츠나는 어린 나이였음에도 안정된 국정을 운영, 29년간의 태평성대를 유지할 수 있었다.

그런데 왜 간에이의 유로들은 권력을 직접 쟁취하지 않았을까? 그

---

31 '게이안의 변(慶安の変)'이라 한다.
32 '유로(遺老)'는 이전의 임금 또는 이미 망한 나라를 위해 일했던 신하를 말하며 한국, 중국에도 있던 개념이다.

들이 이에츠나 정권을 보호한 것은 그에게서 리더의 자질을 봤기 때문이 아니었다. 막부라는 시스템이 무너지면 그들이 권력을 누릴 터전 자체가 없어질 것이고, 시스템은 정통성이 없는 그들에게 권력을 넘겨주지 않을 것이며, 따라서 자신들이 권력을 누리려면 쇼군이 무사해야 한다는 점을 알고 있었기 때문이다. 일본식 '와'가 잘 작동한 사례다.

이렇게 자리를 지킨 이에츠나. 하지만 그의 삶은 순탄하지 않았다. 초반에 신하들과의 힘 싸움에서 번번이 밀려 나중에는 '그리 하거라 님(左様せい様)'이라는 별명까지 붙었다. 신하가 하라는 대로 한다는 뜻이다. 그의 업적이 별로 없는 이유다.

힘에서 밀리는 군주는 처세에 신중하다. 이에츠나가 즉위한 지 얼마 안 됐을 때의 일이다. 매일 천수각 꼭대기에서 무료하게 밖을 쳐다보는 쇼군이 안 돼 보였는지 한 가신이 서양에서 들어온 신문물인 망원경을 바쳤다. 거리라도 보면서 즐기시라는 뜻이었다.

그런데 이에츠나는 오히려 조용히 미소를 지으며 '내가 비록 어린 아이지만 직책은 쇼군이다. 쇼군이 백성들을 망원경으로 내려다본다면 세인들이 불안해하지 않겠는가?'라며 망원경을 거들떠보지도 않았다. 높은 사람으로부터 감시당하면 불안해할 백성들의 마음을 이해하고, 군주로서 그들을 배려한 것이다.

또 하루는 식사할 때 국에서 사람의 머리카락이 나온 적이 있었다. 당황한 여급이 국그릇을 치우려 하자 이에츠나는 '국은 도중에 버리고 주방에 들여가라'라고 지시한다.

만약 국그릇에 국이 그대로 담긴 채 주방에 돌아가면 그 이유에 대한 조사가 이뤄질 것이고, 머리카락이 들어갔기 때문임이 밝혀지면 관련자가 처형당할 것이 뻔했기 때문이다. 이에츠나는 이렇듯 자비로운 군주였다. 하지만 때에 따라서는 무자비해질 수 있었다. 그는 누가 뭐라 해도 시스템을 지켜야 하는 군주였기에.

온화한 성군이 잔혹해질 수밖에 없던 이유

뭔가가 잘못 굴러가면 바로 들고 일어나는 한국인들은 원전이 터지거나 코로나 19 검사를 안 해줘도 아무 저항도 하지 않는 일본인들을 잘 이해하지 못한다. 들고 일어나도 제대로 된 반성과 대책이 있을까 말까 한데 가만히 있는 이유가 무엇인지 의아한 것이다.

일본이 처음부터 이랬을까? 아니, 그렇지 않았다. 1960년 일본을 미국의 군사적 전략에 포함하기 위한 안보법이 추진되자 일본 국민은 대규모 시위로 대항했다. 그 인원이 무려 33만 명에 달했으니, 인구비로 보면 한국의 촛불시위에 버금가는 규모였다.

그와 비슷한 예로는 그 이전에 있었던 다이쇼 데모크라시(大正 Democracy), 그보다 더 과거에 있었던 잇키(一揆, 농민 봉기)를 들 수 있다. 첫 잇키는 1428년에 일어났다. 국가의 무거운 세금, 사원과 사채업자의 고리대금에 시달리던 백성들이 일제히 봉기해서 난을 일으킨 것이다. 성난 백성들은 사원을 습격, 차용증서를 불태우고 1441년에는 교토까지 몰려가 세금과 빚을 없애달라고 시위했다. 이에 정부는 백기를 들고 빚을 실제로 탕감해준 역사가 있으니 일본인들은 민중운동의 결실도 맛본 민족이다.

그러나 그로 인해 치러야 했던 대가는 절대 만만치 않았다. 1653년 사쿠라번(佐倉藩)[33]의 다이묘인 홋타 마사노부(堀田正信)는 고민이 깊었다. 앞서 말했듯 막부는 여러 제도를 만들어 지방 다이묘들의 세력을 억누르고 있었는데, 이것이 지나쳤는지 아니면 관료제의 특성 때문인지 흉

---

33 오늘날 치바현(千葉県)의 사쿠라시(佐倉市).

년에도 관성적으로 세금을 올린 것이 문제였다. 이 탓에 사쿠라번은 모라토리엄(재정붕괴)에 빠져버리고 말았다.

당시 일본은 이럴 때 바로 상위 관리에게만 보고하게 되어 있었다. 비유하자면 사원은 대리에게만 보고할 수 있을 뿐, 대리를 건너뛰고 과장에게 보고하면 안 되는 셈이었다. 하지만 직속 상사에게 다른 꿍꿍이가 있다면 어떨까?

바다 건너 옆 나라도 그랬듯 세금을 덜 걷는다는 것은 해당 관리의 무능을 뜻하는 일이기도 했다. 그 때문에 관리들은 홋타의 호소에 귀를 기울이지 않았다. 홋타는 포기하지 않고 매뉴얼에 따른 공식 루트를 통해 국가의 행정을 총괄하는 에도 번정(藩政)까지 상소를 올렸으나 소용없었다.

이렇게 세금 때문에 모두 말라 죽을 판이 되자 사쿠라번의 고오즈(公津)라는 작은 마을의 촌장 사쿠라 소고로(佐倉惣五郎)[34]가 쇼군에게 직접 상소를 올린다. 사원이 그룹 회장에게 직소한 셈이다. 그러나 이는 '와'를 깨는 행위였기에 그는 처형되고 말았다. 그런데 이 이야기에는 반전이 있다. 이에츠나가 상소를 듣고 재정 상황에 대한 조사를 명한 후 가혹한 과세를 조정해줬다는 것이다.

여기서 한국과의 차이가 드러난다. 세조 시대에 홍윤성이라는 인물이 있었다. '살인마 정승'이라는 별명을 가진 홍윤성은 자신이 기분 나쁘다는 이유로 사람을 때려죽이고 이를 권력으로 해결하곤 하는 소시오패스였다. 이런 식으로 세상을 뜬 이들 중엔 나계문이라는 사람이 있었다. 나계문은 홍윤성에게 선물로 보낼 노비를 선별했으나 그 노비들이 홍윤성의 마음에 안 든다는 이유로 죽임을 당했다.

---

34 본명은 키우치 소고로(木内惣五郎).

나계문의 부인인 윤덕령은 억울했다. 하지만 홍윤성은 세조의 계유정난에 참여한 공신 중의 공신이자 현직 정승이었다. 조선의 사법 시스템은 피해자를 매도하고 살인마를 보호하기 위해 총력을 기울였다. 그러자 윤덕령은 목숨을 걸고 세조의 온천 행차 길에 뛰어들어 억울함을 하소연했다. 이는 당연히 능지처참을 당할 중죄였으나, 세조는 윤덕령의 억울함을 풀어주고 상까지 내렸다. 물론 세조의 정치 성향상 홍윤성을 처벌하진 않았지만 윤덕령이 보복을 당했다는 이야기도 없다.

한국의 경우 지금도 시스템을 깨더라도 결과가 좋으면 인정을 받고, 일반적 시스템에서 벗어날 수 있는 제도도 많은 편이다. 예를 들어 상표권 등록에는 보통 1년이 걸리지만, 우선 심사제도를 활용하면 불과 3개월 만에 끝낼 수 있다(물론 이런 점이 안 좋은 방향으로 나타나는 경우도 많다).

하지만 일본은 다르다. 건물 벽의 두께는 30cm여야 한다는 규제가 존재하면 다른 선진국이 20cm로 지을 수 있어도, 심지어 그 특허가 일본 기업의 소유라 해도 일본에선 허가가 나지 않는다. 일본 내에서 성공한 사례를 가져온다면 허가를 해준다고는 하나 애초에 허가를 해주지 않는데 사례가 어떻게 나오겠는가?

매사가 이런 식이니 한국과는 정반대로 일본에선 일을 엉망으로 해도 시스템을 철저하게 지켰다는 사실만 증명하면 큰 탈이 없다. 한국과 일본이 서로를 이해하지 못하는 이유 중 하나다.

매뉴얼이 지배하는 사회

공동체 유지라는 측면에서 보자면 매뉴얼은 꽤 유용한 도구다. 구성원이 조직에 적응하는 시간을 가장 짧게 만들어주고, 예측 불가능한 사태를 방지하기에도 좋기 때문이다. 인본주의 심리학의 창시자 에이브러햄 매슬로(Abraham Maslow)에 의하면 인간에겐 질서, 안정에 대한 욕구가 있다. 어쩌면 삶의 불안정한 변수를 통제하려는 인간의 욕구가 절묘하게 사회제도로 만들어진 것이 '매뉴얼 사회'가 아닐까 싶다. 그렇기에 일본뿐 아니라 다른 국가에서도 매뉴얼이 중시되는 것이 사실이다.

문제는 일본의 매뉴얼은 현실 위에 존재한다는 것이다. 일본에서는 매뉴얼을 지키기 위해 시스템이 무너지는 일이 종종 일어난다. 2011년 3월 11일, 일본에선 '규모(Magnitude) 9.1'이라는 사상 최대의 지진이 동북부 태평양 연안을 덮쳤다. 위기에 빠진 일본은 침착한 대응으로 전 세계 사람들을 놀라게 했으나 이후에는 상식을 벗어난 행동으로 충격을 안겼다. 사고 발생 나흘 만에 사고를 크게 만든 범인이자 책임자인 도쿄전력(東京電力)이 사고 현장에서 철수하려 한 것이다.

간 나오토(菅直人) 총리가 이유를 묻자 도쿄전력은 '원전 주변의 방사능 물질 농도가 작업자에게 규정상 허용된 50밀리시버트(mSv)[35]를 넘어섰으니 철수해야 한다'는 황당한 답변을 했다. 위험을 막을 책임이 있는 사람임에도 위험이 커지니 규정을 따른다며 도망가는 셈이었다.

작업이 다시 개시된 것은 오랜 회의 끝에 매뉴얼의 허용 기준을 250밀리시버트로 고친 이후였다. 하지만 그렇게 늦어진 만큼 사고 수습의 골든타임을 놓칠 수밖에 없었고, 노심(nuclear reactor core)[36]이 이미 지하수층까지 뚫고 들어가버려 수습도 불가능해졌다.

이뿐만이 아니다. 재앙의 진원지였던 후쿠시마(福島) 지역 주민들은 지진 후 11일이 지날 때까지도 구호 물품을 받지 못해 영양실조로 쓰러지고 있었다. 그러나 당시 다른 지역 물자집적소에는 식량이 남아있

---

35   시버트는 방사능 흡수량에 관한 효과를 나타내는 단위다.
36   원자로 내 중심부에 위치하며 핵연료를 포함하고 있는 부분.

없음에도 그것이 후쿠시마로 옮겨지진 않았다. 다른 지역으로 물자를 옮기는 규정이 없었던 탓이다. 이 사태를 보다 못한 지역 야쿠자가 식량을 기부함으로써 후쿠시마의 식량 부족 사태를 해결했다. 사람을 살리기 위한 규정을, 있는 자원 두고 사람을 죽이는 데 쓰고 있으니 한국의 구호 물품이 세관을 통과 못 하는, 미국은 피해 지역이 구호물자를 받아주지 않자 '짐이 많아서 버리고 간다'라는 핑계를 대는 사태가 일어나는 것이다. 이렇듯 일본 사회의 매뉴얼은 예견된 사태를 극복하는 최고의 도구이기도 하지만, 의외의 사태가 발생했을 때는 그것의 극복을 방해하는 최악의 방해물이기도 하다.

매뉴얼에 숨겨진 무서운 진실

이런 이야기를 하면 '그래도 매뉴얼을 지키려는 거니 성숙한 사회 아니냐'는 이야기가 나오곤 한다. 물론 매뉴얼을 지키는, 사회를 지키려는 시도는 존중되어야 한다. 하지만 매뉴얼이라는 것은 올바른 사회를 지키기 위한 도구이지 사회 구성원을 희생시켜가며 지켜야 하는 목적이 아니다. 그런데도 일본에서는 이처럼 주객이 전도된 상황이 빈번하게 일어나고 있다.

    이는 매뉴얼의 성격 탓이다. 사회의 매뉴얼을 만드는 주체는 대개 전체 사회 구성원이 아닌, 사회구성원의 대표자다. 유권자가 선출한 대표자라 표현되긴 하나 그들은 사실상 사회 상위에 자리하는 권력층이며, 그 계층이 만들어낸 매뉴얼이 제 기능을 해야 존재를 인정받으며 이익을 얻는 이들이다. 때문에 **매뉴얼 사회의 최대 수혜자는 이를 만들어낸 권력자이며, 매뉴얼은 권력자가 만든 시스템을 운영하기 위한 지침에 해당한다.**

    매뉴얼은 활용 방법에 따라 권력층의 강력한 무기가 될 수 있다. 후쿠시마 원전의 부적절한 관리로 인해 사람들은 고향과 삶의 터전에서 쫓겨났다. 하지만 도쿄전력은 그에 대한 책임을 지기는커녕 회피하기 위한 매뉴얼을 만들었다. 보통 일본의 매뉴얼들은 일반적으로 용어를 쉽게 설명하고, 전문용어는 그것의 이해를 위한 별지를 만들어 함께 제공하곤 한다.

하지만 도쿄전력은 그와 반대로 보상에 관한 접수 규정을 까다롭게 만들어버렸다. 이재민들이 받은 서류는 전문가, 고등교육을 받은 사람도 이해하기 어려울 정도로 복잡했다. 정작 그 서류를 봐야 하는 이들은 고등교육을 받지도 못한 농·수산업에 종사하는 노인 계층이 많았음에도 말이다.

서류가 복잡하고 어려우니 이재민들의 상당수는 어쩔 수 없이 보상을 포기하고 말았다. 이 난관을 포기하지 않은 이들은 새로운 난관에 부딪혔다. 피난 과정에서 쓴 비용, 피난 도중에 지출한 모든 것을 영수증으로 증빙해야 했던 것이다. 쓰나미가 몰려와 급히 피하는 과정에서 자신이 얼마의 기름값을 썼으며, 노숙 시기 동안 무엇을 얼마나 사 먹었는지 등을 모두 증빙할 수 있는 사람이 몇이나 될까?

이재민들에게 배상할 마음이 있었다면 도쿄전력은 이미 존재해 있던 '긴급재해에 관한 매뉴얼'을 후쿠시마 사태 때 적용했을 테지만, 그들은 그렇게 하지 않았다. 이것이 기업의 생리, 그리고 이를 후원받는 정치가들이 묵인한 현실이다.

일본은 잘 짜인 매뉴얼이 완벽한 시스템을 이끄는 나라다. 하지만 이 매뉴얼과 시스템을 만드는 것은 결국 권력자다. 한국같이 국민들이 드세게 들고일어나는 나라에서도 국민은 아랑곳하지 않는 정치가 이뤄지곤 한다. 그러니 수도와 전기, 교통이 모두 민영화되어 있고 그에 대해 별다른 반발 자체가 없는 나라, 더 정확히 말하면 도입하기 직전에야 반응하는 나라 일본에선 더 말할 것도 없다.

완벽한 시스템과 매뉴얼을 갖고 그것대로 움직이는 조직이나 나라는 그 어느 곳에도 존재하지 않는다. 그 때문에 각 사회구성원들의 입장, 목소리를 반영하여 구성원들을 위한 제도로 바꿔나가야 할 의무가 있다. 그런데 일본은 지금 그것이 실종된 지 오래다. 오히려 권력자들의 뜻에 크게 휘둘리는 나라이기에 사회 개선의 가능성도 낮다.

2019년 10월 일본 전역은 태풍 하기비스(Hagibis)의 피해를 입었다. 꽤 많은 지역이 단수와 정전 상태에 이르렀음에도 지자체가 무력한 모습을 보이자 결국 자위대가 직접 물을 공급하기로 했다. 하지만 자위대는 물탱크에 물을 싣고 갔음에도 이를 공급하지 못한 채 바닥에 버릴 수밖에 없었다. '자위대가 직접 물을 공급하는 것은 매뉴얼 위반'이라는 이유에서였다.

피해 지역 중 하나인 야마키타(山北) 마을의 상위 지자체인 가나가와현(神奈川県)은 지자체에게 직접 물 공급을 요청하지 않은 것은 매뉴얼 위반이므로 절대 이를 용인할 수 없다는 견해를 밝히기도 했다. 본인들은 물을 공급할 여력이 없었음에도 말이다. 결국, 주민들은 멀쩡한 물을 받지 못한 채 식수난에 시달릴 수밖에 없었다.

이는 어제 오늘 일이 아니다. 제2차 세계 대전 당시 일본인들은 덴노를 절대적 존재로 여겼고, 그가 세운 작전계획을 신이 내린 계획으로 믿었다. 그러나 덴노가 만든 매뉴얼은 현장을 반영하지 못했고, 그러므로 현장에서 일어난 돌발변수에 대비하는 데도 별 쓸모가 없었다. 일본이 미드웨이 해전에서 미국에 패전한 이유도 그 때문이다. 그 패전이 아픔으로 남아 있음에도 일본은 역사에서 배우려 하지 않았다.

일본 국민은 매뉴얼을 정치가와 관료에게만 맡기고 있으며, 그 임무를 맡은 이들은 매뉴얼을 지키기 위해 국민으로 하여금 모든 것을 포기하도록 하고 있다. 정말 무엇이 중한지 물어보고 싶은 상황이다.

5.
무너진 거품경제의 칼날, 한국을 향하다

일본이 과거만을 바라보게 된 이유이자
한국을 화풀이 대상으로 삼은 이유는
다시 돌아올 수 없는 추억 때문이다.

공짜 점심은 없다

1991년 KBS스페셜 '욕망과 혼돈의 도쿄, 1991년'의 마지막 내레이션은 다음과 같았다.

> 버블을 통해서 '공짜 점심은 없다', '무에서 유를 창조할 수는 없다'는 경제의 대원칙이 재확인됐다. 버블 안에 있을 때는 누구도 손해를 보지 않고 이익을 보는 것처럼 보인다. 그러나 버블이 한 번 발생하면 경제적으로 엄청난 대가를 치러야 한다.

일본의 '거품경제 붕괴'를 설명하는 데 이보다 적절한 말은 없다. 그 전까지 일본의 경제 시스템은 완벽해 보였다. 하지만 한국의 IMF 사태 역시 사전에 조짐이 보였음에도 무시되었듯, 지금 시점에서 보면 일본의 경제 붕괴는 예고된 비극이었다.

1945년, 일본은 패전국이 되었다. 당초 GHQ는 일본을 낙농국으로 만들고 두 개의 나라로 갈라 힘을 못 쓰게 할 생각이었다. 하지만 한국전쟁이 발발하자 계획을 바꿔 일본을 키우기로 했다.[37] 일본이 소련에 먹히면 동아시아는 모조리 공산국가가 되고 미국의 동아시아 교두보는 사라질 거라는 데 생각이 미친 것이다. 이후 미국에게 남한은 교두보인 일본을 보호하기 위한 완충지대, 북한은 소련을 달래기 위한 먹이가 되었다.

　이 선택은 한일 양국의 운명을 갈랐다. 한국전쟁으로 황폐해진 한국은 둘로 나뉘어 발전 가능성을 빼앗겼지만 다 무너진 일본경제엔 꽃길이 열렸다. 미국의 지원을 받아 1960년대엔 세계 경제 규모 3위까지 성장하더니, 1965~1970년에는 이자나기 경기(いざなぎ景気) 대호황[38]이 체력을 키워줬다. 1964년 도쿄올림픽, 1970년 오사카 엑스포 등을 성공시킴으로써 일본은 우수한 인프라를 전 세계에 자랑했고 1971년 국제통화위기, 1973년도의 제1차 유류파동 시에도 반도체 등의 3차 산업 분야에서 뚜렷이 이목을 집중시키며 성장 가능성을 증명했다. 이후 1984년에는 GNP를 미국의 66% 수준인 1만 474달러로 올리는 기적까지 일으켰다.

　하지만 이런 흐름은 오래가지 못했다. 확실한 기본기를 갖추지 못한 채 자본에만 의존하여 성장한 일본은 1990년대에 벌어진 거품경제 붕괴에 기민하게 대처하지 못해 무너졌다. 이후 2001년 IT버블, 2008년 금융위기, 2011년 동일본대지진, 2020년 올림픽 연기 등의 사태를 연달

37　영향력을 확보하기 위한 부흥책은 일본만이 아닌 유럽에서도 시행되었다. 마셜 플랜(Marshall Plan)이라고도 불리는 유럽부흥계획(European Recovery Program, ERP)이 그것이다.

38　1965년 11월~1970년 7월의 57개월간 지속된 일본의 경기호황 현상. 1965년부터 5년도 안 되는 사이에 경제가 무려 11%나 성장할 정도의 특수(特需)였다.

아 겪으며 혹시 남아있었을지 모르는 가능성마저 뿌리 뽑히고 말았다. 과거의 영광을 잃어버리고, 그 영광의 힘을 소모해가며 버티는 처지에 이른 것이다. 그리고 이전의 영광은 그들에게 추억이 되었다.

버블 경제의 아이콘

기업경영 만화인 '시마 코사쿠(島耕作) 시리즈'는 만화가 히로카네 켄시(弘兼憲史)의 대표작이다. 이 시리즈의 1탄 격인 '시마 과장(課長島耕作)'은 1983년부터 1992년까지 만화잡지인 〈모닝(モーニング)〉에 연재를 시작, 폭발적인 인기를 얻었다. 이후 작가는 같은 잡지에서 시리즈[39]를 연재하며 시마 과장의 일대기를 선보였고, 격주로 발간되는 자매지 〈이브닝(イブニング)〉에서는 시마의 학창시절 이야기를 들려주기도 했다.[40]

　재미있는 것은 이 작품이 일본 내에서 갖는 위치다. 주인공인 시마의 승진이 일본 주요 일간지와 경제지에 대서특필됐다고 한다면 믿어지는가? 이런 현상은 일본이 만화 강국이기 때문에만 벌어지는 것일까?

　시마 과장은 가상의 인물이지만 그의 삶은 일본에서 실제 있었던 사건들을 따라간다. 만화에 나오는 모든 기업은 실존 기업을 모델로 하고, 스토리도 그 기업에서 벌어졌던 상황들을 그대로 재현하여 꾸며졌다. 심지어 주인공 시마조차도 실존 인물을 모델로 삼는데, 그 인물은 바로 작가 자신이다. 히로가네 켄시는 와세다대학 졸업 후 마쓰시타전기공업(松下電工, 현 파나소닉)에서 근무한 경험이 있는데 만화 속 시마도 와세다대학을 졸업한 뒤 하츠시바라는 전기회사에 입사하는 것으로

39　'시마 부장(部長島耕作)'(1992~2002), '시마 이사(取締役島耕作)'(2002~2005), '시마 상무(常務島耕作)'(2005~2006), '시마 전무(專務島耕作)'(2006~2008), '시마 사장(社長島耕作)'(2008~2013), '시마 회장(会長島耕作)'(2013~), 시마 고문(相談役島耕作, 2019~) 등이다.

40　'사원 시마(ヤング島耕作)'(2001~2010), '시마 계장(係長島耕作)'(2010~2013), '학생 시마(学生島耕作)'(2013~2018)

그려진다. 이렇듯 작가의 배경은 작품 속 시마의 배경이 되고, 그렇기에 시마의 사상은 곧 작가의 사상이다.

현실과의 차이가 있다면 주인공 시마의 운이다. '사원 시마'에서 그는 일개 사원임에도 하츠시바의 기업 시스템에 대항하는, 일본에선 일어날 수 없는 도전을 한다. 시마가 사원인 1960년대 일본은 이타이이타이병(イタイイタイ病)[41], 미나마타병(水俣病)[42]이 이슈화되기 전이라 환경 관련 규제랄 것이 없었다. 공장은 폐수를 그대로 강에 방류하고 폐자재를 마구잡이로 강과 들판에 버렸다.

그런 와중에 시마는 상사에게 기업이 책임지고 안전하게 처리해야 한다는 점을 주장한 것이다. 실제 일본 회사에서 이런 일이 벌어졌다면 그는 조직의 '와'를 깨는 존재로 간주, 사회의 견제를 받았을 것이다. 그러나 이때 우연히 지나가던 회장(마쓰시타 전기공업의 창업자 마쓰시타 고노스케(松下幸之助)가 모델이다)이 이 이야기를 듣고 기업도 환경을 생각해야 한다며 시마의 편을 들어준다.

이렇게 좀 작위적인 운 덕분에 시마는 좀처럼 자리가 안 난다는 최고 인기부서인 판촉 홍보과로 자리를 옮기게 된다.

이 만화는 현실에서의 일본경제 및 사회의 흐름을 그대로 그려낸 작품이다. 하지만 이것들을 대상으로 하는 혁신은 언제나 시마의 몫으로 만드는 판타지일 뿐, 환경보호에 대한 일본 사회의 관심은 각종 환경재해로 타격을 입은 이후부터 생겨났다.

이 작품에서는 일본에서 실제 있었던 일을 시마가 해결하는 것으

41　등뼈, 손발, 관절이 아프고 뼈가 잘 부러지는 등의 증상이 나타나는 카드뮴 중독증으로 일본 4대 공해병 중 하나다.

42　수은이 배출되지 않고 신체에 쌓이면서 신경세포에 피해를 주는 일본 4대 공해병 중 하나. 이타이이타이병과 같이 금속성분 중독이 원인이다.

로 묘사한다. 그리고 시마에 감정을 이입한 일본의 중년 독자들은 자신이 경제발전의 주역이 된 듯한 대리만족을 느낀다. 시마는 뛰어난 일본식 샐러리맨이기 때문이다. 이후 시마 시리즈는 중년들의 환상에 화답하면서 인기를 얻게 된다. 즉 이 작품은 일본 근현대의 시대상을 담았다는 뜻이다.

한국과 일본의 운명이 교차하다

시마 시리즈가 시작된 1983년부터 버블이 끝나는 1990년까지 일본의 발전은 정말 굉장했다. 세계 최고의 기업 리스트의 대부분은 일본 기업이 차지했고, 마쓰시타 전기공업이 만든 액정 TV는 미국 시장에서 무려 40%의 점유율을 기록했으며, 미국 산업화의 상징인 엠파이어스테이트 빌딩은 일본 기업이 아닌 일본인 부동산 자산가 개인에게 팔렸다. 거대 국가인 미국이 일본의 공세에 맥을 못 추는 이런 상황에서 시마는 미국 시장 시찰 후 다음과 같은 발언까지 한다.

"솔직히 말씀드리면, 이제 (미국에게) 일본이 배울 것은 없다고 생각합니다."

전 세계 1위 국가를 이렇게 평가한 일본, 그리고 다른 나라들도 이를 인정할 정도였으니 일본이 한국을 어떻게 바라봤는지는 짐작이 간다. 삼성은 소니의 브라운관을 자사 TV에 넣기 위해 노력했으나 거절당했고 한국 최상위권 그룹들의 경상이익을 다 합쳐도 게임회사 닌텐도(任天堂)의 경상이익을 못 따라갔다. 한국의 방송사들은 일본의 예능 프로그램들을 베꼈고, 광고사들 역시 일본 광고를 대놓고 따라 했으며, 출판사는 일본 서적들의 해적판을 마구잡이로 출간하기까지 했다.

자기 힘으로 승리해서 독립하지도 못한 나라이자 일본의 독립축하금으로 경제발전을 한 나라. 모든 면에서 일본에 뒤처지고 일본을 베껴가며 겨우 따라오는 나라. 이것이 당시 한국에 대한 일본 전체의 의식이었다.

그런데 시마 시리즈가 장기화하면서부터는 한국이 다른 모습으로 비친다. 한국이 본격적인 조역으로 등장한 것은 전무가 된 시마가 기술진에게 업무보고를 받는 장면에서였다.

"한국 제품의 매출이 많이 늘어나고 있습니다. 가장 잘 팔리는 TV 제품이 전시되는 코너 한가운데에 한국 제품들이 있고, 일본 제품은 그 위나 아래에 놓여 있습니다."
"그건 놀랍군. 하지만 난 우리 제품이 '더 뛰어난 기술'로 만들어졌다고 보네."

이 대사, 특히 '더 뛰어난 기술'이라는 말은 이후 일본을 옭아매는 족쇄가 된다. 그리고 한국과 일본의 운명이 교차한 계기가 되기도 했다.

기술가치에 대한 관점

일본이 고도성장을 한 배경에는 일본인 특유의 근면성, 과도한 노동을 당연시하는 사회 시스템도 있었지만 벤치마킹할 수 있는 대상의 존재도 있었다. 일본은 역사적으로 벤치마킹을 통해 성장한 나라다. 100년 전에는 서구열강을 벤치마킹해서 제국주의 열강이 되었고, 고도의 경제성장기에는 독일이나 미국 등을 벤치마킹하여 제조업 선진국이 되었다.

이 중심에는 해외의 것을 모방하되 그것보다 더 나은 제품을 만들어 싸게 파는 '개선(改善, 가이젠)' 전략이 있었다. 서구권에서 생산한 어느 TV의 가격이 999달러라고 가정하면, 일본은 399달러짜리 TV를 내놓는다. 물론 품질은 안 좋지만, 가성비로 승부를 걸어볼 수 있다.

이렇게 얻은 이익을 기술개발에 투자하여 서구권의 제품보다 기술 면에서 좋은, 최소한 큰 차이가 안 나는 TV를 만든다면 누가 일제를 안 사고 배길까? 역사를 살펴보면 이런 전법은 대개 후발주자들이 활용한 단골 전략이다.

문제는 여기서 발생한다. 후발주자가 활용하기 좋은 전략이라는 뜻은 곧 한국, 중국도 사용할 수 있는 전략이란 뜻이다. 따라서 후발주자의 추격에서 벗어나려면 선진국의 입장에서 세계 시장을 주도할 수 있는 상품을 만들어야 한다. 즉, 세계를 주도하는 국가로서 세계를 선도하는 제품을 생산해내야 한다는 뜻이다.

하지만 일본은 이 단계에서 멈추고 말았다. **세계가 변혁을 위해 도전하는 상황에서 그들은 우수한 자산을 지켜가며 성장하는 것이다.**

세계 최초로 낸드(NAND) 플래시 메모리를 발명, 세계 IT 산업의 흐름을 주도할 기회가 있었음에도 변혁보다 변화를 택함으로써 그것을 발로 차버린 것이 대표적인 예다. 그 결과 일본은 이 분야에서 미국에게 주도권을 빼앗겨버렸고, 이후 미국의 자리는 한국과 중국이 차례로 차지하는 상황이 벌어졌다.

시마 시리즈에선 섬상(삼성)이 하츠시바(파나소닉)를 위협하는 최고의 적으로 등장하고, 하츠시바가 배터리 산업을 위해 고요(산요)를 인수 합병할 때 PG전자(LG전자)가 경쟁자로 나온다. 이때 섬상과 PG전자는 일본이 나아갈 미래를 부당하게 빼앗는 적일 뿐 아니라 산업 스파이, 매수, (거의) 범죄를 일삼는 악의 조직처럼 묘사된다. 한국과 중국이 일본의 부품 판매망과 상품 판매망이었던 시절 두 나라에 보냈던 호의적인 시선과는 천지 차이다.

중국도 작가의 이런 시선에서 벗어날 수는 없었다. 시마 시리즈에서 초반에 하츠시바 회사의 믿을 만한 파트너였던 추파 그룹(하이얼)은 이내 일본의 IP를 사냥하는 적이 되는 것으로 그려졌다. 이렇게 묘사된 시점이 파나소닉의 세계 1위 백색가전 브랜드 '아쿠아(AQUA)'를 중국 기업인 하이얼이 인수한 시기와 일치했던 건 단순한 우연일까?

과거에 대한 그리움, 분노

1990년이 되자 일본의 경제는 끝없이 추락했다. 더 큰 문제는 10년이면 극복할 듯했던 위기가 무려 2020년까지 30년간 이어지고 있다는 점이다. 성장이 없는 삶도 고통스러운데 황금 같은 전성기, 그것도 본인들이 누렸던 과거 전성기가 절대 도달할 수 없는 목표로 남아있다.

이렇게 사회에 스트레스가 만연하고 사람을 지배하기 시작하자 일본에서는 각종 범죄가 발생했다. 일본뿐 아닌 전 세계가 경악한 '여고생 콘크리트 포장 살인사건'과 '이치카와 4인 가족 살인사건', '연쇄 유아 납치 살인사건' 등 일본뿐 아닌 전 세계를 경악하게 한 범죄는 물론 미성년자의 원조교제, 불량 청소년들 무리가 샐러리맨을 대상으로 퍽치기를 하거나 동급생을 감금 및 고문치사 하는 사건들이 이 시기에 일어났다. 옴진리교가 벌인 최악의 '지하철 사린(Sarin) 가스 살포 사건'[43]의 발생 시점도 이 무렵이다.

국가의 정책 실패가 경제는 물론 국민의 여유와 상식마저 무너뜨린 것이다. 그렇다 해서 일본을 참 딱하다고 여기면 곤란하다. 이런 현상은 일본만이 아니라 경제가 무너진 자본주의 국가에서 예외 없이 일어나기 때

---

43 일본의 종교 단체 옴진리교가 세뇌한 광신도를 동원해 도쿄 지하철에서 독가스인 사린(sarin)을 살포하여 많은 사상자를 낸 사건.

문이다. IMF 외환위기 후 붕괴하고 변질된 한국 사회 역시 그 예다.

국가나 기업이 개인의 생활을 지켜줄 수 없는 상황이 되자 사회를 우선하던 세대는 꼰대가 되었고, 개인을 더 중시하는 밀레니엄 세대가 등장하며 본격적인 세대 갈등이 시작되었으며, 이런 배경에서 비롯된 스트레스는 연이어 강력범죄를 낳았다.

사회의 붕괴는 그만큼 강력한 충격을 가져온다. 그리고 이런 사회의 분노를 정치에 활용하는 것이 바로 정치다.

일본 부흥의 꿈

일본인은 정치에 대한 의무가 자신들에 있다고 여기지 않는다. 대신 자신에겐 정치하는 이들을 선택할 권한이 있고, 정치는 그들의 일이라 생각한다. 철저히 역할을 나눠 생각하는 것이다.

그러나 단 하나 예외가 있으니 바로 경제문제다. 실제로 일본 자민당의 38년 철권통치가 무너진 계기도 거품경제 붕괴였다. 이는 곧 일본에서 정권을 잡는 키워드가 '경제'라는 뜻이었다.

하지만 그에 대해 정치 전문가들이 내놓는 정책들은 눈물겹기 짝이 없었다. 기업의 낙수효과 이론을 믿은 탓인지 아니면 이권을 지키고 싶었던 탓인지 일본 정치인들은 비정규직 법안을 통과시켰다.

이는 곧 눈에 띄는 출산율 하락으로 이어졌고, 이렇게 저출산 고령화 사회가 시작되자 사회 부양책이 효과를 못 보기 시작했다. 국민들은 당연히 실망했다.

그러니 1년 단위로 총리가 갈리게 되었고, 그에 따라 당연히 모든 정책은 단기적으로 운영되었다. 이렇게 무능한 총리가 양산되는 데 지친 국민은 결국 다시 자민당을 선택했다. 그리고 극우 노선을 대변하는 고이즈미, 아베 두 총리의 임기가 장기화하면서 일본 사회도 그에 맞춰 변한다.

경제 부흥으로 권력을 누려야 했던 이 두 정권은 경제 부흥책이 먹히지 않자 국수주의, 민족주의 노선을 추구한다. 거품경제 붕괴 이후 최초로 장기 총리가 되었던 고이즈미가 야스쿠니를 방문했던 것도 이같은 맥락에서였다. 이렇게 외부의 적을 만들어 국민의 분노를 돌리며 혐한 분위기가 조성되기 시작했다. 이는 국민들의 심중을 읽어낸 한 수였다.

〈마이니치신문(每日新聞)〉⁴⁴의 사와다 가츠미(澤田克己) 당시 외신부장은 '혐한'이라는 칼럼을 쓰면서 고령층이 혐한에 빠지는 이유로 두 가지를 들었다.

하나는 이들이 한국이 어려웠던 시절을 알기 때문이라는 것이다. 고령자들에게 한국은 경제적으로 어렵고 군사정부가 독재하는 후진국이라는 이미지가 강했다. 그랬던 한국이 어느새 반도체, 조선, 건설 등에서 일본을 추월하거나 따라잡았다.

심지어 2020년에는 최강 자동차 회사이자 일본 굴지의 기업인 도요타(Toyota)가 인도네시아 시장에서 현대에게 밀려 2위를 하더니, 2020년 올림픽을 기점으로 일본의 5G 서비스 홍보를 위해 도입된 5G 장비와 공식 스마트폰은 모두 삼성의 제품들이 차지했다.

일본 고령층의 혐한 이유 중 다른 하나는 은퇴 후의 소외감이다. 이는 일본만이 아닌 한국도 겪는 문제인데, 사회 활동이 줄어들고 세상의 변화를 따라가지 못해 소외감을 느끼는 고령층은 주변 사람들과 소통할 수 있는 화제로 일본을 위협하는 한국을 고른 것이다.

이 두 요인을 결합해 생각해보면, 일본의 고령층은 과거 어려웠던

---

44   일본 전국지(全國紙) 중 가장 역사가 오래되었으며 세 번째로 발행 부수가 많은 영향력 있는 신문.

시절의 한국이 일본을 따라잡는 것에 불쾌감을 느끼고, 그 점을 헐뜯다 보니 공감대를 느낀다는 것으로 정리된다.

당연히 이를 놓치지 않는 존재들이 나타났다. 하나는 바로 미디어다. 2009년 금융위기 이후 사회가 침체했을 때 일본에서는 소위 '국뽕' 현상이 일어났다. 한국에서도 유명한, 자동으로 열리는 일본 택시의 문을 본 외국인이 이마를 치며 감탄하는 방송도 이때 나왔고 '일본은 대단하다', '일본은 강하다' '일본은 세계에서 사랑받고 있다'는 내용의 프로그램과 서적이 시장을 점령하기 시작했다.

물론 이를 바보 같다고 여기는 일본인도 많지만, 이 시점에서 일본에 극우 인사들이 늘어나고 혐오발언(헤이트 스피치, hate speech)이 늘어났음을 보면 유의미한 효과를 거둔 모양이다. 어쩌면 이는 제2차 세계 대전 때 '일본은 신이 지켜주는 나라'라고 선전하던 것의 연장일 수도 있겠다.

또 하나는 바로 정치가다. 어떤 관점에서 보자면 정치가는 쇼비즈니스라 볼 수 있다. 일본은 투표하기가 힘든 나라다. 우리나라 처럼 표를 찍으면 끝나는 것이 아니라 그 정치가의 이름을 기억해서 직접 써야 하기 때문이다. 이런 시스템을 가진 일본에서 대중의 인기를 끄는 것은 그만큼 중요한 작업이다. 그들은 주목을 받기 위해 절망한 일본인들을 자극했고, 가상의 적을 설정했다. 일본의 우경화, 극우 정권은 그렇게 시작되었다.

2장

일본을 비추는 역사라는 거울

일본은 훌륭한 인프라, 우수한 기술, 인적 자원이 잘 갖춰진 나라다. 하지만 이를 이끌어야 할 정치가와 관료들은 이를 활용하지 못한다. 그들은 변혁을 거부한 채 안정된 자신들의 기득권을 바탕으로 버티는 사회를 추구한다.

하지만 형식이 민주주의인 만큼 정치가는 표를 사기 위해 국민이 원하는 목소리를 그들에게 들려줘야 한다. 문제는 일본이라는 국가는 30년 전에 성장에 발목이 잡혔고, 저출산 고령화로 인해 부흥책마저 소용없어졌다는 것이다.

이렇게 힘든 상황에서 한국, 중국 등 과거에 우습게 여겼던 후발주자들의 추월은 일본에게 대단한 스트레스다. 자신들이 주도하는 국제질서라는 청사진에 방해가 되기 때문이다.

한국에 대한 수출규제도 모자라 한국이 G7 정상회의에 초청받자 이를 반대하는 공식 서한을 미국에 보내고, 한국에게 참가하지 말 것을 외교적 결례를 무릅쓰면서까지 종용하는 이유도 이것이다.

여기서 주목할 것은 일본이 한국에 유난히 날을 세우는 이유다. 이를 이해하려면 일본의 역사와 정치의 관계를 들여다봐야 한다.

6.
전범의 후손은
역사 왜곡의 꿈을 꾸는가?

일본의 지도자들이 역사를 왜곡할 수밖에 없는 이유,
그것을 알아야 앞으로의 일본도 이해할 수 있다.

역사에 대한 콤플렉스

일본 역사는 묘하다. 기원전 3세기경부터 서기 4세기까지 청동기 및 철기 시대가 이어지다가 4세기에야 일본 최초의 국가인 야마토(大和)가 탄생했으니 전반적으로 문명이 늦은 편이다. 게다가 이 기록마저도 자국이 아닌 중국에만 남아있을 뿐이라 일본은 자국 역사에 갖는 콤플렉스가 강하다.

예전에 고고학자 후지무라 신이치(藤村新一)가 4만 년 전의 유물을 발견했다고 발표한 것을 두고 조작설이라는 주장이 10년간 제기됐지만 〈마이니치신문〉의 취재팀이 잠복취재로 증거를 발견할 때까지는 누구 하나 신이치를 의심하지 않았다. 의심하고 싶지 않았던 것이다.

사실 자체가 아닌, 사실을 '추정하는' 역사 연구를 해서 그런지 일본은 가끔 말도 안 되는 이론을 내놓곤 한다. 특히 자국의 부끄러운 역사를 만회할 수 있는 내용이라면 더욱 그렇다. 임나일본부설(任那日本府說)[45]도 이렇게 나온 것이다. 물론 이는 일본 학자들에게도 부정당했으나 일본은 포기하지 않았다. 남경대학살을 남경진출 등으로 뜯어고쳤는가 하면 강제징용은 없었다고 우기는 바람에 한국, 중국 등을 적으로 돌렸다.

재미있는 것은 일본이 중국보다는 한국에 더 날을 세운다는 점이다. 아스카 시대 쇼토쿠 태자는 일본의 문화, 정치, 사회 시스템 등을 마련한 업적을 세웠다. 이 쇼토쿠 태자의 최측근 중 하타노 가와카스(秦河勝)라는 인물이 있다.

일본인이 아닌 진하승(秦河勝)이라는 신라 사람이었던 그는 일본에 고류지(広隆寺)라는 절을 짓고 신라에서 준 보물을 그곳에 안치시켰는데, 그것이 그 유명한 일본 국보 1호 '목조 미륵반가사유상'이다. 백제의 보물인 '금동미륵보살반가사유상'과 똑같다 하여 '일본 국보 1호는 일본이 만든 것이 아닌 백제에서 온 것'이라며 전 일본이 발칵 뒤집힌 그 물건 맞다.

국보 1호가 남의 나라에서 보내준 것인 데다 하필이면 한국에서 온 물건이라는 사실은 일본에게 크게 거슬리는 사실이었다. 참지 못한 일본은 고류지의 설명문에 '진하승은 중국 진나라 진시황의 후손이다.'라는 문구를 추가했다. 하지만 이는 진시황의 성(姓)이 진(秦)이 아닌 영(嬴)이란 사실을 미처 몰랐기에 벌인 일이다. 이 설명문은 당연히 조롱의 대상이 되었고 이후 조용히 사라져버렸다.

왜 일본은 이런 일을 할까? 그들은 역사적 자주성을 세우고 싶어하고, 전 세계를 강한 주도력으로 끌고 가는 국가가 되려면 우수한 역사를 가져야 한다는 생각하기 때문이다. 임나일본부설 등을 끊임없이 주장하고, 한국을 부정하는 주장을 게을리하지 않는 이유도 그것이다.

---

45 야마토가 서기 4세기 중엽부터 6세기 중엽(즉, 일본 역사에서 밝혀지지 않은 기간)까지 한반도 남부 지방에 일본부라는 통치 기구를 세우고 이 지역을 식민지로 삼아 지배했다는 주장. 하지만 한일 역사학자의 교차연구로 인해 지금은 극소수의 학자만이 주장하는 허구가 되었다.

다만 희한하게도 고류지 사례처럼 중국을 건드리는 일은 별로 없다.

이유는 기록 때문이다. 마음 같아선 중국에서 받았다는 것도 부정하고 싶지만, 일본 최초의 문명인 3세기 '야마타이국'의 기록이 실린 문헌은 중국《삼국지》의 〈위서(魏書)〉에 담긴 '위지왜인전(魏志倭人傳)'이 유일하니 중국은 건드릴 수 없다. 일본에 남은 가장 오래된 관련 기록은 6세기에 쓰인 것이니 중국을 부정하면 일본 문명의 시작이 6세기로 밀리기 때문이다.

하지만 한국이라면 이야기가 다르다. 그러니 어떻게든 낮추기 위해 노력하고, 실제 이것이 인기로 이어진다. 'NHK로부터 일본을 지키는 당(NHKから国民を守る党)'[46] 소속의 도쿄 스기나미(杉竝) 구의원 사사키 지나쓰(佐佐木千夏)는 "조선통신사는 문물전파를 한 사신이 아닌 범죄자 집단"이라고 발언해서 물의를 빚었다.[47]

정당의 입지도 낮고 그가 제명처분이 논의될 정도의 인사인지라 크게 신경 쓸 일은 아니지만 도쿠가와 막부가 제발 통신사를 보내달라고 간청한 서문이 남아있음에도 저런 발언을 했다는 건 가볍게 여길 일이 아니다. 정치가는 '국민이 꾸는 꿈'을 보여주면서 이익을 얻는 직업 아니던가?

역사가 지배자의 정통성을 세운다

사실 일본뿐 아니라 모든 국가의 지도층은 자신의 정당성을 위해 역사를 편집하고 통제한다. 중국의 경우, 현재 지배층인 공산당에 관련된 흑역사는 철저하게 편집하고 있다. 장제스(蔣介石)의 국민당이 일본과

---

46 참의원과 중의원에 각 1석, 지방의회에 27석을 보유한 정당으로 국영방송 NHK의 비리와 범죄를 드러내 해체하는 것이 목적이라는 정당이다.
47 나중에는 일본을 위해 한국과 전쟁해야 한다고 주장하기도 했다.

싸울 때 공산당이 정권 쟁취를 위해 국민당을 배신하는 바람에 일본의 침공이 성공한 것, 문화대혁명이 중국의 문명을 뒤로 추락시켜 한국과 일본에게 경제, 사회적으로 추월당한 계기가 되었다는 점은 절대 말하지 않는다.

우리나라도 마찬가지다. 해방 직후에는 일제가 벌인 토지조사사업을 두고 '조선의 땅을 수탈하기 위한 것이 아니라, 충분히 절차가 있었음에도 조선인이 무식하거나 새 제도에 적응하지 않고 버티다가 국가에 토지를 압류당한 것'과 같은 식의 가짜 교육이 이뤄졌다. 이유는 당연히 그 과정에서 수혜를 입은 지주가 해방 후 대한민국의 기득권이 되었기 때문이다. 만약 이 과정이 불법적 수탈이었음이 밝혀지면 일제에 땅을 빼앗겼던 원래 주인들이 소송을 일으킬 게 뻔하지 않겠는가? 그래서 아직도 토지조사사업은 합법적이라고 이야기하는 학자들이 존재하는 것이다.

역사는 단순한 지식이 아니라 어떻게 활용하는가에 따라 돈, 명예, 권력을 좌우하는 도구가 되기도 한다. 구글에서 '역사 왜곡에 관한 키워드(Historical negationism, Distorting History)'로 검색을 해보면 몇 달, 아니 몇 년은 쉬지 않고 읽어도 될 정도로 다양한 역사 왜곡 사례가 나오는 이유다. 그렇다면 일본의 권력자는 역사를 왜곡해서 무엇을 얻으려 하는 것일까?

일본의 오점, 일본의 부활

1853년 7월 8일 미국의 페리 함대는 오늘날의 도쿄만에 입항, 공포탄으로 막부를 위협하여 개항시켰다. 이 혼란이 막부에 차별을 받던 조슈 번, 사츠마 번[48]이 왕정복고를 빌미 삼아 메이지 유신[49]을 일으키는 계기가 된다. 이렇게 정권을 잡은 유신세력은 1867년에 천황에게 권력을 돌려주는 대정봉환을 실시했고, 이로써 일본은 덴노 중심의 국가가 되었다. 이후 미국으로부터 민주주의가 이식되긴 했음에도 메이지 때 만들어진 시스템 중 일부는 지금까지 이어지고 있다. 현재 일본 정부는 메이지 정부를 계승한 정부이고, 정부 요직 인사들은 전범들의 직계 후손이거나 그 기반을 이어받은 이들이다.

따라서 현재 일본 지도층에게 있어 전범 행위는 직계 선조들의 치부다. 아베 신조 총리의 할아버지는 만주국의 핵심인사이자 A급 전범인 기시 노부스케(岸信介)이며 아소 다로(麻生太郎) 부총리 겸 재무상은 강제징용으로 크게 성장한 아소 광업(麻生鉱業)의 소유자 아소 다키치(麻生太賀吉)의 증손자다.

그렇기에 현 일본 정치가들은 전범으로서 한 행위를 사과하거나 재발방지책을 내놓을 수 없다. 자신의 선조, 나아가 정치, 권력, 경제기반 자체를 스스로 부정하는 셈이기 때문이다. 만약 그렇게 한다면 국민에게서 '범죄자가 우리 국가를 다스린다는 것이 말이 되는가?'라는 반응이 나올 것이기에 그들은 과거를 부정하고, 100년 권력의 오점을 지우는 데 주력한다. 군함도(端島, 하시마)를 미화하고 강제징용을 정당화하는 전시관이 올림픽 시즌에 도쿄에 세워지는 이유다.

그 오점 중 가장 큰 것은 바로 1945년 8월 15일의 제2차 세계대전 패전이다. 승리자인 미국은 일본을 둘로 나눠 힘을 못 쓰게 함은 물론 농업국으로 만들어 군사적 성장은 꿈도 못 꾸는 국가로 만들려 했다.

또한, 민주주의 체제를 도입시켜 동아시아 패권을 위한 교두보로

---

48 도쿠가와 이에야스가 도요토미 히데요리와 싸울 당시 히데요리의 편을 든 서군 세력이다. 이들은 이에야스에게 배척당했음은 물론 250년간 온갖 차별과 배척을 받았다.

49 明治維新: 막번 체제를 해체하고 왕정복고를 통한 중앙 통일 권력의 확립에 이르는 광범위한 변혁 과정을 말한다. 이후 일본은 서양식 제도와 문물을 받아들여 기존과는 다른 형태로 발전한다.

활용하기 위해 일본에 여러 장치를 마련했다. 당시 미국이 원했던 것은 다음의 세 가지다.

첫째, 전범들을 처벌하되 덴노는 제외하는 것이다. 다른 건 몰라도 덴노를 건드린다면 일본인들은 최후의 한 명까지 저항할 것임을 알았기 때문이다. 그래서 1946년 맥아더(MacArthur) 장군은 덴노에게 인간 선언을 시켰다. 자신이 신이 아님을 발표하게 한 것이다. 동시에 한편으론 증인들을 회유하거나 증언을 제한하는 방식으로 덴노의 죄를 줄이고 군부 출신의 전범인 도조 히데키(東條英機) 등만 처형했다.

당시에는 최고의 방법이었겠지만 이는 여러 부작용을 낳았다. 전범의 후손들이 '덴노가 살아 있으니 우리 부모도 무죄'라고 들고 일어나는 바람에 주변 피해국의 혈압을 올리는 데 일조했을 뿐 아니라 이들이 우경화를 주도하고 나섰기 때문이다.

또 덴노를 제사장으로 둔 야스쿠니를 그대로 남겨뒀는데, 미국은 훗날 이것이 큰 실수임을 깨달았다. 미국과 전쟁을 벌인 이들을 신으로 모시는 야스쿠니가 미국에 달가울 리 있겠는가?

둘째, 동아시아 패권을 위해 일본에 민주주의를 이식하는 것이다. 미국은 특히 다음과 같은 부분들에 공을 들였다.

- **여성 참정권 부여**: 황족, 화족, 귀족이 일본의 권력을 독점하는 것을 막으려 했다.
- **노동조합 장려**: 군국주의 일본의 자금줄인 재벌을 견제했다.
- **교육 자유화**: 신격화 교육이 중심이 된 군국주의 교과서를 폐지하여 덴노에 대한 맹목적인 충성을 막으려 했다.
- **비밀경찰 폐지**: 노동조합, 민주화 운동을 탄압하는 실행 수단을 없앴다.

이를 당시 총리인 시데하라 기주로(幣原 喜重郎)가 받아들임으로써 미국의 계획은 거의 성공할 뻔했다. 하지만 1950년 6월 25일에 발생한 한반도 전쟁이 변수로 작용했다. 미국으로선 당장 소련의 남하를 막아야 했지만, 제대로 된 병력이 남아 있지 않았던 탓에 남한은 부산까지 밀려났다. 이런 상황에서 반격하기 위해 부산에 군수 시설을 만드는 안이 나온다. 하지만 군수 시설을 부산에 만들었다가 소련에 빼앗기면 뒷감당이 어려워질 터였다.

그래서 미국은 일본에서 군수물자를 생산할 것을 결심했다. 그에 따라 일본에 천문학적인 투자가 이뤄진 덕에 일본은 경제가 다시 호황을 맞았고, 이를 바탕으로 훗날 아시아 최고의 경제 대국을 넘어 세계 1위인 미국을 넘볼 수 있을 정도로까지 성장한다. **한국전쟁이 한일 역사에 중대한 분기점이 된 것이다.**

1951년 9월, 미국 샌프란시스코에서 일본을 포함한 48개국은 강화회의 후 일본과 연합국 간에 샌프란시스코 조약을 체결한다. 이를 주도한 일본 총리 요시다 시게루(吉田茂)[50]는 일본의 미래를 대비한 포석을 깔았다. 초기 안과 달리 한국, 대만, 필리핀 등의 피해국을 조약 참여국에서 제외하고, 한국과 일본의 영토를 규정하는 문항에서 독도를 지워버렸다.

샌프란시스코 조약은 일본이 한반도에 관한 모든 권리와 권한을 포기하고 을사조약, 한일합방조약을 무효화하는 긍정적 효과를 이끌어냈고, 덕분에 한국은 GHQ가 점령한 일본의 일개 식민지에서 벗어나 진정한 광복을 맞이하게 되었다.[51] 그러나 국수주의와 민족주의 등 이

---

50 극우 세력으로 유명한 아소 다로의 외조부다.
51 GHQ의 초기 계획 중에는 일본을 분할 통치하는 과정에서 한반도를 일본에 귀속시키는 방안도 있었다.

조약이 일본에서 낳은 후유증은 사라지지 않았고, 오히려 그 성향이 강해지는 흐름을 지금까지 보인다.

- **아베 신조**(일본 총리): 새로운 교육기본법에 애국심을 넣었다. 현재 학교에서 나라를 위해 죽는 사람은 바보라고 가르치는 교사들이 있는데 이는 매우 부적절하다.
- **이나다 도모미**(稻田朋美, 자민당 전 방위대신): 나는 정치가 국민의 생활을 중요시해야 한다는 데 동의하지 않는다. 국민 한 사람 한 사람이 피를 흘릴 각오를 해야 한다.
- **고노 다로**(河野太郎, 자민당 방위대신): 일본 고유영토인 다케시마(竹島)[52]에 대한 일본의 주장을 (한국에) 확실히 전달해 끈기 있게 대응해야 한다.
- **나가세 진엔**(長勢甚遠, 자민당 전 법무대신): 국민주권, 기본인권, 평화주의, 이 셋을 없애지 않으면 자주 헌법이 아니다.[53]
- **사토 마사히사**(佐藤正久, 자민당 참의원): 개인의 권리, 개인의 권리, 개인의 권리, 바보 같다. 더 큰 것을 지키기 위해 개인의 권리를 억누르고 나라를 위해 죽게 한다는 규정이 없다. 긴급조치[54]를 법률에 넣으면 부하에게 죽으라고 명령할 수 있다.
- **니시다 쇼지**(西田昌司, 자민당 참의원): 18세에 국방의 의무는 당연히 부여되어야 한다. 국가를 지키는 의무가 있기에 선거권을 갖는

---

52 일본이 주장하는 독도의 명칭.
53 패전 후 만들어진 신헌법을 전면 부정한다는 뜻이다.
54 한국의 계엄령과 같은 의미다. 국가위기 상황에서 의회 승인만으로 무력을 동원할 수 있다는 조항인데 자민당이 과반수인 일본에서는 사실상 아베 총리의 의도대로 군을 출동시켜 무력조치를 취할 수 있음을 나타낸다.

것이다. 현재 헌법에는 국방의 의무가 규정되어 있지 않은데, 선거권을 가진 주권자에게 국방의 의무가 없다는 게 말이 되는가?[55]

일본 정치가들의 이런 발언들은 일본의 힘을 억누르기 위해 만들어진 법안들을 모조리 폐지하고, 패전 전의 일본으로 돌아가 치욕을 씻겠다는 뜻으로 해석된다. 이를 위한 준비는 지금도 착착 진행 중이고, 메이지 유신 세력의 직계 핏줄이 그에 필요한 이상적 리더라고 생각한다. 아베 신조 총리가 극우의 희망이었던 유신의 주역인 조슈 번의 적통이자 기시 노부스케의 적통이기 때문이다.

기시 노부스케와 한국

기시 노부스케는 현재 일본 극우 세력의 목표를 이해할 때, 또 일본 최대의 극우 정치결사 조직인 일본회의(日本会議)가 그리는 일본을 이해할 때, 나아가 지금 우리가 상대하는 일본은 사실상 100년 정부라는 점을 이해하는 데 있어 중요한 인물이다.

현 아베 신조 총리의 외조부이기도 한 기시는 제56~57대 총리를 역임했다. 그는 만주국을 세우는 데 이바지한 A급 전범이며 승전국을 대상으로 한 전쟁행위자 중 덴노를 제외하고 유일하게 살아남은 사람이기도 하다. 이렇게 탄생한 '쇼와의 요괴(昭和の妖怪)'[56]가 일본의 시스템을 만들었다.

도쿄대 법대를 졸업한 기시 노부스케는 다른 도쿄대 출신들이 외

---

55 징병제를 주장하면서 한 말이다. 현재 일본은 모병제다.
56 현대 일본 정치의 기틀을 만듦과 동시에 밀실정치, 막후정치 시스템이라는 어둠도 만들었다는 의미.

무성, 대장성 등 정치를 택하는 것과 달리 농상무성으로 들어가 상공 관료가 된다. 당시에는 눈앞의 출세를 차버린 이상한 사람 취급을 받았지만, 제국주의 이후, 태평양전쟁 패배 그리고 한국전쟁 이후 일본경제의 흐름을 바탕으로 돌이켜보면 탁월한 선택이었다.

당시 일본은 경제 대공황에 따른 충격으로 흔들리고 있었다. 기업인과 관료는 이전보다 더 많은 벌지만, 서민층은 굶어 죽는 빈부격차는 청년 장교들이 군국주의를 추구하도록 만들었다. 이에 군부는 1931년 나카무라(中村) 사건[57]과 완바오산(萬寶山) 사건[58]을 활용, 일본 내에서 반중 여론을 만들어냈다. 이렇게 빌미가 만들어지자 1931년 9월 18일 관동군의 혼조 시게루(本庄繁) 사령관은 일본 정부 및 육군 본부에 통지하지 않고 중국을 공격한다. 그러자 조선군 사령관 하야시 센주로(林銑十郞)도 이런 움직임에 동참하여 조선주차군 4,000여 명을 급파, 전화(戰火)가 확대된다. 명백한 하극상이었다.

이 사태로 국제연맹의 항의를 받은 일본 정부는 관동군의 조기 철병을 약속했다. 하지만 순순히 물러날 생각이 없었던 일본은 '점령하지 않되 독립국을 만들어 실질적으로 점령'하는 꼼수를 썼다.

국제사회에 관동군 철병을 약속한 기존 내각을 사퇴시키고 새 내각을 입각, 그들의 이름으로 독립국을 세운 뒤 '관동군 철병은 전 정부의 약속이니 현 정부와는 관계없다'라고 우긴 것이다. 이렇게 1932년 만주국이라는 괴뢰정부가 탄생, 청나라 마지막 황제인 아이신 교로 푸이(愛新覺羅溥儀)가 이름뿐인 집정관으로 앉는다.

57 관동군 소속 나카무라 신타로 대위가 스님으로 신분을 바꾸고 첩보 활동을 벌이다 중국군에게 발각되어 피살당한 사건.
58 중국 지린성(吉林省) 창춘현(長春縣)의 완바오산에서 일어난 한중 농민 간의 갈등을 일본이 이간질해 폭동으로 만든 사건.

일본의 식민지 정책에는 영국의 동인도회사를 모방한 회사가 반드시 등장한다. 조선에 동양척식주식회사(東洋拓殖株式会社)를 세웠듯 일본은 만주국에 남만주철도회사(南滿洲鉄道株式会社)를 세웠다. 이름만 보면 철도를 경영하는 회사였지만 실제론 온갖 운송수단을 총괄하며, 심지어 식민지 경영을 위한 출자 회사, 조성 회사, 지방 시설, 교육 시설까지 포함한 거대 시스템이었다.

이 시스템을 만든 핵심 인물이 기시 노부스케였다. 그는 만주 산업 개발 5개년 계획을 세웠고 그 과정에서 관동군 참모장인 도조 히데키와 친구가 된다. 그리고 이 인연을 바탕으로 1941년 도조가 전시 총리가 되자 상공 대신으로 임명되고, 1942년에는 중의원 선거에 당선되는 등 탄탄대로를 달린다.

하지만 이 좋은 관계는 1943년 도조가 상공성을 폐지하고 모든 권한을 군수성에 몰아주면서 금이 가더니, 1944년 사이판이 함락되자 군부가 책임 회피를 위해 내각을 총 사퇴시키면서 완전히 갈라져버렸다. 이후 일본은 패전하고 그는 고향[59]에서 체포된다.

이때 기시를 살려준 것이 앞서 말한 '다른 선택'이었다. 원래대로라면 만주국 문제 때문에 승전국에 대한 침략행위로 처형당해야 했던 그였으나 GHQ는 일본 통치에 어려움을 겪고 있었고, 그 어려움의 중심엔 경제가 있었다.

그랬던 만큼 GHQ에게 있어 일본경제 사정을 잘 아는 데다 뛰어난 실무 능력, 아니 일본 '경제정책'의 핵심인 기시 노부스케는 너무나 매력적인 인재였다. 또한, 일본으로서도 차후 언젠가 주권을 회복할 때를 고려하면 경제통인 그를 잃을 수 없었다.

---

59 바로 이곳이 아베 신조의 지역구이자 정한론(征韓論)의 고향인 야마구치현(山口県)이다. 아베 신조 총리의 정치적 자원은 외할아버지 기시 노부스케가 만든 것이다.

이런 양측의 이해가 만난 덕에 기시는 도조 히데키가 처형된 이튿날 불기소 처분, 공직추방 조치만 받았다. 이후 한국전쟁이 발발하고 샌프란시스코 조약으로 인해 일본은 독립한다. 이후 살아남은 전범과 일본의 황족, 화족도 고스란히 예전의 지위를 되찾았고 기시의 공직추방 조치도 풀렸다.

기시는 '자주헌법 제정, 자주군비 확립, 자주외교 전개'를 표어로 일본재건연맹(日本再建連盟)을 결성, 회장으로 취임한 후 중의원 선거에 임했지만 대패했다. 이후 여러 당으로의 입당을 시도했으나 기회를 얻지 못하고 결국 자유당에 입당, 중의원에 당선된다. 그러나 요시다 시게루 총리가 대미 협조, 경무장 조치라는 자기 뜻과 반대 노선으로 나가자 이에 반발하다 1954년 자유당에서 출당된다.

하지만 1년 뒤 자유당에 복당된 그는 보수 대연합을 결성, 1955년 통합보수정당인 자유민주당(自由民主党)을 세웠다. 이렇게 만들어낸 정당에서 1956년 총리로 선출[60]되며 일본 권력의 정상을 차지한 기시 노부스케는 이후의 한일관계에 결정적인 영향을 끼쳤다. 한일 갈등의 불씨도, 일본이 품은 칼도 그가 만들어낸 작품인 것이다.

총리가 된 그의 목표는 '전쟁이 가능한 보통국가'였다. 이를 위해 각고의 노력을 기울인 노부스케는 1960년 제34대 미국 대통령 드와이트 아이젠하워(Dwight Eisenhower)와의 회담 끝에 동년 6월 19일, 미·일 안보조약을 비준했다. 이 조약을 통해 일본은 미국과 맺은 기존의 불리한 조약을 뒤엎는데, 대략적인 내용은 다음과 같다.

첫째, 출동 조항이 폐지되었다. 기존 협약에서는 미국이 일본의 내란 상황을 자의적으로 판단, 내란이라고 여겨지면 일본의 의사와 관계

---

60 일본 총리는 사실상 국회의원이 뽑는 간선제 형식으로 선출된다.

없이 오키나와의 미군을 출동시키는 것이 가능했다.

둘째, 전투 행위가 가능해졌다. 기존의 일본은 적국으로부터 공격을 받아도 무력으로 방위할 수 없었다. 즉, 오로지 주일미군만이 방어할 수 있었으며 이를 위해 일본은 미군에게 기지와 물자만을 제공해야 했다. 그러나 새로운 안보조약에선 미일 공동방위가 명문화되어 유사시에는 자위대와 주일미군이 공동으로 외적에 대항하는 것이 가능해졌다.

이렇듯 미국이 일본을 키워준 이유는 오로지 동아시아에 교두보를 남겨두기 위해서였다. 따라서 미국은 일본을 중요한 파트너로 생각하는 것이다. 이런 상황과 관련하여 우리가 알아야 할 점들로는 다음의 것들이 있다.

> 미국은 동아시아 패권을 위해 자신의 대리인을 늘리려고 한다. 특히 지금은 중국을 포위하여 세력을 넓히는 것을 막으려 하고 있으며, 이를 위해 파키스탄의 핵 보유까지 묵인할 정도다.
>
> 이 포위의 핵심은 일본이다. 미국은 동아시아 패권을 위한 전초기지를 원하지만, 아직 통일되지 않은 한국은 섬나라나 마찬가지이므로 중국에 진출하거나 중국을 압박하는 과정에서 일본보다 딱히 나은 점이 없다. 즉, 한국의 분단은 일본에 큰 이익이 되며, 이것이 싱가포르에서 북미회담이 있었을 때 일본 정부가 존 볼턴(John Robert Bolton)에게 요청, 협상을 결렬하게 한 이유다.
>
> 미국은 일본을 중심으로 한국군을 지휘, 중국을 압박해야 하므로 일본과 사이좋게 지내기를 원한다. 오바마 행정부가 지소미아(GSOMIA)를 밀어붙인 이유도, 한일 일본군 위안부 협상을 밀어붙인 이유도 이것이다. 이 과정에서 한국, 일본의 입장은 중요하지 않다.
>
> 일본은 이를 활용, 과거의 족쇄를 끊어내어 전쟁이 가능한 나라를 만들고 이권을 챙기려고 한다.

패전 이후 이런 구도가 요시다 시게루로부터 혹은 샌프란시스코 조약이 체결되는 순간부터 시작되었다는 점에서 한일관계는 단순히 두 나라만의 문제가 아님을 알 수 있다. 한일관계는 한반도를 중심으로 한 미국, 중국, 러시아의 패권싸움에 종속된 문제이다. 즉 2차 대전이 끝나면서부터 시작된 패권싸움과 관련된 문제이며, 우리는 해방과 동시에 이 싸움에 휘말려 있었다.

이런 한국이 처음 오른 시험대는 바로 1965년에 체결된 한일 청구권 협정이었다.

한국을 속박하다

한일수교와 문화개방 이전까지 한국에는 일본 문물은커녕 일본어를 아는 사람조차 드물었다. 하지만 기시 노부스케를 아는 사람은 많았다. 앞서 말했듯 그는 만주국의 최고급 요인이었고, 당시 한국의 대통령이었던 박정희는 만주국 출신이었다. 이승만 대통령은 일본과의 수교를 한사코 거부해서 미국을 견제했지만, 박정희 대통령은 달랐다. 1965년의 한일청구권협정은 이런 배경을 바탕으로 미국의 주도하에 맺어졌고, 한일 양국의 국교를 정상화하는 계기가 되었다.

하지만 이 협정에는 근본적인 문제가 있다. 일본이 보낸 돈은 배상금이 아닌 '독립축하금 + 차관'이기 때문에 사실상 침략행위에 대한 배상이 아니었다는 점, 이를 받은 한국은 이 돈을 경제발전을 위해 쓸 생각만 했지 일본으로 인해 피해를 본 개인에게 배상금으로 줘야 한다는 점을 전혀 고려하지 않은 것이다.

일본은 일본대로 불만이었다. 배상금의 명칭을 '독립축하금'으로 바꿔 자신들의 책임을 피하는 데는 성공했지만, 그 규모가 당시 외화 보유액의 50%에 달할 정도로 컸기 때문이다.

그런데도 이 협상이 맺어진 이유는 양국이 각각 이익을 얻을 부분도 있었던 덕분이다. 가장 큰 것은 역시 보상 문제였다. SCAP(Supreme Commander for the Allied Powers, 연합국사령부)의 추산으로 볼 때 한국이 받아야 할 돈은 60억 달러(7조 원)에 달한다. 이게 최소치이므로 실제 액수는 더 커질 것이다.

당시 일본은 그 돈을 낼 여력이 전혀 없었다. 그래서 조선에서 일본이 철수할 당시 일본인들이 남겨놓고 간 사유재산, 즉 적산자산(敵産資産)[61]에 대한 역청구권을 주장한다. 이는 한국의 기득권층에게 당황스러운 주문이었다. 한국정부는 '패전 당시 일본은 모든 국유 및 사유재산이 GHQ에 압류되었고, 한국 내 일본 자산을 포기하기로 했다'라는 점이 명시된 샌프란시스코 조약으로 대항했다.

그러나 이 문제 많은 조약의 허점이 나타났다. 국제법에 따르면 군이 조약 등으로 처분할 수 있는 것은 국유재산뿐이므로 민간 재산의 처분은 불가능하다. 즉, 샌프란시스코 조약에 명기된 조항 자체가 국제법 위반이었던 것이다. 그리고 국제법은 샌프란시스코 조약 위에 있었다(이 논리가 강제징용 개인 청구권에도 그대로 적용된다).

이렇게 양국의 기득권 및 정치가들에겐 각자의 이익에 약점이 생겼고, 미국이 압박하는 바람에 빠져나갈 구석이 없어지자 싫어도 타협안을 내놓아야 할 상황에 처했다. 그래서 그들은 일본의 식민지 지배, 전쟁, 징용에 대해 사실 규명을 하지 않은 채 달랑 5억 달러에 협정을 맺어버렸다.

하지만 한일관계는 그렇게 간단한 것이 아니었음을 후손들은 알게 된다.

---

61 적산(敵産)은 일본인들이 남기고 간 재산을 말한다.

수렁에 들어가다

내가 일본과 일하거나 거래하면서 느낀 것은 일본인에겐 절대 공짜가 없다는 점이었다. 개인 생활에서도 무언가를 받거나 주면 반드시 그에 따른 답례로 주거나 받아야 하는 일본인들이니 미국의 압력으로 외화 보유액의 무려 50%에 해당하는 큰돈을 내놓은 뒤 가만히 있었을 리 없다.

이 협정으로 한국이 일본으로부터 받은 5억 달러는 '한강의 기적'이라는 거대 성장을 이루는 주축이 되었지만, 일본은 그 이상의 것을 얻었다.

박정희 대통령이 통일주체국민회의의 선거로 대통령에 당선되자 다른 여러 국가는 이를 민주주의에 어긋나는 행위로 간주하고 대통령 취임식에 경축 사절을 보내지 않거나 격이 떨어지는 외교관을 보내서 대응했다.

하지만 일본은 달랐다. 사실상 일본의 오고쇼(大御所),[62] 즉 최고 실세인 기시 노부스케가 사절단을 이끌고 직접 참석한 것이다. 당연히 한국은 일본을 최고로 예우할 수밖에 없었다. 이후 박정희 대통령은 노부스케와 밀접한 관계를 맺고 정치적 조언을 받게 되었다.

사실 일본의 목적은 수교가 아니었다. 상하관계를 중시하는 일본이 자신들을 실력으로 이기지도 못한 채 남의 힘으로 독립을 이룬 나라와 동등한 수교를 맺을 생각은 없었을 것이다. 5억 달러의 본전을 뽑아 돌려받는 것이 목적이었던 일본은 한국에 상업차관 3억 달러를 추가로 지급한다. 이는 '원조'라는 이름의 본전치기를 위한 트로이의 목마였다.

62　은퇴 후에도 정권을 휘두르는 실세를 말한다. 국회의원이 총리를 뽑는 의원내각제 국가인 일본은 공천권을 휘두르는 실세의 영향력이 엄청나다.

이 돈으로 한국에서 시작된 사업 중 하나가 '서울 지하철 차관사업'이었는데, 일본은 '서울의 지하철은 일본 부품만으로 만들어야 하며, 이에 8000만 엔을 4%대 금리로 한국에 빌려준다'라는 가혹한 항목을 차관 제공의 조건으로 내걸었다. **돈놀이를 바탕으로 돈을 회수하려 한 것이다.**

이 돈놀이에 투입된 미쓰비시, 마루베니(丸紅)는 공급가를 대폭 올렸다. 도쿄에 3,500만 엔에 납품되는 객차를 한국에 6,500만 엔으로 납품하는 식이었고, 이런 것들로도 모자라 물가상승을 핑계로 1년 만에 납품가를 110%나 올려버렸다. 그런데도 한국은 상업차관에 관련된 계약 때문에 발을 뺄 수 없었고, 일본은 이런 방식으로 3억을 발판 삼아 기존의 5억을 회수하기 위해 노력했으며 그 과정에서 일어난 충돌은 한국 정치인들에게 뇌물을 제공해서 무마시키기도 했다. 물론 이 돈 역시 도로 뽑아 먹었지만 말이다. 일본의 이런 행위는 반성, 사죄, 협력이 아닌, 가마우지잡이였다.

1965년 이후 일본은 한국과의 무역에서 단 한 번도 적자를 본 적이 없고, 한국에 지원을 해주는 과정에서 일본 기업들은 오히려 점점 부유해졌다. 2019년에만 약 2조 엔 정도의 흑자를 기록했고 누적 흑자는 6,000억 달러(약 60조 엔)에 달한다. 그리고 이 과정에서 시스템이 이식되는 바람에 한국과 일본은 드물게도 경제, 사회 시스템이 거의 비슷한 나라가 되어버렸다. 그런데 재미있는 것은 요즘 일본이 이를 잊어버렸다는 점이다. 2019년 수출규제는 이렇게 일어났다.

7.
군대가 자신의 필요성을
증명하는 법

한국과 일본의 전쟁 가능성은 어느 정도일까?
일본은 군국주의의 부활을 꿈꾸고 있을까?

일본의 사회운동

GHQ가 일본을 점령한 후 일본에선 미국이 의도한 대로 노동조합, 농민운동 등 수많은 사회운동이 일어났다. 전후 일본의 개혁은 이들이 이끌었고 일본이 주권을 되찾는 과정에서 연합하면서 계열화되었다. 여기서 주목할 것은 계열화의 방향이다.

　일본의 시민운동은 '지역 기반'이라는 점에서 한국의 그것과 차이를 보인다. 한국에서의 사회운동은 독재 타도라는 민주화 운동을 중심으로 했기에 민주화를 완성하는 투쟁에 대중이 크게 공감하는 성향이 있고, 그래서 집단행동이 이뤄진 경험도 많다.

　반대로 일본은 지역이 중심이 되어 지역민 자신들의 목표를 관철하는 운동이었기에, 자신의 이익을 벗어나는 사안에 대해선 이상할 정도로 무관심해지는 성향이 강하다. 이런 성향이 오늘날까지 이어져서 정부의 방침에 불만을 품어도 서로 모이지 못하게 된 것이다. 게다가 '다른 집단의 방침은 우리와 상관없다'라는 인식이 생겨 과격한 행동을 해도 참견하지 않을 뿐 아니라 통제조차 하지 않는 현상을 만들었다. 가뜩이나 이런 상황에서 경제발전이 이끌어낸 풍요로 인해 국민이 사회운동으로부터 멀어지자 일부 과격 단체는 관심을 끌고 싶었던 건지, 주목받지 못하는 상황에 폭주한 것인지 이념을 달리하는 학생을 살해하는가 하면 비행기를 납치해서 북한으로 가는 등의 사건을 벌였는데, 이러한 과격한 행동들은 일본 국민의 눈을 더욱더 돌리게 했다.

일본 정부에게는 이런 상황이 호재였다. 이 상황을 틈타 정부는 민주화 운동 전체를 부정하는 교육을 진행하는 한편 고교생 정치 활동 금지령(1969) 등 민주주의를 침해하는 정책을 추진, 자신들의 의사에 반하는 국민의 집단행동을 막고자 노력했다. 그들의 이러한 의도는 멋지게 성공했고. 이후 일본에서 중앙정부를 대상으로 대규모 시위가 일어난 적은 지금까지 없다.

하지만 사회운동이 꼭 일본 정부에 안 좋게만 작용했던 것은 아니다. 자위대를 창설할 명분도 사회운동 덕에 생겨났으니 말이다.

자위대의 탄생과 본질

1946년 시데하라 기주로(幣原喜重郎) 총리가 만든 신헌법을 GHQ가 용인함에 따라 일본의 군대는 법적으로 해산되었다. 외적이 쳐들어와도 방어할 무력이 없는 국가가 된 것이다.

하지만 군대 없는 일본은 현실적으로 불가능했다. 앞서 말했듯 당시 일본은 사회주의 열풍이 거세게 불고 있었고, 이는 일본 정부는 물론 민주주의 세력을 넓혀 동아시아 패권싸움에 끼려는 미국에게도 문제였다. 일본이 사회주의 국가가 되면 미국으로선 곤란해질 것이기 때문이었다.

이런 이해관계 덕분에 1950년, 요시다 시게루 총리는 헌법 9조의 해석을 바꿔 경찰예비대(警察予備隊)를 창설, 일본을 재무장시킬 수 있었다.

초창기의 경찰예비대는 전범들을 대상으로 하는 공직추방 조치에 따라 일본군 장교 출신을 배제했다. 하지만 그렇게 하니 군대 형태의 조직을 운영할 수 없었고, 이런 문제는 나중에 한국전쟁이 터지고 미국이 일본 자위대를 운영하는 과정에서 더욱 불거졌다. 결국, 미국은 방침을 바꿔 군부 출신이 경찰예비대에 입대하는 것을 허가했다. 이것이 일본군이 자위대(自衛隊)[63]로 이름을 바꿔 부활한 계기다.

한 나라의 실세는 누구일까? 군주제 국가의 군주? 민주주의 국가의 유권자? 자본주의 사회의 자본가? 나는 군이라는 무력의 실질적 통수권자라고 생각한다. 군대는 국민의 주권, 국익, 안보를 위해 공인된 무력 사용이 허가된 조직이다. 이 무력은 굉장히 강력해서 병력뿐 아니라 조직 및 자원을 관리할 수 있는 권한도 갖는다.

따라서 권력자는 자신이 가진 가장 강력한 권한을 효율적으로 쓸 방법을 연구하게 된다. 일본 정부도 마찬가지였다.

문제는 자위대의 성격이다. 일본의 자위대는 미군과 중국군 다음가는 무장집단이다. 그러나 자국 일본이 아닌 미국의 패권을 지키기 위한 치안유지군이라는 정체성을 바탕으로 헌법이 제정되는 바람에 이 최강의 군대는 해외를 공격하는 것이 불가능해졌다.

이는 일본의 영향력 약화로 이어진다. 한 예로 1991년 걸프전이 터지면서 600억 달러가 필요해지자 부담을 느낀 미국은 돈을 대신 낼 국가를 찾았다. 이때 사우디아라비아가 430억 달러, 일본이 130억 달러를 냈다. 무려 1조 5,500억 엔의 거금을 일본이 지불한 것이다.

63 1952년에 경찰예비대가 보안대로 바뀌고 1954년에는 보안대는 육상자위대로, 경비대는 해상자위대로 바뀌었다.

이 정도 규모의 돈을 투자한 국가는 승전의 주역이 되어 국제사회에서의 입지가 커지는 것이 정상이다. 하지만 일본은 오히려 비난의 대상이 되었다. 다른 국가들은 다국적군에 자국 군인들을 파견했으나 일본은 그렇게 하지 않았기 때문이다. 아니 정확히 말하면 할 수가 없었다.

걸프전에서의 다국적군 승리를 통해 해방된 쿠웨이트는 이후 〈워싱턴 포스트(The Washington Post)〉에 자국을 위해 힘써준 국가들에 대한 감사 광고를 내보냈으나 일본은 그 리스트에 포함되지 않았다. 돈은 돈대로 썼으나 영향력을 발휘하긴커녕 오히려 무시당한 셈이다.

즉, 자위대는 전 세계에 영향력을 끼치는 국가로 성장하려는 일본에게 족쇄나 다름이 없다.

자위대에서 국방군으로

'전쟁이 가능한 나라'는 아베 신조 총리 등의 극우 세력만이 갖는 이념이 아니다. 전쟁과 군대 형태에 관한 견해가 다를 뿐 자위대를 군대로 만드는 것, 국가의 힘을 원래 상태로 만드는 것은 다른 정치가들도 동의하는 바다. 중국을 포위하여 동아시아 패권을 노리는 미국도 같은 입장이다. 이를 반대하는 것은 한국, 중국 등의 피해국 및 일본의 헌법 9조뿐이다. 즉 '전쟁이 가능한 나라'는 반드시 올 미래이다.

일본은 이를 위한 작전을 활발히 진행 중이다. 특히 2차 아베 신조 내각이 집권하면서부터 본격적으로 시동을 걸어 2013년에 선제공격용 무기 보유를 추진한 데 이어 2015년에는 대륙간 탄도미사일 개발에 착수, 2022년에 배치 완료를 목표로 하고 있다. 2019년 초에 있었던 일본 초계기 무력도발은 직접 '일본 해군'이라 밝힘으로써 군 조직으로의 편제가 이미 끝났음을 방증했다.[64]

하지만 문제는 헌법 9조, 아니 일본 국민이다. 태평양전쟁의 피해자들아기기도 한 그들은 무능한 군부가 부채질한 광기로 가득 찼던 전쟁의 기억이 있다. 또 한편으로 시스템 국가인 일본의 국민이기도 하기에, 그들은 비록 자국이 전쟁은 불가능하지만, 외적 역시 쳐들어올 엄두도 못 내는 현 상황에 만족하고 있다.

2012년 후쿠시마 사태를 계기로 민주당을 밀어내고 압승한 자민당이 취임 직후 개헌안을 발의하지 않은 것도 이 때문이다. 2019년 7월 참의원 선거에서 자민당은 오히려 의석수가 줄어든 데다 2020년 도쿄올림픽의 연기, 코로나 19에 대한 미흡한 대응, 검찰총장 임기연장 강행 등으로 국민의 반발을 제대로 샀으니 더 어려울 것이다. 실제로 2019년 10월 13일 〈도쿄신문(東京新聞)〉의 설문조사에선 56.3%의 국민이 '헌법 9조를 개정할 필요가 없다', 즉 '국방군으로 전환할 필요가 없다'라고 답했다.

그 외에도 장벽은 많다. 우선은 돈이다. 현재 세계 1위의 채무국인 일본은 GDP의 약 250배에 해당하는, 원화로 환산하면 무려 1경 4,000조 원의 돈을 부채로 짊어지고 있다. 자위대를 국방군으로 바꾸는 데는 상상을 초월하는 비용이 필요하다. 미사일, 항공모함 같은 공격형무기를 배치해야 하기 때문이다. 가뜩이나 부채 비율이 높은데 이런 재원을 마련하는 것은 쉬운 문제가 아니다.

병사 부족도 문제다. 가뜩이나 저출산이라 젊은이가 부족한 일본에서 자위대는 근무환경과 급여가 최악인 직업으로 유명하다. 인생이 엉망이 된 사람들이 택하는 직업으로 찍혔을 정도니 말 다했다. 따라서 모병제 대신 징병제로 운영해야 병력을 유지할 수 있는 상황이지만

---

64 해상자위대의 영문표기는 Japan Maritime Self-Defense Force(JMSDF)지만, 그들은 초계기도 발사건 때 자신들을 일본 해군(JAPAN NAVY)이라 칭했다. 이미 군 편제 작업이 끝났음을 방증한다.

헌법 18조에는 국가에 의한 노역을 금지하는 법안이 떡하니 자리 잡고 있으니 이 또한 무리다. 이래저래 헌법이 눈엣가시 같을 수밖에 없다.

이렇게 장벽이 많음에도 일본의 권력자들은 재무장을 포기하지 않았다. 헌법 9조를 제외한 헌법 개정에는 긍정 여론이 많으니 차근차근 설득하면 되고 여차하면 날치기 통과도 강행할 수 있다고 보기 때문이다. 또한, 선제공격이나 대지공격이 가능한 무력, 항공모함의 확보 등 재무장도 순조롭게 진행 중이니 전반적으로 일이 잘 진척되고 있다는 것이 그들의 판단이다.

이는 대한민국에 부담으로 작용한다. 일본의 무력을 제압하려면 한국 역시 병력을 확충하여 억지력(抑止力)을 형성해야 한다. 이에 따른 국방비 증액도 증액이지만 더 큰 문제는 병력이다. 출산율이 0.9%대로 추락한 나라에서 징병제도 한계를 보이는 상황이기 때문이다.

그러나 피할 수 없는 싸움이다. 한국이 매년 국방예산을 매년 7.6%나 올리면서 비스트 모드에 들어간 이유이다.

지소미아라는 한 수가 가진 배경

미국은 한국, 일본을 활용해 중국을 포위하려는 계획을 착착 진행 중이다. 2015년 4월 27일 미 국무장관 존 케리(John Kerry), 국방장관 애슈턴 카터(Ashton Carter)와 일본 방위대신 나카타니 겐(中谷元), 외무대신 기시다 후미오(岸田文雄)의 2+2 회담이 열렸다. 회담의 목적은 미국과 일본의 연합작전 범위를 전 세계로 확장하는 것. 이 과정에서 '미군이 필요할 경우 자위대를 한국에 파견'하는 방안이 논의되었다.

이것이 2016년 당시 황교안 대통령권한대행이 '유사시 자위대가 한반도에 진출할 수 있다'라고 ACSA(Acquisition and Cross-Servicing Agreement)[65]에 대해 언급한 배경이며 같은 해 11월 한민구 국방장관이 한일

군사정보포괄보호협정, 즉 '지소미아'에 사인한 배경이다.

지소미아란 미국과 휴전 중인 국가인 북한[66]의 핵 및 미사일에 관한 정보를 공유하기 위한 협정이다. 현재 북한이 쏘는 미사일을 한국은 바로 파악할 수 있지만, 일본은 불가능하다. 2019년 10월 2일 북한이 쏜 미사일의 경우 한국은 정확히 두 발임을 파악했으나 일본은 한 발이었다고 오판했다. 제대로 파악할 수 없다는 증거였다. 반대로 한국은 북에서 발사한 미사일이 일본의 영토를 지나가는 경우 낙하 순간을 파악할 수 없다. 정보위성이 없기 때문이다.

이 점이 미국의 동아시아 미사일 방어체계(MD)의 구멍이었기에 미국과 일본은 2010년 10월 '지소미아'를 한국에 제안한다. 다만 당시 국민의 반발을 우려한 정부는 이를 몰래 체결하려다가 실패했고, 결국 다음 정권이 2016년 11월 23일에 체결하게 되었다.

그러나 2019년 6월, 일본의 일방적인 수출규제로 인해 지소미아에도 제동이 걸렸다. 같은 해 7월 미국을 방문한 김현종 국가안보실 2차장은 미국 상·하원에게 미국이 한·미·일 공조를 더 중시하는 것인지, 아니면 재무장한 일본을 위주로 하고 나머지 아시아 국가(한국)는 종속변수로 해서 아시아에 대한 외교 정책을 운용하려는 것인지를 물었다. 이에 대한 미국의 답변은 후자였다.

일본은 철저히 미국의 눈치를 살피고, 그 눈 밖에 나는 일은 하지 않는다. 즉, 일본이 한국을 화이트리스트에서 배제하고 수출규제를 가한 것조차 미국의 뜻이라는 것이다. 실제로 2020년 7월 29일 미국 정부는 WTO 분쟁규제기구 정례회의에서 '한국에 대한 일본의 수출규

---

65 자위대가 타국과 물자, 용역을 상호제공하기 위해 만든 협정으로 유사시 한반도에 자위대를 주둔시킬 수 있는 근거가 되었다.

66 한국은 이승만 대통령이 휴전문서에 서명하지 않은 관계로 당사자가 아니다.

제는 안보 조치'라는 말을 함으로써 그 규제가 미국의 이익 하의 행동임을 드러냈다. 만약 미국이 몰랐다면 한일 양국의 분쟁이 시작되는 시점에서 개입했을 것이다. 하지만 미국이 개입한 것은 2019년 12월, 일본 측의 행동으로 인한 신의(信義) 상실로 지소미아 종료가 다가온 시점이었다. 2020년에 열린 6.25 전쟁 70주년 화상회의에서 백악관 관계자가 '한국과 삼성은 점점 동맹국 바깥쪽으로 가고 있다'라고 발언한 것과 엮어보면 이 기회에 일본을 활용하여 한국과 삼성을 견제하려 했다는 의심도 가능하다.

국제관계라는 것은 참 묘하다. 양국의 문제는 두 당사국 간의 문제로 끝나면 좋겠으나 실제로는 한 국가의 움직임이 다른 나라에 영향을 주는 거미줄과 같다. 미국은 동아시아 패권을 원하고 일본은 이를 국력 강화의 기회로 여기고 있으며 우리는 이 과정에서 살아남아야 하는 상황이다. 이 균형을 잘못 맞춰 미국이 일본에 한국을 위협할 힘을 실어주게 하는 것은 절대 피해야 할 상황이다.

그럼에도 일본은 이를 포기하지 않고 한반도 침공을 준비하고 있다. 한 예로 그들은 한반도에 유사 사태가 발생하면 자위대를 파병, 자국민을 대피시키겠다는 집단 자위권 행사 작전을 세웠다. 얼핏 보면 옳은 일처럼 보인다. 하지만 국제사회에서의 원칙에 따르면 이런 경우엔 일본이 한국에게 자국민의 대피를 요청하는 것이 일반적이다.

다시 말해 일본이 자위대 파견을 스스로 결정하겠다는 것은 사실상 한국을 침략하겠다는 것과 같은 의미이고, 집단 자위권은 이를 포장한 말에 불과한 것이다.

8.
야스쿠니는
절대 사라지지 않는다

야스쿠니는 사라질 수 없다.
전범의 상징은 부활하는가?

제국주의의 상징, 야스쿠니

업무상 나는 역사학자나 전시관의 큐레이터 등 해외의 여러 유적지나 박물관을 누비시는 분들을 많이 접한다. 그런데 이들에게 가장 인상적인 장소를 물어보면 야스쿠니 신사가 상당히 많이 언급된다. 전쟁범죄를 일으킨 사람들을 그렇게 우대하는 것도 모자라 억울하게 끌려간 한국인, 중국인도 같이 합사(合祀)[67]한것이 황당하다는 것이 이유였다.

그러나 이런 반응을 보이는 것은 전문가들일 뿐 대개의 한국인은 야스쿠니에 대해 잘 모른다. 도쿄로 여행 가는 이들이 한창 많았을 당시에도 야스쿠니에서 참배하고 기념사진을 SNS에 올린 사람들이 적지 않았을 정도다.

한국에서 야스쿠니에 관한 논란에 불이 붙은 것은 2001년 고이즈미 준이치로 당시 총리가 야스쿠니에 참배했을 때였다. 주변국들은 물

67　둘 이상의 혼령을 한곳에 모아 제사 지내는 것.

론 미국마저 분노하자 총리 자신은 '이것은 개인적인 참배'니 아무 문제가 되지 않는다는 태도를 보여 논란을 부추겼다. 이와 관련하여 우리가 생각해봐야 할 것은 다음의 세 가지다.

첫째, 왜 총리는 야스쿠니에 참배해야 했는가?
둘째, 왜 미국은 분노했는가?
셋째, 왜 주변국의 분노에도 야스쿠니 신사를 참배하는가?

앞서 말했듯 일본은 미국을 조심스럽게 대한다. 한국과 더불어 무역흑자를 거두는 두 나라 중 하나인 데다, 자위대를 국방군으로 만들어 무력을 되찾고 그로써 국제사회에서 권력을 얻겠다는 목표를 위해서, 나아가 경제를 유지하기 위해서라도 일본은 미국의 비위를 맞출 수밖에 없다.

이를 상징하는 사건이 있다. 2013년 5월 12일, 아베 총리가 미야기현(宮城県)의 항공자위대 조종석에서 사진을 찍었는데 이 비행기의 번호가 731이었다. 무고한 사람들을 실험용 재료로 쓴 악마의 부대 731을 활용, 주변국을 도발한 것이다.

중국은 명백한 도발이라고 맹비판했고, 한국에서도 비난 여론이 쏟아졌다. 그런데 재미있는 것은 미국도 부정적인 목소리를 냈다는 점이다.

이유인즉슨 GHQ가 일본을 점령했을 당시 731부대의 생체실험 데이터를 본국으로 가져갔고, 그것을 바탕으로 미국의 의학이 비약적으로 발전한 역사가 있기 때문이다. 즉, 깊이 파고들면 731은 일본만이 아닌 미국의 치부이기도 한 셈이다. 그러니 아베가 국제사회에 731을 철없이 자랑하는데 거부감을 드러낼 만도 하다. 그 후 아베와 일본회의,

자민당 등 우익인사들의 망언, 도발 퍼레이드에서 731부대 관련 내용이 쏙 빠진 것은 결코 우연이 아니다. 아마 일본이 미국을 넘어서기 전까지는 앞으로도 그러할 것이다.

이렇듯 자신들의 힘이 강해질 때까지 미국의 비위를 맞추기 위해 힘쓰는 것이 일본인데, 유독 야스쿠니에 관해서 만큼은 미국의 말을 듣지 않는다. 이것이 승전국 미국이 덴노를 살려둔 이유이자 미국이 골머리를 앓는 이유이고, 더불어 야스쿠니가 사라질 수 없는 이유이기도 하다.

야스쿠니의 본질

일본에서의 신사(神社)란 '신'을 모시는 곳이다. 여기서 중요한 것은 이 '신'의 개념이다. 신에 대한 한국인들의 개념은 굉장히 좁지만, 일본 사람들은 정반대로, 사람이 죽은 후 일정 시간이 되면 그 사령(死靈)이 가정과 마을을 지키는 신이 된다고 믿으며 숭배했다. 죽은 사람의 위패를 집에 모시는 것도 망자를 신으로 간주하는 행위다.

야스쿠니도 신을 모시는 곳이긴 하나, 이곳에서의 '신'의 정의는 독특하다. '**특정 조건에서 일본을 지키다가 죽은 모든 병사**'이기 때문이다.

일본에는 800만[68] 가지의 신이 있다고 한다. 종류는 다양해서 물건의 신이나 동물의 신도 있는가 하면 도요쿠니(豊国) 신사,[69] 스가와라 텐만구(菅原天満宮)[70] 같이 실제 인물을 모시는 신사도 있다. 하지만 약 246만 명을 신으로 모시는 신사는 야스쿠니가 유일하다. 이는 이

---

68 '야오요로즈노가미(八百万神)'라는 일본어 표현이 이 뜻이다.
69 도요토미 히데요시를 신으로 모시는 신사.
70 헤이안(平安) 시대의 귀족이자 학자, 시인이었던 스가와라노 미치자네(菅原道真)를 학문의 신으로 모시는 신사. 입시철만 되면 문전성시를 이룬다.

246만 명 모두가 신이 될 수 있는 공통점을 갖고 있다는 뜻이기도 하다. 그렇다면 야스쿠니에 합사된 246만 명은 어떤 이들이었을까?"

> **1) 메이지 덴노의 정권을 지키기 위해 죽은 이들**: '나라'가 아닌 '메이지 덴노'라는 점에 주목해야 한다. 임진왜란 당시 조선에 출병했다 죽은 병사들, 메이지 덴노와 관계가 없는 이들, 또 세이난 전쟁(西南戰爭)⁷¹ 등 어떤 형태로든 메이지 정부에게 반기를 든 인물은 야스쿠니에 합사되지 않는다. 이는 일본 정부가 주장하는 '나라를 위해 죽은 사람들'이란 말을 변명으로 만드는 포인트다.
>
> **2) 덴노를 지키다가 죽은 사람들**: 야스쿠니에는 메이지 덴노뿐 아니라 쇼와 덴노를 위해 죽은 이들도 합사되어 있다. '메이지 정부의 수립 이후 그들의 권력과 연관된 덴노를 지키다가 죽은 사람들, 덴노를 위한 사람들'이라는 뜻이 더 정확한 것일지도 모르겠다.
>
> **3) A급 전범**: 쇼와 덴노가 그렇게 부정하던 A급 전범들도 야스쿠니에 합사되어 있다. A급 전범이 합사된 이후 당연히 쇼와 덴노는 단 한 번도 야스쿠니에 참배하러 가지 않았으며, 이는 후계자인 헤이세이((平成) 덴노도 마찬가지였다. 이는 덴노에 대한 충성은 야스쿠니가 내거는 형식에 불과하며 실제 목적은 다른 곳에 있다는 것을 보여준다.

정리하자면 야스쿠니는 현재 집권 세력이 갖는 권력의 기원인 메이지 정부의 이권을 위해 덴노를 명분으로 만들어진 시설이라는 뜻이다. 이곳에 합사된 것이 전범들이니 야스쿠니를 바라보는 피해국들의

---

71 메이지 시대 초기에 일어난 반정부 내란으로, 사이고 다카모리(西鄕隆盛)가 덴노를 옹립한 메이지 정부와 벌인 전쟁이다. 그는 덴노와 메이지 정부의 정권수립에 이바지했으나 이로 인해 반 덴노 세력으로 분류, 야스쿠니에 합사되지 못했다.

시선은 싸늘할 수밖에 없다.

그런데 이런 반감과 달리 일본인들에겐 야스쿠니가 친숙한 곳이다. 일본에서 벚꽃이 가장 아름답기로 유명한 데다 일본 벚꽃의 개화(開花) 선언이 이루어지는 중심지인 야스쿠니는 봄이면 벚꽃을 보기 위해 전국의 일본인들이 모이는 곳이다. 이런 모습을 미디어가 다시금 국민들에게 보여주면서 야스쿠니의 이미지를 만든다.

문제는 이 야스쿠니의 이미지가 가진 정체다. 한국인은 벚꽃이 핀 공원에서 두 남녀가 마주 보고 있다면 아름답고 로맨틱한 상황을 떠올리지만, 일본인들은 은연중에 죽음을 떠올린다. 군국주의 시절, '떨어지는 벚꽃잎처럼 천황을 위해 죽자'라는 야마토 정신의 관념을 내세워서 부조리한 전쟁을 아름다움으로 포장했었기 때문이다. 즉 지금도 야스쿠니의 벚꽃, 아니 야스쿠니가 국가와 민족을 위해 무엇이든 하는 일본인이라는 애국주의의 상징으로 남아있는 것이다.

야스쿠니라는 시스템

야스쿠니의 역사는 1869년 8월 일본 육군의 창시자이자 조슈 번의 유신지사 오무라 마스지로(大村益次郎)가 도쿄에 세운 초혼사(招魂社)[72]로부터 시작한다. 이 도쿄 초혼사가 이후 같은 조슈 번 유신지사인 다카스기 신사쿠(高杉晋作)의 사쿠라야마(桜山) 초혼사와 통합되어 만들어진 것이 야스쿠니 신사다. 야스쿠니의 목적은 '죽음의 미화'였다. 일본 정부는 전쟁에 참여할 병사들을 쉽게 모집하기 위해 '나라를 위해 죽는 것은 아름다운 행위'라며 포장을 시작했다.

일본군은 가미카제(神風) 등의 무리한 작전, 죽음을 각오한 작전을

---

72 메이지유신 이후 죽은 사람들을 안치한 각지의 신사를 일컬음.

수행할 때 '야스쿠니에서 만나자'라고 했다. 우리가 하는 일은 신인 덴노를 위해 하는 일이며, 죽더라도 신이 되어 야스쿠니로 돌아온다는 뜻이다. 즉, **야스쿠니는 죽음을 숭상하고 미화하는 장소이자 전쟁을 국민이 당연히 받아들이게 유도하는 시스템인 것이다.**

그런 야스쿠니를 일본인들은 일상의 아름다운 공간으로 받아들였다. 그렇다면 그들은 야스쿠니의 본질인 전쟁도 받아들이는 것일까? 사실 일본인 대부분은 자민당의 이념을 지지하지만, 전쟁을 원하진 않는다. 제2차 세계 대전 당시 불바다가 되었던 도쿄, 원자탄이 떨어진 히로시마와 나가사키, 일본 군부의 폭주를 접했던 이들 다수는 오늘날에도 살아 있다. 그런 만큼 당시의 상황이 또다시 되풀이되는 것을 바랄 사람은 없다.

기시 노부스케 내각이 미·일 안보조약을 비준한 1960년 6월 19일의 일이다. 그들이야 전쟁이 가능한 국가를 만들어서 좋았을지 모르겠으나 일본 국민들은 일본에서 또다시 전쟁이 일어날 수도 있는 상황을 원하지 않았다. 일본사회당이 이 조약을 반대하고 나서자, 기시는 국회의 본의회장을 막고 이를 날치기 통과시켰다. 이는 일본에서 반정부 투쟁이 일어나는 계기가 되었다.

한국 사람들은 일본인들은 정부에 무조건 순종한다고 여기지만 처음부터 그랬던 것은 아니다. 당시 시위대의 규모는 경시청 추산 13만 명, 주최 측 발표 33만 명으로 엄청났다. 공권력이 취할 수 있는 정당한 방법으로 통제할 수 없어지자 자민당은 미국 대통령을 보호한다는 명목하에 야쿠자에게 금권과 이권을 제공하여 폭력 진압을 시도했다. 사실상의 내전이었다.

이때 여론을 뒤집는 사건이 일어난다. 강압적인 진압 과정에서 도쿄대 학생 간바 미치코(樺美智子)가 사망한 것이다. 이에 중립 입장이었던 국민까지 정부에 등을 돌렸고 역대 전임총리들 역시 기시의 사임을 권했다. 하지만 기시는 눈도 깜빡하지 않고 오히려 시위대 진압을 위해 자위대에 출동을 명함으로써 일본 전역에 계엄령을 선포했다.

하지만 일본에서 피의 강이 흐르는 일은 없었다. 일본 방위성 장관 아카기 무네노리(赤城宗德)[73]가 '국민에게 총을 들이댈 수는 없다'라며 총리의 명령을 거부한 것이다. 아카기는 태평양전쟁 발발 전부터 기시를 따랐던 측근 중의 측근이었다. 그런 아카기마저 등을 돌렸다는 것은 사실상 기시의 아군은 없다는 이야기와 마찬가지였다. 시위대가 수상 관저를 포위하는 등 막바지에 몰려서야 기시는 내각 총사퇴를 지시하며 백기를 드는 모양새를 취했다.

하지만 기시가 이렇게 시간을 끄는 동안 안보조약은 국회에서 각의(비준)된 후 히로히토(裕仁) 덴노의 결재까지 마치고 공인되었다. 기시가 국민을 멋지게 속인 것이다.

일본 국민은 전쟁을 원하지 않았고, 지금도 그렇다. 꼭 평화를 원해서라기보다는 평온한 일상을 지키고 싶다는 마음이 크기 때문이다. 그런데 이런 사람들이 왜 야스쿠니에는 환호하는 것일까?

사실 야스쿠니에 대한 일본인의 호감은 전쟁이 아닌 덴노에 대한 호감으로 이해해야 한다. 신토(神道)[74]의 제사장인 덴노는 일본의 자부심이다. 일본에는 '만세일계(万世一系)'라는 개념이 있다. 덴노는 신이고, 일본은 신이 만든 나라이며, 이 신의 핏줄이 오늘날까지 이어지고 있다는 자부심을 일본인이 갖게 한다.

물론 이는 메이지 정부가 쇼군과 대적하기 위해 나라를 원래 주인

---

73   농림대신, 내각관방 장관, 방위청 장관을 지닌 정치가이자 교육자.
74   일본 황실의 조상인 아마테라스오미카미(天照大神)나 국민의 선조를 신으로 숭배하는 일본 민족의 전통 신앙.

이자 신인 덴노에게 돌려주겠다며 만든 것이라 일본 내 역사학자들도 인정하지 않고 있다(실제로 주류 학계에선 일본 황가(皇家)가 두어 번가량 교체되었다고 보고 있다). 그러나 일본인들은 그런 것에 신경 쓰지 않을 뿐 아니라, 현재 국민 친화적 행보를 보이는 아키히토(明仁) 상황(上皇)에도 탄탄한 지지를 보낸다.

야스쿠니의 모순

희한한 점은 신토의 제사장인 덴노가 야스쿠니를 인정하지 않는다는 것이다. 앞서 잠시 언급했듯 쇼와 덴노(1901~1989)는 A급 전범이 합사된 이후 참배를 그만뒀다. 이는 일본 궁내청 장관과 덴노 비서를 역임한 도미타 도모히코(富田朝彦)의 기록에도 남아 있는 사실이다.

그 이유를 직접 말하지는 않았지만, 제2차 세계 대전 말기 도조 히데키를 비롯한 군부와 덴노가 자주 의견충돌을 일으켰다는 점, 도쿄 전범 재판에서 도조 히데키가 '모든 것은 덴노가 지시한 것이며 우리는 그것을 실행만 했을 뿐'이라 증언했다는 점을 고려하면 덴노가 야스쿠니를 싫어할 만한 이유는 충분하다고 보인다. **메이지 정부는 덴노를 이용해서 자신들의 욕심을 채웠으며, 덴노는 이를 배신이라 여긴 것이다.**

또한 덴노는 생존을 위해 야스쿠니와 거리를 둔 것이기도 하다. 만약 A급 전범을 추모하면 미국이 칼을 뽑을 것이 분명하니, 황가의 존속을 위해서라도 그곳과는 거리를 두는 것이 옳다고 판단했을 것이다.

그러나 정작 극우 정치인들은 덴노의 지지도를 이용하기 위해 덴노를 다시금 전쟁에 끌어들이려는 시도를 진행 중이다. 2013년 4월 28일, 아베 총리는 이날을 '주권 회복의 날'[75]로 정하고 기념행사를 정

---

75 GHQ로부터 일본이라는 국가의 권력을 되찾은 날이다.

부 행사로 격상시켰다.[76] 주권을 강조함으로써 개헌의 동력을 만들려 했던 것이다.

그런데 이날 행사 후 덴노가 퇴장을 시작하자 참석자들이 "천황폐하 만세!"를 외쳐대는 상황이 벌어졌다. 전쟁에서 거리를 두려 하는 덴노로선 제국주의 시절을 상징하는 이 행동에 당연히 기분이 상했고, 불쾌한 표정으로 자리를 떠났다. 하지만 그들의 만세 소리는 그치지 않았다. 그들은 왜 그런 행동을 보인 것일까?

일본 총리에 대한 지지율 조사는 아무리 조작해도 그 최대치가 50% 정도지만, 덴노에 대한 지지율은 아무 기관이 아무렇게나 조사해도 90%다. 극우 세력이 원하는 것은 패전 이전, 즉 군 통수권자가 덴노이던 시절이다. 그리고 그 시절이 다시금 재현된다면 자신들은 덴노에 대한 높은 지지율을 활용함과 동시에 덴노에게 전쟁의 책임을 돌릴 수도 있다는 계산이 이미 끝나 있다. 야스쿠니가 덴노를 활용하여 전쟁 수행 병력을 모은 도구였다면, 현재 일본 극우 세력은 덴노에 대한 지지를 본인들이 꿈꾸는 일본을 만들기 위한 도구로 사용하려는 것이다.

물론 덴노도 이를 잘 알고 있다. 따라서 덴노는 헌법상 정치적 활동을 전혀 할 수 없는 자신의 처지를 최대한 활용해서라도 극우 세력의 헌법 개정 행보를 막으려 한다. 그중 하나가 야스쿠니 신사 참배다. 일본 총리와 각료들은 열심히 야스쿠니 신사를 참배하고 있지만 정작 야스쿠니 신사 측은 총리의 참배를 좋아하지 않는다. 야스쿠니의 본질은 제사장인 덴노에게 있으므로 정치인들보다는 덴노의 참배를 원하는 것이다. 하지만 이렇듯 극우 세력이 덴노를 압박하는 상황에서 덴

---

[76] 1952년 4월 28일이 샌프란시스코 조약을 맺어 미 군정 체제에서 벗어나 주권을 되찾은 날이기 때문이다

노가 야스쿠니 신사를 참배할 일은 없다.

야스쿠니는 사라지지 않는다

서문에서 말했듯 사람들은 도덕론과 현실을 혼동하기에, 일본 국민이 민주주의에 눈을 뜨면 야스쿠니라는 전범의 상징도 사라질 것이라고 단순하게 생각한다. 하지만 야스쿠니는 다음과 같은 이유로 절대 사라질 수 없다.

첫째, 야스쿠니의 제사장은 덴노다. 정치인이든 언론인이든 덴노를 건드리면 그의 커리어는 사실상 끝난다. 덴노가 원하지 않는다 해도 일본에서 덴노가 지지받기 때문이다.

둘째, 현재 일본의 유력인사들은 전범의 후손들이거나 그들의 정치적 기반을 활용하고 있다. 야스쿠니를 없앤다는 것은 선조들의 전범 행위를 인정하는 셈이 되니 결과적으로는 자신들의 정치적 기반 및 권력의 약화와 연결될 것임을 그들은 알고 있다.

셋째, 패전 이전의 사회를 꿈꾸는 극우 세력은 야스쿠니가 다시 한 번 덴노의 이름 아래 병사를 모을 수 있는 도구가 되어주길 바라고 있다.

이것이 야스쿠니가 사라질 수 없는 이유다. 실제로 2009년 정권교체를 이뤄낸 노다 총리는 우경화를 명백히 반대하고 주변국과의 우호를 추진한 인물이었음에도 야스쿠니만큼은 적극적으로 옹호했다.

이런 상황을 모르고 사고를 치는 건 오히려 한국이다. 2012년 이명박 대통령은 '일왕은 사죄하라'라는 발언을 했다. 한국식 사고에선 '전쟁 책임자가 사과하라'라는 뜻이었겠으나 일본 입장에선 정치적 권한이 없는 덴노를 정치판에 끌어들여 불법을 저지르게끔 유도하는 발언이었다.

당연히 일본의 여론은 분노했다. 이때 생겨난 반한감정은 '넷 우익'"이라는 혐한 집단이 지지를 얻으며 세력을 키우는 계기가 되었다. 2019년 2월 문희상 당시 국회의장도 마찬가지로 '일왕의 사죄'를 이야기했다. 하지만 그의 발언은 사죄는커녕 아베 정부가 지지율을 굳히는 데 훌륭하게 이용되었다.

야스쿠니의 진짜 피해자

일본 국민은 야스쿠니에 대해 악감정이 없다. 하지만 처지가 다른 사람들이 있으니 바로 전쟁 피해자, 야스쿠니에 자신의 가족이 합사되는 것을 원하지 않는 유족들이다.

하지만 이미 야스쿠니에 합사된 가족을 빼내기는 쉽지 않다. 야스쿠니 신사 측은 한 번 합사된 이를 절대 빼주지 않기 때문이다. "야스쿠니에 있는 신은 수많은 영혼이 '합체'한 존재이므로 분사(分祀)는 곧 신을 죽이는 행위"라는 독특한 논리 때문이다. 유족들이 항의하고 싶어도 이 논리를 펼치는 주체가 일본 신토의 정점에 있는 조직이자 일본 정치를 움직이는 일본회의인지라 재판을 걸어도 반드시 패소하는 상황이다. 심지어 2019년 7월에 있던 재판에선 패소 사유조차 알려주지 않았다.

일본 정부는 야스쿠니라는 상징을 인권이나 권리보다 중시한다. 누군가 야스쿠니에서의 분사에 성공하면 줄소송이 이어질 수 있고, 이는 야스쿠니라는 상징이 무너지는 결과와 이어질 수도 있다. 그 때문에 일본 정부는 야스쿠니의 유지를 위해 별의별 수를 쓴다. 강압적인 정책도 있지만, 유화책도 있는데 그중 하나가 '원호금'이다. 원호금이란 전쟁에 참여한 행위를 '원호', 즉 지원하기 위해 야스쿠니가 지급하는

77 인터넷에서 활동하는 우익세력.

돈이다. 이 원호금에는 세 가지 중요한 기능이 있다.

첫째, 전쟁 책임에서 벗어나는 것이다. 원호금은 배상금이나 보상금과는 다른 성격을 띤다. 다시 말해 '군인이 전쟁에서 죽은 것은 자발적으로 국가를 지키기 위해 나선 과정의 결과일 뿐 정부의 강압에 따른 결과는 아니라는 것'이 야스쿠니의 입장이다. 그래서 배상할 필요는 없지만 참전한 용기만큼은 존중한다는 명목으로 원호금을 지급하는 것이다. 이는 눈 속임에 불과하다. 정상적으로 지급되어야 할 배상금보다 민망할 정도로 적기 때문이다. 뿐만 아니라 정부가 제대로 책임지면 발생할 손해액을 줄여주는 효과도 있다. 일본은 강제징용 배상뿐 아니라 자국민들에게조차 짠 국가임을 기억하자.

둘째, 입을 막는 것이다. 샌프란시스코 조약 체결 직후 일본은 한국전쟁 덕에 성장 궤도에 오르긴 했으나 국민의 상황은 전혀 좋지 않았다. 일자리도 없고 기반도 없었기 때문이다. 그렇기에 원호금은 유족들의 생활에 큰 도움이 되었다. 일본 영화나 만화를 보면 등장인물이 '우리 남편(혹은 아들)은 죽어서도 신이 되어 나를 지켜준다'라는 대사가 종종 등장한다. 얼핏 들으면 사이비 종교의 홍보문구 같지만 잘 생각해보면 사실이다. 남편이나 아들이 전쟁에 나가서 죽었지만, 원호금이 자신의 생활을 지켜준다는 소리니까.

원호금을 받는 유족은 재혼할 수 없다. '유족은 야스쿠니에 합사된 영혼의 반려자가 되어야 하므로 재혼은 곧 불륜'이라는 논리 때문이다. 만약 재혼하면 자연스럽게 원호금도 지급이 중단된다(그러나 이런 경우에도 합사는 취소되지 않는다). 그럼 그까짓 푼돈 포기하고 재혼하면 되지 않느냐고 생각할 수도 있겠으나, 원호금 지급이 중단되면 그때까지 받은 돈도 모두 반환해야 한다. 가장이나 아들이 사망해 여자만 남은 집에 그만한 큰돈이 남아있을 리 없다.[78]

그 때문에 원호금은 유족들에게 합사 취소를 요청하기는커녕 야스쿠니가 원하는 유족의 모습으로 생활하게 만드는 족쇄다. 국가를 위해 목숨을 바친 남편, 아들을 기리기 위해 정절을 지키는 여성의 모습이라는 구시대적 사고에 바탕을 둔 족쇄 말이다. **이렇게 원하든 원하지 않든 야스쿠니는 전쟁의 비극과 아픔을 행복과 자긍심으로 바꾸는 시스템이 되었다.**

셋째, 국가가 져야 할 책임에서 벗어날 수 있다. 한국 사람들은 현충원을 생각하며 야스쿠니에도 전사자들의 유해가 묻혀 있다고 생각한다. 하지만 야스쿠니가 합사한 것은 말 그대로 '영혼'일 뿐 '몸'이 아니다. 대개의 국가는 자국을 위해 싸운 이들을 기리기 위해 끝까지 노력한다. 2019년 남북협상의 일환으로 북한에서 미국 및 한국 전사자들의 유해발굴 작업이 이뤄진 것도 '나라를 위해 몸 바친 당신들을 최고로 예우한다'라는 국가의 의사표시자, 차후에 있을지 모르는 전쟁에 참여할 병사들의 사기를 돋우기 위한 의식이었다.

하지만 일본은 유해회수를 위해 돈을 쓰기를 원하지 않는다. 야스쿠니에 합사된 이들 중 유해를 찾지 못한 사람은 전체 246만 명 중 무려 80%에 가까운 200만 명에 달한다. 하지만 일본 정부는 '혼이 야스쿠니에 있으니 굳이 유해를 회수할 필요가 없다'라고 한다.

이유는 유해회수 비용 때문이다. 미군의 공습 당시 죽은 사람들은 차치하고 진주만, 태평양전쟁에서 가미카제로 죽은 이들을 찾으려면 태평양을 수색해야 하는데 여기엔 천문학적인 돈이 든다. 정부 입장에서야 이미 찾을 수 없다고 하고 싶겠지만 그 말이 나오려면 유체를 찾는 시늉이라도 해야 한다.

하지만 일본은 그러지 않는다. 국제적 지위를 위해 일본의 견해를

---

78 부잣집, 권력자의 아들들은 면제받거나 장교로 빠졌으며 총알받이는 항상 없는 사람들의 몫이었다.

대변하는 장학생을 키우고 타국의 정치인을 지원할 돈은 있어도, 나라를 위해 싸운 사람의 유해를 수습할 정도의 돈과 품격은 없는 국가인 것이다.

일본이 두려워하는 돈의 규모는 다른 방식으로 증명된다. 2015년 마이크로소프트(Microsoft)의 공동창업자 폴 앨런(Paul Allen)은 필리핀 영해의 해저 1,000m 지점에서 일본의 군함 무사시(武蔵)호를 발견했다. 심해 1,000m를 탐사하는 비용은 얼마나 될까? 일본의 광물자원 개발에 관한 보고서에 따르면 심해 1,000m를 넘어가면 탐사 비용이 하루 수천만 엔에 달한다고 한다. 자국민들을 소모품처럼 대했던 전쟁 시절로 돌아가자고 주장하는 현재의 일본 정부가 과연 그 비용을 대려고 할까? 혼이 돌아왔으니 아무 문제도 없다며 명분을 세우고, 이 명분을 위한 야스쿠니 시스템을 유지해서, 유해발굴 비용과 유해회수 비용, 배상금을 두루 아끼는 쪽을 선호할 것이다.

야스쿠니와 정치인

2001년 8월 13일은 대한민국을 크게 들썩이게 하는 사건이 있었던 날이다. 당시 총리였던 고이즈미 준이치로가 야스쿠니 신사를 참배한 것이다. 주변 피해국은 물론 미국까지 항의하자 고이즈미 총리는 고이즈미 준이치로라는 '개인'이 사적으로 참배한 것이라며 논란을 일축했다. 이에 중국은 고이즈미의 방중을 거부하는 것으로 화답(?)했다. 여하튼 고이즈미의 답변은 거짓이었다. 총리 취임 이전은 물론 퇴임 이후에도 그가 야스쿠니에 참배한 적은 단 한 번도 없기 때문이다. 그런데 왜 그는 이런 항의를 무릅쓰고 참배를 강행한 것일까? **바로 야스쿠니 신사 참배는 총리가 활용할 수 있는 정치적 카드이기 때문이다.**

총리로서 야스쿠니 신사에 참배한 인물은 고이즈미가 처음이 아니다. 전후 첫 참배의 주인공은 1975년에 야스쿠니를 찾은 미키 다케오(三木武夫) 당시 총리였으나, 그땐 관용차도 이용하지 않고 언론도 대동하지 않은 조용한 참배였다. 공무 활동의 형태로 참배를 한 첫 총리는 1984년 나카소네 야스히로 총리였다. 그러나 미국은 물론 한국, 중국, 필리핀 등으로부터 격한 항의를 받은 이후 그는 참배를 중지했다. 훗날 나카소네는 자신이 당시 역사적 의미를 모른 채 참배했다고 말했다. 이렇게 야스쿠니 신사 참배 소동은 가라앉을 뻔했다.

하지만 이후 일본 정치에 큰 변화가 생긴다. 거품경제 붕괴라는 경제실패로 1993년 정권이 바뀌면서 자민당의 핵심에는 일본회의가 파고들었고, 무너질 뻔한 자민당을 살리면서 자민당의 척수가 되었다. 이후 자민당은 야스쿠니에 비정상적으로 집착하는 모습을 보였다. 1996년 7월에 총리인 하시모토 류타로(橋本龍太郎), 2001년 8월에는 고이즈미 준이치로, 그리고 2013년에는 아베 총리가 참배한 것이다.

여기서 짚고 넘어갈 것은 참배의 성격이다. 미키 다케오 전 총리는 지지율을 위해 유족연금 인상을 추진했던 인물이다. 하시모토 류타로는 후생상과 일본유족회장을 역임했고 고이즈미는 후생상을 지내면서 유족을 주로 지지층으로 삼을 수 있었다. 즉, 이들의 참배 목적은 개인 차원에서의 추모가 아니라 야스쿠니에 있는 250만과 관련된 유족을 노린 선거 활동이었다.

하지만 아베 총리는 다르다. 그의 목적은 참배를 통해 피해국들을 도발하여 지지율을 끌어올리기 위해서, 또 과거의 전범 행위를 정당화하기 위해서이기 때문이다. 이는 메시지의 차이로 드러난다. 나카소네는 주변국의 반발 이후 참배를 그만두었고 고이즈미는 무라야마 담화를 계승할 테니 피해국은 걱정하지 말라는 메시지를 보냈다. 선거운동이기 때문이다. 하지만 아베 총리는 주변국을 오히려 도발했다.

사실 일본 국민들이라 해서 모두가 야스쿠니 신사 참배를 좋아하는 것은 아니다. 일본 헌법에는 정경분리가 명시되어 있으므로 한 시민단체는 2013년 12월 헌법재판소에 참배 행위를 제소, 2016년 1월 '정치가의 야스쿠니 신사 참배는 위헌'이라는 판결을 얻어내기도 했다.

그럼에도 아베 총리는 이에 아랑곳하지 않으며 참배를 강행했고, 논란을 피하면서 계속해서 정치도구로 활용했다. 그가 선택한 방법은 공물료[79]를 납부하는 것이었다. 다시 말해 일본 총리가 아닌 자민당 총재 자격으로 공물료를 냄으로써 위헌판결을 피했고 오히려 자기 세력 및 각료들을 참배시켜 공물료를 내게도 했다. 야스쿠니를 정치적 카드로 계속 활용하겠다는 의지를 표명한 것이다[80].

또한, 공물료는 야스쿠니의 재정적자를 해결하기 위한 수단이기도 하다. 현재 야스쿠니는 재정적자에 시달리고 있다. 전몰자 유족들의 고령화 및 사망으로 전체 수입의 70~80%를 차지하는 기부금 및 새전(賽錢)[81] 수입이 격감한 탓이다. 이런 적자로 인한 야스쿠니의 파산을 막기 위해 아베는 공물료 외에도 다양한 수단을 동원한다.

그중 하나는 '유습관(遊就館)'이다. 유습관은 나카소네가 참배하기 약 2년 전인 1982년에 야스쿠니에 세워진 전시장으로, 일본 정부의 전쟁은 정당했으며 합사된 영웅들은 전범이 아니라 나라를 위해 싸운 영웅이라는 뜻을 알리기 위한 시설이다.

취임 직후 아베 총리는 개인 법인인 야스쿠니를 대상으로 '올바른 역사를 알리기 위한 문화 사업'이라는 핑계로 다양한 정부 지원을 제

---

79 신사에 시주하는 제사 비용.
80 이런 의미에서 2020년 8월 아베가 야스쿠니 신사를 참배하지 않은 이유는 코로나, 병세 때문이 아니라 이 법을 피하기 위한 행위였다.
81 시줏돈.

공했다. 물론 정경분리를 명시한 헌법이 있어 직접적 지원은 불가능했기에 간접적 방법을 택했는데, 그중 하나가 학교의 야외행사 및 공기업 연수다. 정부 주도하에 전국의 교육기관 및 공기관의 필수 연수지 목록에 야스쿠니를 강제로 포함한 것이다. 이에 따른 막대한 입장료 수입은 재정적자에 빠진 야스쿠니에 힘이 되고 있다.

대안은 없을까?

이러한 여러 가지 이유가 얽혀 야스쿠니를 없애는 건 어렵다. 하지만 대안은 존재한다. 바로 야스쿠니와 가까운 곳에 있는 '지도리가후치 전몰자 묘원(千鳥ヶ淵 戦没者墓苑)'을 활용하는 방법이다.

야스쿠니와 달리 일본 정부가 직접 운영하는 이곳에는[82] 제2차 세계 대전 당시 해외에서 사망한 무명용사 또는 민간인의 유골 35만 5,404구가 안치되어 있다. 야스쿠니에 모셔진 것이 전범급 인물들이라면, 이쪽에는 그들의 소모품으로 희생된 하급 장교, 부사관, 병사들 그리고 민간인[83]이 묻혀 있는 것이다. 더불어 강제 징집된 병사들과 전쟁으로 인해 희생된 민간인 모두를 추모하는 곳이기도 하다.

미국도 이곳을 대안으로 생각한다. 아베가 2013년 8월 15일, 즉 일본의 패전기념일에 야스쿠니 신사를 참배하자 야스쿠니를 굉장히 불쾌하게 여기는 미국의 존 케리 국무장관, 척 헤이글(Charles Timothy "Chuck" Hagel) 국방장관은 그에 대한 반발의 메시지로 지도리가후치 전몰자 묘원을 참배했고, 그때부터 이 묘원은 세간의 주목을 받았다. 이 사람들이 미국의 국방을 관장하는 이들이란 점을 생각하면 사실상 그

---

82   즉, 야스쿠니는 정부가 밀어주는 사설 종교 시설인 셈이다.
83   다만 일본은 제2차 세계 대전 당시 국민 총동원령을 발동, 사실상 인권을 무시한 채 자국민을 전쟁에 동원했으므로 민간인과 군인의 경계가 다소 희미하다는 특징이 있다.

들의 묘원 참배는 동아시아 패권에 초를 치는 일본에 대한 미국의 경고로 볼 수도 있다.

실제로 아베는 그해 10월에 열린 야스쿠니 신사 추계 예대제[84]에 참배하지 않음으로써 미국의 경고를 염두에 두고 있음을 행동으로 보여줬다.

덴노, 즉 황가도 1958년에 있었던 이 묘원의 준공식과 추모식에 모두 참배함은 물론 쇼와 덴노의 비석과 유골함을 안치하는 등의 방식으로 이곳을 밀어주는 행보를 보였다. 일본의 우익세력은 당연히 이에 반발하고 나섰다. 그런데 한 가지 어이없는 것은 미국이 이곳을 참배하는 순간까지 도쿄 한복판에 이런 곳이 있는 줄 모르는 일본인이 허다했다는 것이다.

정리해보자면 야스쿠니를 없애는 건 어렵다. 하지만 일본 정부가 마음만 먹는다면 야스쿠니의 영향력을 줄일 수 있다. 실제로 일본에선 지도리가후치 전몰자 묘원을 야스쿠니의 대체지로 정하자는 여론이 생겼고 현 황가도 그에 힘을 실어주고 있다. 그렇기에 정치인들이 야스쿠니가 아닌 지도리가후치에 참배하게 하고, 야스쿠니는 재정파산으로 무너지게 하는 것도 가능한 일이다.

단, 만약 야스쿠니의 힘을 사라지게 한다면 그 주체는 깨인 일본인들이어야 한다. 그렇지 않으면 '외부의 압력으로 일어났던 일'이라는 핑계로 우익이 또다시 고개를 들어 야스쿠니로 돌아가려 할 테니까.

---

[84] 매년 봄과 가을에 일본 신사들에서 열리는 대규모 제사.

9.
일본은 절대
사과하지 않는다

**현 일본의 정권, 아베 총리는 잔인한 권력이다.
그들이 꿈꾸는 일본은 어떤 국가일까?**

극우의 희망

일본의 보수를 대변하는 자민당은 크게 두 부류로 나뉘어 있다. 하나는 전후 체제를 이끈 오부치 게이조(小渕恵三)의 계파로, 이를 계승한 이시바 시게루(石破茂)는 2012년과 2018년에 아베와 총리 자리를 놓고 경쟁했던 인물이다.

이 계파는 중도 우파의 성향이지만 '독도는 일본 땅'이라는 인식 및 일본 재무장에 대한 인식은 극우 세력의 그것들과 같다. 그럴 수밖에 없는 것이 지금 일본인들을 대상으로 '독도는 한국 땅'이라 이야기하면 선거 이전에 생명부터가 위험한 상황이기 때문이다.

따라서 그렇게 말할 수 있는 정치가는 현재 일본엔 없고, 최대한 인정한다고 하는 선이 '독도에 대한 한국의 실질적인 지배는 인정해주자'는 정도다.

하지만 전쟁이 가능한 보통국가로 돌아가는 과정에 대해선 '주변국과의 이해와 화해가 필요하고, 우익적 시각을 버려야 국제사회와의 충돌 없이 일본이 성장할 수 있다'라는 것이 이들의 견해라서 위안부나 강제징용에 관한 사과에도 긍정적이다. 그러나 일본 정치의 특성상 아베 신조 총리가 물러나도 자신을 안전하게 지켜줄 수 있는 사람을 차기 총리로 인선할 테니 당분간 이쪽 계파가 집권할 일은 없다. 즉, 다음 정권도 혐한을 외치는 극우 정권일 확률이 높다는 뜻이다.

설령 아베가 원하지 않는 극우 성향이 아닌 사람이 총리가 되어도 극우 성향의 정권이 사라질 것이라는 보장은 없다. 이런 예측의 신뢰성을 높이는 사람은 다름 아닌 아베 총리 본인이다. 의외지만 아베 신조 총리는 친한파 정치인이었다. 현충원에 참배한 최초의 일본 총리가 아베라는 점은 그가 초반에는 한국과의 우호적 관계를 고려했었다는 증거이기도 하다.

하지만 그는 방향을 선회했다. 그것이 자신에 대한 지지세력과 국민이 원하는 방향이라고 판단했기 때문이다.

일본회의의 본질

일본회의는 일본 최대 규모의 정치결사 단체다. 한국에는 220명의 국회의원이 소속된 거대세력 정도로 알려진 탓에 일본 국민들이 투표만 잘하면 사라질 수도 있다는 조직이라는 오해도 생겨나 있다. 하지만 그렇게 하기란 사실 쉬운 일이 아니다. **일본회의의 멤버들은 내각을 넘어 일본 사회 핵심에 퍼져 있고, 일본 국민은 이를 문제로 보지 않기 때문이다.**

일본회의는 정계뿐 아니라 경제·문화·종교·예술 분야 등 각계각층의 인사들이 모여 있는 조직이다. 1930년에 다니구치 마사하루(谷口雅春)가 설립한 종교단체 '생장의 집(生長の家)'에서 시작된 만큼 처음엔 정치 집단이 아니었다. 물론 이 종교는 다니구치의 책을 읽으면 모든 병이 사라지고 행복이 온다고 주장하는, 일본의 수많은 사이비 종교 중

하나에 불과했다.

하지만 문제는 이 '생장의 집'이 전쟁 직후 일본이 광기와 혼란에 빠진 상황을 틈타 300만 명 규모의 종교 단체로 커졌다는 것, 그리고 전후 광기의 중심이자 최고 책임자인 쇼와 덴노를 중심으로 성장했다는 데 있다. 이후 다니구치는 자신의 교리를 정치에 투입하기 위해 온갖 로비를 했고 열세 명의 국회의원을 당선시키는 데도 성공했지만, 1960년대 들어 '생장의 집'이 정치 후원을 중단함에 따라 정치 무대에서도 물러나게 된다.

그러나 '생장의 집'의 영향력은 이후로도 남아있었고, 그것을 바탕으로 정치 기반을 형성한 국회의원들은 자신들의 목표를 이루기 위해 노력한다. 그 목표란 **패전을 계기로 미국에게 이식당한 시스템을 버리고 패전 이전의 일본으로 돌아가는 것이다.**

'생장의 집' 출신 계파는 두 조직으로 나뉘었다. 둘 중에서 더 큰 조직인 '일본을 지키는 국민회의(日本を守る国民会議)'는 1978년에 만들어진 '연호 법제화 실현 국민회의(元号法制化実現国民会議)'[85]가 1981년에 이름을 바꾼 단체다. 이들은 GHQ가 없앤 쇼와, 헤이세이, 레이와(令和) 등 일본 특유의 연호 체계를 복원하자는 운동을 펼쳤고, 이것이 성공하면서 본격적인 힘을 얻었다.

상대적으로 규모가 작은 '일본을 지키는 모임(日本を守る会)'은 '생장의 집'을 계승하여 1974년에 결성된 우파 종교 단체였다. 이 모임에 일본 신토의 중심이자 신사본청(神社本庁)에 막강한 영향력을 행사하는 메이지 신궁의 주요 인물들이 가세하면서 우파 종교 인사들이 모인 강력 조직이 되었다. 그리고 이 조직에 일본의 국가 종교인 '신토'가 가세

---

85 일본에서는 연호를 원호(元号)라 하므로 '원호 법제화 실현 국민회의'가 정확한 한국어 표현이지만 여기서는 연호로 통일한다.

했다. 즉, 사이비 종교의 이념에 신토, 신사본청의 우익 종교 인사들이 합세함으로써 '전쟁 전 국가종교였던 신토의 부활'을 꿈꾸는 세력이 탄생한 것이다.

신사본청은 일본 신사계의 정점에 군림하는 조직으로 일본 신사의 90%(약 7만 2,000곳)를 산하에 두고 있다.[86] GHQ가 신토 지령(Shinto Directive)을 내려 '국가 신토(国家神道)'[87]를 폐지해서 지금은 민간종교일 뿐이지만 그들은 국가종교라는 패전 이전의 영광을 다시 찾고 싶어한다.

이에 맞춰 천황 즉위 50주년 봉축 행사, 일본회의가 주도하는 '신헌법 제정을 위한 국민 1,000만 명 서명 운동' 등을 착실히 진행하고 있다.

'일본을 지키는 국민회의'와 '일본을 지키는 모임', 이 두 세력은 과거의 일본, 패전 이전의 일본으로 돌아가자는 공통목표를 위해 노력했고 이후 연호 부활을 기점으로 1997년에 정식 통합, 일본회의라는 이름을 갖고 본격적으로 활동하기 시작했다. 그리고 그들이 공을 들인 작품이 바로 자민당이다.

일본회의의 탄생

1993년 자민당의 상황은 말이 아니었다. 거품경제의 실패로 독점 권력을 빼앗기고 핵심 인재들이 이탈하는 바람에 리더를 찾지 못한 채 표류 중이었기 때문이다. 이때 지원하겠다고 나선 일본회의가 자민당엔 구세주와 다름없었다.

이후 그들은 **전범 행위에 대한 사죄와 과거에 대한 반성을 막자**는 목표

---

86 단, 야스쿠니는 전국 호국 신사의 총본산으로 신사본청 소속이 아니다.
87 메이지 유신 이후 천황의 권위 향상을 위해 일본의 전통문화인 신토를 국가가 조직적으로 개량한 것. 1945년에 일제가 패망하면서 중단되고 GHQ가 금지했으나 일본은 이를 민간종교법인으로 만들어서 유지했다.

를 두고 활동한다.

이들이 뭉치는 계기가 된 것은 아이러니하게도 전범 행위를 사죄하는 1993년의 고노 담화, 1995년의 무라야마 담화였다. 담화에서 나온 사죄, 반성에 기겁한 그들은 어떻게든 이를 무마할 계획을 세우려 한다. 이 상황에서 입지를 굳힌 사람이 극우 세력의 적통 격인 아베 신조 총리다.[88]

이후 그들은 꾸준히 세력을 불렸고 그 결과 현재 일본 국회의원(참의원, 중의원) 약 300명, 지방의회의원 약 1,600명이 일본회의 소속일 정도다. 게다가 아베 내각의 경우 무려 80%가 일본회의 멤버이니 현재 일본은 일본회의가 통치하는 나라라고 봐도 과언이 아닐 것이다.

홈페이지에 게재된 일본회의의 목표는 다음과 같다.

> 1) **아름다운 전통의 국민성을 내일의 일본에게**: 국민통합의 중심인 황실을 존경하고, 동포애를 함양한다.
> 2) **새로운 시대에 맞는 새로운 헌법을**: 우리나라 본래 특색에 바탕을 둔 '신헌법' 제정을 추진한다.
> 3) **국가의 명예와 국민의 생명을 지키는 정치를**: 독립국의 주권과 명예를 지키고, 국민의 안녕을 도모하는 정치 실현에 이바지한다.
> 4) **일본의 감성을 키우는 교육의 창조를**: 교육에서 일본의 전통적 감성을 되찾아 조국에 대한 자부심과 애정을 지닌 청소년을 육성한다.
> 5) **국가의 안전을 높이고 세계 평화에 기여를**: 일본은 스스로의 손으로 나라를 지킬 수 있어야 하며, 국제 평화에 이바지해야 한다.
> 6) **공생공영의 마음으로 이은 세계화의 우호를**: 일본의 정신문화를 바탕으로 세계 각국의 문화를 존중하며 우호 사업을 추진하겠다.

---

88 자세한 내용은 아오키 오사무(青木理)가 쓴 《일본회의의 정체(日本会議の正体)》를 참조.

이 이념들은 현재 일본회의의 목표인 패전 이전의 일본으로 돌아가기 위한 정책의 기본이며, 일본회의는 이를 위한 정책을 수행 중이다.

첫째, 참정권 제한이다. 현 일본 정부는 60만 규모인 재일한국인의 참정권을 인정하지 않고 있다. 이들은 현 일본의회가 점거한 정부의 방침에 절대 동의하지 않는다. 즉, 자신들에게 우호적인 유권자 세력이 아니기 때문이다. 오히려 일본회의는 반일 세력에 속하는 한국인, 중국인의 일괄 추방을 목표로 한다. 또한, 여성의 참정권도 폐지하기를 원한다. 여성 참정권 GHQ의 압력으로 만들어졌기 때문이다.

둘째, 덴노의 야스쿠니 신사 참배다. 일본회의는 그 중추가 신사본청이기 때문에 신토를 국가종교의 지위로 높이는 것은 그들의 이익과도 연결된다. 더불어 이를 통해 그들이 최종적으로 목표하는 바는 헌법에 있는 정경분리 항목을 지우는 것이다. 물론 아키히토 상황과 나루히토 덴노는 야스쿠니 신사 참배를 거부하고 있으나, 이것이 법으로 강제되면 아무리 덴노라 해도 따를 수밖에 없다.

셋째, 징병제 도입이다. 현재 자위대의 규모는 그들이 원하는 것에 못 미치며, 자위대의 안 좋은 이미지와 저출산으로 인해 이런 현상이 더욱 강해지고 있다. 때문에, 패전 이전처럼 징병제를 도입, 추진하겠다는 것이 일본회의의 뜻이다. 물론 자민당 내에서도 '현대전에선 그 정도 규모의 병력이 필요 없다'라는 의견을 내세우는 반대 세력이 있으나 소수의 목소리로만 그치고 있다.

넷째, 자신들이 원하는 방향으로 교과서를 편찬하는 것이다. 일본을 전범국으로 만드는 표현, 일본 정부의 잘못을 뜻하는 표현 등을 모두 삭제하며 독도와 쿠릴열도는 일본의 영토로 표기하는 교과서를 원하는 것이다. 즉, 일본회의의 목표는 대동아 공영권의 부활이고 실제로 2019년 9월 아소 다로 재무상 겸 부총리는 자위대 간부 초청 행사에서 '대동아전쟁'이라는 표현을 쓰기도 했다.

대동아 전쟁이란 대동아 공영권을 위해 일으킨 전쟁이란 의미로 대동아 공영권은 '제2차 세계 대전에 등장한 구미(歐美) 각국의 식민지 지배로부터 아시아 국가들을 해방하고 일본을 맹주로 하는 국제 질서를 건설하자'라는 내용이다. 즉 교과서 왜곡은 자신들이 벌인 전쟁의 명분을 되찾는 것, 자신들이 집권하는 정당성을 찾는 것과 연결된 것이다.

이 모든 것을 요약하자면 결국 패전 이전의 일본으로 돌아가려면 과거의 일본으로 돌아가야 하며, 이를 방해하는 모든 것과 싸워야 한다는 내용이다. 문제는 이 대상에는 주변 피해국, 한국이 들어가고 있다는 점이다. 이는 우호적인 한일관계에 큰 위협치 된다.

가장 위험한 것은 '역사 왜곡'이다. 다른 것이야 일본인 사회의 문제니 일본 유권자들이 원하는 대로 하면 되기 때문이다. 하지만 역사 왜곡이라면 문제가 다르다. 한 예로 일본의 현행 교과서에는 독도가 타국의 지배를 받은 적이 단 한 번도 없는 일본의 고유영토라고 나와 있다.

이런 역사를 배운 학생들이 자라나 국가를 움직이는 성인이 되면 과연 한국을 어떻게 대할까? 지금 일본의 애니메이션, 게임, 드라마엔 독도를 일본령으로 묘사하는 내용이나 한국을 조롱하는 은유가 많이 나타나고 있다.

문화는 사회적 인식을 바꾸는 힘을 갖고 있다. 이렇게 의식이 바뀐 젊은이들이 과연 역사 정상화, 국교 정상화에 귀를 기울이긴 할까? 오히려 되돌이킬 수 없는 사태가 일어날 수 있다.

한국에 우호적인 일본 정치가들이 독도는 일본 땅이지만 실효 지배를 인정해주자고 말하는 이유가 이 때문이다. 대중의 인식은 점점 한국인의 그것과 거리가 멀어질 수밖에 없고 잘못된 교육은 이렇게 대중의 상식마저 바꾼다. 또한 이대로 시간이 지나면 지날수록 합의점을 찾을 가능성은 점점 낮아질 수 밖에 없다.

덴노가 지닌 가능성

그러나 전쟁의 위협을 막을 수 있는 희망이 완전히 사라진 것은 아니다. 그 중심에는 덴노가 있다. 전쟁과 거리를 두려는 덴노는 전쟁이 가능한 국가를 꿈꾸는 일본회의의 근본임과 동시에 정치적 숙적이다.

1989년, 사망한 히로히토 덴노의 뒤를 이어 아키히토 덴노가 즉위했다. 그는 여러모로 아버지 히로히토 덴노와 일본의 중추가 된 자민당과 반대되는 행보를 보였는데 이는 어렸을 때의 경험 때문이라 여겨진다.

아키히토는 어렸을 때 부터 전쟁에 부정적이었다. 전쟁 중에는 가미카제 특공대에 대한 보고를 받고선 "그저 병력을 소모하는 것뿐 아닙니까."라고 바로 반격하기도 했을 정도다. 그런 사람이기에 이후 전범들이 모든 죄를 황가에 덮어씌우려 하자 최선을 다해 거리를 두었다. 예전처럼 전쟁을 위한 상징이 되어버리면 황가에 무슨 일이든 생기지 않을 것이란 보장이 없기 때문이었다.

다음은 2011년 아키히토 덴노가 자신의 생일에 했던 말이다.

"전쟁의 기억이 희미해지려 하는 오늘 일본이 지나온 역사를
반복해 배워서 평화를 생각하는 것은 지극히 중요하다."

아키히토는 덴노이기에 법적으로 정치 활동이나 정치적 발언을 할 수 없다. 그래서 그 범주에 들어가지 않는 한도 내에서 이런 식으로 권력 없는 정치를 하고 있다. 전쟁에 대한 '통석의 염'[89]을 말한 사람도, 또

'황실 모계에는 한국의 피가 흐르고 있다'[90]고 말한 사람도 바로 그다.

"제국 헌법 시대의 천황의 지위보다는, 현행 헌법 아래의 천황의 지위가 오랜 역사에서 볼 때 전통적인 천황의 지위에 맞다고 본다."

(2009년 4월, 결혼 50주년 기자회견에서)

"내가 오히려 걱정인 것은 과거 역사가 차츰차츰 잊혀지는 것이다. 전쟁에서 수많은 사람이 목숨을 잃었고 수많은 사람이 고생과 희생을 하였기에 지금의 일본이 세워졌음을 잊어선 안 된다. 전후 태어난 사람들에게 제대로 (역사를) 전달해 나가는 것은 국가 발전에 큰 도움이 된다."

(2009년 11월, 즉위 20주년 전일제에서)

패전 이후 일본 황가는 살아남기 위해 전쟁과 거리를 두어왔다. 이는 아키히토 덴노의 후계자인 나루히토 덴노도 마찬가지다.

2019년 10월 23일, 나루히토 덴노는 즉위식에서 '평화를 위한 헌법을 준수'하겠다고 밝혔다. 당연히 극우 세력은 이 발언을 불쾌히 여겼고, 현재까지 덴노와 극우 세력은 서로 신경전을 벌이고 있다. 2013년에 있었던 '주권 회복의 날' 행사에서 아키히토 덴노가 퇴장할 때 극우 세력이 "천황폐하 만세!"를 외치고, 2019년, 아들인 나루히토

89 1990년 노태우 당시 대통령이 방일했을 당시 아키히토 덴노는 '한국인이 겪었던 고통을 생각하면 통석의 염을 금할 수 없다'라고 언급했다. 이에 대해선 '자신의 정치적 한계 내에서 최대한의 사과를 했다'라는 견해와 '한국을 조롱한 것'이라는 의견으로 나뉜다.
90 정확히는 간무(桓武) 덴노의 생모가 백제 무령왕의 자손이라는 말이다. 당시 간무 덴노는 백제 무령왕을 정치적 카드로 활용, 황권을 강화했었다.

가 덴노로 즉위할 때 아베 총리가 "천황폐하 만세!"를 외친 것도 모두 아베 총리가 사전에 준비한 신경전이었다.

　지지율이 높은 황실과 극우 세력의 싸움이 우경화된 일본에서 어떤 결과를 나을지는 알 수 없다. 다만 나는 일본이라는 시스템화된 국가에 사는 사람들에게 시스템에 없는 것을 요구하지는 않았으면 좋겠다. '일왕이 사과하라'라고 요구해봐야 덴노에겐 사과할 법적 권한이 없고, 그렇기에 그런 요구는 오히려 덴노의 힘을 빼고 극우 세력의 기만 살려줄 뿐이기 때문이다.

　물론 일본에 혐한으로 장사하는 사람이 있듯 한국엔 혐일로 장사하는 이도 있으니 '일왕의 사죄'를 요구하는 목소리는 이어질 것이라 보이기도 한다. 하지만 이런 정치적인 수사보다는 상대의 상황이나 환경을 정확히 파악하고 대응해야 한국에게 이롭게 사태를 풀어나갈 수 있다. 이는 우리가 일본을 정확히 알아둬야 하는 이유이기도 하다.

10.
칼을 든 전쟁,
돈을 쥔 전쟁

'향후 5년간 한국과의 화해는 없다.'
이 5년의 의미는 무엇이고,
앞으로의 한일관계는 어떻게 될까?

일본인에게 전쟁이란

일본의 언론 매체 〈닛케이 아시안 리뷰(Nikkei Asian Review)〉의 2019년 10월 19일 자에 아베 총리가 '앞으로 향후 5년간 한국과의 국교 정상화는 없다'라고 말했다는 기사가 실렸다. 5년? 이게 무슨 뜻인가? 5년 뒤에는 한일국교 정상화가 일어난다는 뜻일까? 지금까지의 흐름을 볼 때 한국에게 좋은 방향으로 풀리진 않을 것이다. 설령 아베 총리가 물러나더라도 말이다.

일본의 재무장은 이미 아베 개인의 뜻이 아닌 일본 집권세력의 뜻이다. 2022년에 항공모함과 토마호크(Tomahawk) 미사일을 배치, 2023년에는 중기 방어력 정비가 마무리된다. 일본은 헌법 재해석을 통해 국외 작전의 수행 가능 능력을 키우고 있으며 국방비도 GDP 대비 1.3%로 올린 후 꾸준히 올리기 시작했다.

그간의 인류 역사를 살펴보면, 한 나라가 힘을 키운 후에 하는 일은 약한 나라를 굴복시키는 것이다. 아베 총리가 말한 5년 후는 일본의 병력증강이 마무리된 시점이므로 일본이 말하는 '정상화'는 한국인이 생각하는 정상이 아닌, '자국이 원하는 것을 이룰 수 있는 상황'으로 보는게 맞다.

국제관계에서 우리 편은 없다. 미국은 중국을 견제하기 위해, 중국은 한국이 미국에 붙는 것을 막기 위해, 일본은 자신들의 영향력을 더 키우기 위해 한국을 이용하려고 한다. 이는 한국이 까딱 실수하면 바로 위험해지는 상황이다. 그래서 한국은 이런 위험에서 벗어날 수 있도록 치밀하게 계획하고 행동할 필요가 있다.

2017년 유엔총회 참석차 미국을 방문했던 문재인 대통령이 트럼프 대통령과 아베 총리 바로 앞에서 '미국은 우리의 동맹이지만 일본은 아니다'라고 이야기한 것은 중국을 견제하기 위해 미국이 일본과 한국을 멋대로 엮는 것을 막기 위한 수였다. 하지만 일본이 이 정도 견제로 포기할 리가 만무하다. 외교전쟁은 이제부터 시작이다.

일본의 전쟁관?

일본의 노벨문학상 수상자 가와바타 야스나리(川端康成)는 '일본인은 세계를 자신의 의지대로 바꾸는 것보다 조화시키는 데 익숙하다'라고 말한 바 있다. 이 '조화'의 정체에 우리는 주목할 필요가 있다. 이때의 '조화'는 철저히 일본 입장의 조화이기 때문이다.

1940년 9월 27일 일본은 독일, 이탈리아와 삼국 동맹 조약을 맺는데, 이때 조약문에 **'세계 만방이 각자 알맞은 위치를 갖는 것이 항구적 평화의 길'**이라고 적었다. 이어 1941년 12월 7일, 일본은 미국의 진주만을 선전포고도 없이 기습한 후 다음과 같은 성명을 낸다.

전 세계 국가가 세계 사회에서 알맞은 위치를 가지는 것은 일본 고유의 정책이다.

앞서 말했듯 일본은 시스템을 만들고 구성원에게 각자의 역할을 부여하는 나라다. 이와 연결 지어 생각해보면 일본은 다른 나라와 교류를 할 때도 그 나라에 자신들을 맞추거나 합의점을 찾는 것이 아니라, (자국의 힘이 월등하다고 생각될 때) 자신들의 기준에 맞게 상대국을 바꾸려 했다.

실제로 그들은 국권을 잃은 조선에 민족말살정책을 취했다. 역사상 점령국을 가혹하게 통제하고, 국민을 차별한 제국주의 국가는 많아도 점령국의 문화, 사상까지 싹 뜯어내어 자국화시키다 못해 구성원의 이름까지 바꾸려고 했던 나라는 일본이 유일하다. 그리고 잘 생각해보면 일본은 지금까지도 한국을 이런 식으로 대해왔다.

선전포고는 1907년 헤이그 만국평화회의에서 성문화된 개념이다. 이 회의에서 제국주의 국가들은 무분별한 수탈을 멈추고 그 대신 열강들의 이익을 조율한 수탈을 하는 것에 동의했다. 하지만 일본은 이 회의에서 이에 동의했음에도 만주사변(1931), 중일전쟁(1937), 태평양전쟁(1941)에서 한 번도 선전포고를 한 적이 없다. 선전포고는 일본의 질서에 맞는 개념이 아니기 때문이다. **일본에게 있어 전쟁이란 타국을 자국의 질서에 맞추는 일련의 행위니 자기 룰대로만 하는 것이다.**

이런 역사적 사실로 미루어 볼 때, 아베 총리가 말했던 2024년의 '국교 정상화'는 아마도 동등한 양국이 화목하게 교류하는 상황이 아닐 가능성이 크다. 일본의 과거사를 돌아보면 압도적인 무력을 바탕으로 상대국을 자신들의 의도대로 움직이게 한다는 것이 더 합리적인 추측일 것이다. 그리고 가장 큰 피해국은 당연히 한국이 될 것이고 말이다.

한국은 일본의 히든카드?

일본 최초의 침공은 히미코(卑彌呼) 여왕[91]이 이끌던 야마타이국(邪馬台國)의 침공이었다. 232년에는 신라의 수도 금성을 왜가 포위한 적도 있었다. 하지만 역사적 의의(?)를 찾을 수 있는 침공은 1592년에 벌어진 임진왜란이다. 다음과 같이 이후 이어진 일본의 침략, 도발의 원칙이 임진왜란 안에 그대로 들어 있기 때문이다.

첫째, 대륙 침공을 위해 육상 기반을 확보하는 것이다. 임진왜란 때 도요토미 히데요시가 조선에 요구한 것은 '정명가도(征明假道)', 즉 명나라를 치러 갈 길을 달라는 것이었다. 제국주의 시대 때도 일본은 중국, 러시아에 진출하기 위한 대륙 기지가 필요했기에 가장 먼저 한 일도 제물포(인천)에 철도를 놓는 것이었다.

최근에는 북한에 특수한 상황이 발생할 시 미국, 중국, 러시아, 일본 등 4개국이 북한을 분할 점령한다는 시나리오가 발견되었다. 지금의 한반도는 사실상의 섬나라이지만, 대한민국과 북한의 국교가 정상화된다면 유라시아 대륙의 교역을 책임지는 기점으로 성장한다. 이 가능성을 일본도 이를 잘 알고 있기에 한반도에 주목하는 것이다.

또한, 일본의 군사적 가치, 영향력을 높이기 위해서도 한반도는 중요하다. 만약 한국이 성장하고 종전이 된다면 미국이 동아시아 패권을 위한 전초기지를 굳이 일본에 둘 필요가 없어지기에 일본은 한반도가 긴장 관계에 놓이기를 바라는 것이다. 그것이 자국을 국제외교 시장에서 비싸게 파는 방법이니 때문이다.

일본은 군사적, 경제적 주도권을 한국에 넘겨주지 않기 위해 필사적이다. 군사적인 경우로는 2019년 남북정상회담이 이뤄지자 일본은

---

91 고대 일본 야마타이국의 여왕으로 알려져 있는데 중국의 사서, 《삼국지》의 〈위서〉 동이전, 한국의 《삼국사기(三國史記)》의 '신라본기(新羅本紀)'에는 등장하는 데 반해 정작 일본에는 기록이 없다.

유엔사에 '전력 제공국(Force provider)'이 될 것을 제안한 것이며 경제적인 경우로는 한국의 부산과 일본의 사가(佐賀)현을 잇겠다며 제안한 한일 해저터널이 그것이다.

한국은 경제성이 없다는 이유를 들어 거부했지만 일본은 끈질기게 이를 요구하고 있다. 종전이 되어 남북한 간의 왕래가 자유로워지면 부산은 미국이 대륙으로 진출하기 위한 핵심무역항이 되지만, 해저터널이 있으면 미국은 굳이 부산까지 갈 필요 없이 사가현을 기점으로 삼아도 되기 때문이다. 또한 대륙 국가도 굳이 물류를 배로 실어나를 필요 없이 육상운송수단을 활용해서 일본으로 바로 보낼 수 있으므로 터널을 만들어서 육상 운송로를 확보하려는 것이다.

둘째, 국내 정치적 이슈를 해결하는 것이다. 도요토미 히데요시가 임진왜란을 일으킨 이유는 천민 출신인 자신이 지도자가 되어야 할, 전쟁을 통해 신하에게 영지를 제공할 의무가 있었기 때문이다. 제국주의 시대에는 메이지 정부가 집권할 이유를 위해 정한론을 내세웠다.

그리고 지금 일본 정부는 국내에서 터지는 각종 정부 비리, 전혀 성장하지 않으며 부채와 위험성만 커지는 일본경제를 살리기 위한 극약처방으로 긴장을 조성하고 있다. 이렇게 일본은 국민의 눈을 외부로 돌리려고 한다. 정상적인 국민이라면 아무리 정부가 싫어도 다른 국가와 갈등이 벌어지면 자국 편을 드니까.

셋째, 국내 경제의 문제를 해결하는 것이다. 일본의 성장기는 전쟁 이후에 도래한 경우가 많다. 서구 열강이 일본의 문을 강제로 열어젖힌 초기에는 면역력이 없는 경제 특성상 물가가 급등했지만 이후 제1차 세계 대전이 터지자 일본은 수입이 늘고 수출은 더 늘어나는 무역흑자국으로 발돋움했다.

그런 면에서 제1차 세계 대전은 일본에 큰 행운을 안겨줬다. 서양권이 유럽에서 치고받는 동안 일본은 동아시아의 이권을 독점할 수 있었기 때문이다. 일본은 영일동맹을 명분 삼아 참전하면서 열강에 들어섰고 열강들과 맺은 불평등조약에서 벗어날 수 있었다.

1935년 일본의 1인당 국민 소득은 미국의 12% 정도였다. 하지만 총인구수는 6위, GDP는 9위로 향후 성장할 수 있는 기반이 충분했다. 그러나 제1차 세계 대전이 끝나자 무역 적자국이 되어 성장의 길이 막혔고, 경제 대공황의 여파를 그대로 받아 경제도 무너졌다. 이를 해결하기 위해 일본 군부는 독단적으로 만주를 점령했다. 단 열강의 압박이 있어서 직접 지배할 수 없으니 만주국이라는 중국이 자체적으로 만든 것 같이 포장한 괴뢰정부가 되었다.

일본을 점령한 GHQ는 일본을 두 번 다시 전쟁을 일으킬 수 없는 낙농국으로 만들려 했다. 하지만 한국전쟁이 발발하자 낙농국은커녕, 전쟁 수행을 위해 일본에 천문학적인 투자를 했다. 이렇듯 일본은 전쟁을 통해 역사적 위기를 극복해왔다.

사람이 누구나 자신의 과거 성공방식에 집착하듯 국가도 그러하다. 그리고 일본에 있어선 침공이 곧 성공 공식이었다. 꼭 전쟁을 벌이진 않더라도 언제든 공격에 나설 수 있는 군대를 보유한다는 것은 그 자체만으로도 주변국에 훌륭한 압박이 된다.

일본이 거는 전쟁의 의도를 읽는 법

일본은 막대한 돈을 자국의 입지를 띄우는 데 사용한다. 국제기구에 막대한 후원금을 내는 것도 일본으로, 이는 강제징용의 산물인 군함도가 근대화 문화유산으로 등록되는 데 이바지했고, 한국과 중국이 함께 수집한 위안부 관련 증거자료가 일본의 거부 때문에 등록을 거부당하는데 한몫했다. 자신있게 수출규제를 한 이유기도 하다.

국제사회의 평화, 질서, 운영을 위해 만든 질서라도, 결국 국제관계는 냉정한 힘겨루기, 그 배경에 정의, 공정성보다는 돈과 영향력이 더 크게 작용한다는 것을 일본은 너무나 잘 알고 있다. 그리고 이런 형태의 모략은 일본의 주특기이기도 했다.

일본이 독도 소유권 문제를 국제사법재판소에 가져가자고 주장하는 이유도 여기 있다. 국제사회에 아군을 많이 만들고, 영향력을 키운 일본은 판정으로 가면 무조건 이길 수 있다고 생각하는 것이다. 또한, 일단 지더라도 분쟁할 수 있다는 선례를 만든다면 판결을 무시하고 지속해서 걸고넘어질 수도 있다.

실제로 일본은 후쿠시마산 수산물 관련으로 WTO 2차 제소에서 패소했음에도 인정할 수 없다고 버티면서 꾸준히 수산물 수입요구를 하고 있다. 일본은 포기하지 않는다. 그냥 끊임없이 걸고넘어진다고 생각하는 게 좋다. 이 책을 쓰게 된 동기인 '수출규제'는 이런 배경에서 일어난 사건이다.

하지만 수출규제는 결국 일본의 손해로 끝났다. 이는 일본 경제의 현주소를 보여주는 중요한 결과다.

일본의 경제 상황은 그리 좋지 않다. 워낙 이뤄 놓은 것이 많지만, 아무래도 30년이나 멈춰서 있다면 건강하다 보기엔 무리가 있다. 2019년 정보를 기준으로 보면 일본은 세계 3위의 명목 GDP, PPP 기준 세계 4위의 무역 규모 그리고 1억 이상의 견실한 내수 시장을 가진 경제 대국이다. 그 3위도 2011년 중국에 추월당한 결과로 그 전까지는 미국 다음가는 경제 대국이었다. 문제는 내실이다. **일본 기업들은 부자이지만, 일본이라는 국가와 일본의 국민들은 가난하다.**

경제정책이 올바르게 시행되었다면 일정 수준의 소득과 인프라가 갖춰진 뒤엔 수출과 함께 수입정책을 세웠을 것이다. 그래야 소비를 통해 시장이 성장하고, 사회구성원의 삶의 질이 같이 올라가기 때문이다. 하지만 일본의 경우엔 수치상의 성장에만 집중하는 바람에 수입이 제대로 이뤄지지 않았다.

이렇게 되자 가장 큰 타격을 받은 것이 문화다. 영국 등과 같이 계급, 계층이 남아있음에도 고급문화는 성장하지 못한 채 대중문화만이 발달한 것이다. 많은 일본 브랜드 중 세계적인 유명 상표는 꽤 있어도 세계 최고급 수준의 브랜드는 단 하나도 없는 이유다.

저출산과 높은 부채로 인한 문제도 크다. 일본의 GDP 대비 정부 부채 비율은 무려 약 250%로 세계 1위이며, 일본 국채의 규모도 이미 1,000조 엔을 돌파한 지 오래다. 글자로만 존재한다는 환상의 단위 경(京)을 실물경제에 등장시킨 나라가 바로 일본이다. 일본 정부는 이를 해결하기 위해 수많은 공적자금을 투입했으나, 인구가 늘지 않는데 부양책이 먹힐 리 없다. 이는 한국과 중국에 추월 당하는 원인이 되었다.

자연스럽게 일본 사회는 저출산 고령화의 길로 들어섰다. 이는 사실 전 세계의 선진국들이 공통으로 겪는 현상이지만, 일본은 특히나 그로 인한 사회부담이 한계에 다다른 듯하다. 코로나 19가 유행할 때 '노인들이 사라지면 우리의 부담이 줄어든다'라는 주장이 큰 지지를 얻은 것도 일본의 젊은 층이 지고 있는 부담이 상당하다는 인식 때문이다.

한국에 대한 일본의 수출규제 역시 일본의 반도체 소재 산업에 악영향을 끼쳤다. 발효 1년여가 지난 2020년 1/4분기 일본 반도체 업체의 현황은 그야말로 참혹했다. 불화수소(Hydrogen fluoride, 플루오린화 수소) 및 플루오린 폴리이미드(Pluolyn polyimide, 패널용 필름) 업체인 스미토모(住友), 가네카(カネカ), 쇼와덴코(昭和電工)의 주가는 각각 -28.2%, -25.68%, -14.51%로 내려앉은 것이다.

대체가 어려운 포토레지스트(photoresist, 감광액) 관련 기업은 성장세를 보였으나, 그나마 이것도 한국 시장을 잃을 것을 우려해 우회 수출을 묵인해줘서 나온 결과이며 2020년 1월, 듀폰(DUPONT)이 한국에 공장을 지으면서 앞으로 어찌 될지 알 수 없다.

이렇게 일본의 반도체 산업의 전망에 먹구름이 꼈다. 하지만 무엇보다 큰 손실은 국제사회에서 얻어야 할 신뢰라는 자산이었다.

한국 반도체 업체들의 임원들은 젊은 인력들이 신소재들을 발굴해내도 거들떠보지 않았다. 굳이 사고를 치고 싶진 않은 마음 때문이기도 했지만, 일본 회사들이 신뢰할 수 있는 이상적인 거래처였기 때문이다. 저렴한 가격에 좋은 품질의 제품을 안정적으로 공급해준 그들은 신뢰의 상징과도 같았다. 즉, 한국 회사들의 임원들은 회사의 안정을 중시했기에 그동안 일본산 소재에 의존했던 것이다. 그러나 신뢰는 무너지고 말았다. 심지어 다른 업계에 불똥이 튈 수도 있다는 것을 아베 정부는 몰랐던 것으로 보인다.

한 예로 2013년, 미쓰비시가 건조한 선령(船齡) 5년의 MOL컴포트호(컨테이너선)가 예멘 동해상에서 두 동강이 난 사건이 일어났다. 이후 자매선을 전수 조사한 결과 여섯 척 중 다섯 척이 이미 두 동강 나기 일보직전의 상태에 있었다. 결국 이 사건으로 일본은 영국에게서 빼앗은 조선 산업을 중국에 빼앗겼고, 미쓰비시 중공업의 매출은 현대중공업의 3분의 1 수준으로 추락했다.

수출규제 시행 뒤 반도체 소재 분야에서도 이와 마찬가지의 일이 벌어졌다. 일본 언론들은 한국에 대한 일본의 반도체 소재 수출 규모가 전체 무역 비중에서 차지하는 비중이 크지 않다고 말한다. 이는 사실이다.

그러나 일본의 수출규제는 그것을 지켜보는 세계 국가들에게 '일본은 언제든 무역을 정치로 이용할 수 있는 나라'라는 경고를 보내는 신호와도 같았다. 한국과의 무역 전쟁을 벌인 대가(代價)로 일본은 소재 산업에서의 신뢰라는 값진 자산까지 송두리째 날린 셈이다.

그러나 아베 총리에겐 상관없을 것이다. **일본 소재 산업의 손해일진 모르나 아베 총리에게는 이득이기 때문이다.**

첫째, 정치적인 이익이다. 아베 정부는 한국에 대한 혐한을 정권지지율의 유지 도구로 쓰고 있다. 따라서 혐한 논리에 금이 갈 만한 정책은 절대 취해선 안 된다. 외부의 적을 만들수록 지지율을 모으기는 편하지만, 외부의 적에게 밀리는 순간 그 반동은 커진다. 아베 총리 관점에서 이를 가만히 둔다는 것은 지지율을 넘어 극우 세력의 숙원사업인 개헌에도 악영향을 줄 수 있는 사건이었다. 그래서 강제징용 판결에 대한 수출규제라는 강경대응을 한 것이다. 강제징용 판결은 부당한 것이며 일본은 강한 국가이기에 한국의 부당 행위에 대해 벌 줄 수 있다는 점을 보여주려고 했고, 이로 인해 국민들이 한국이 외부의 적이라는 점을 강조하는데 성공했다.

둘째, 미쓰비시를 지킬 수 있었다. 일본에서 미쓰비시는 기업을 넘어 자국의 국익으로 인식되는 회사이며, '아베 신조 총리는 미쓰비시가 키운 사람'이라는 이야기가 나올 정도로 아베와 미쓰비시는 강한 유착 관계에 있다. 실제로 아베 총리의 형인 아베 히로노부(安倍寬信)는 미쓰비시 계열 자회사인 미쓰비시상사 패키징(三菱商事パッケージング)의 사장이다.

2019년에 내려진 한국 대법원 전원합의체의 강제징용 배상 판결은 미쓰비시에 악영향을 줄 수 있다. 판결대상은 신일본제철이지만 미쓰비시도 배상 판결에서 패소했음에도 버티고 있는 처지였기 때문이다.

일본은 이런 배상에서 '경제성'을 가장 중시한다. 한 예로 예전 중국의 일부 지역에서 강제징용 배상 판결이 나자 일본은 즉시 보상해줬다. 괜히 버티다가 자칫 중국인의 민족성을 자극해 중국 전역에서 소송이 일어난다면 중국과는 침략배상에 관한 협정도 안 한 상황이라 천문학적인 배상액을 내야 하고, 국가배상으로 불똥이 튈 수도 있었기 때문이다.

한국의 강제징용 판결에 대해서도 마찬가지다. 현재 진행 중인 강제징용 소송의 원고(原告) 규모는 15만이다. 하지만 행정안전부 국가기록원의 일제강점기 피해자 명부에 적힌 강제징용 피해자는 48만 693명에 이르고, 때를 놓치거나 사실 자체를 몰라 신고하지 못한 이들까지 감안하여 '일제 강제징용 피해자 지원재단'이 추산한 배상대상은 23만 명 정도다. 48만 명과 비교하면 절반 정도로 줄어든 셈이지만 1인당 1억 원으로 계산해도 총 배상금 규모는 20조 원을 훌쩍 넘는다.

그뿐만 아니라 강제징용 과정에서 얻은 질병, 가혹 행위로 인한 신체 및 정신적 피해, 원폭으로 인한 피폭 피해까지 배상 내용에 포함되면 총 배상금 액수는 눈덩이처럼 불어난다.

항간에는 '미쓰비시는 차라리 배상금을 지급함으로써 강제징용과 관련된 이슈는 이제 털어버리고 싶어 한다'는 루머도 있다. 하지만 현실적으로 미쓰비시는 그 비용을 감당할 수 없으며, 일본 정부도 이를 원하지 않는다.

일본의 진정한 악몽은 한국이 이 배상을 받아냈을 때 시작된다. 예전에 일본을 대상으로 중국 내의 강제징용 피해자들이 소송을 제기했을 때의 원고 규모는 3,700명으로 작은 편이었다. 1인당 1,700만 원을 배상하라는 판결이었으니 금액도 그리 부담스럽지 않은, 중국시장을 위한 투자금이라 여겨도 좋을 수준이었다.

하지만 한국의 강제징용 피해자들에게 일본이 배상금을 지급한다면 무슨 일이 일어날까? 이 소식이 세계 각국에 퍼지면 세계 평화를 위해 힘쓴다는 일본의 위신은 어떻게 될까? 다른 피해국의 국민들은 무슨 반응을 보일까?

중국의 강제징용 피해자 수는 4,800만 명으로 추산된다.[92] 중국 정부야 일본과의 관계를 생각해 당장 국가청구권 소송은 안 하겠지만 굳이 개인청구권 소송까지 막진 않을 것이다. 그렇다. 만약 한국이 배상을 받는다면 중국 등도 참여할 가능성이 높다.

3,700여 명이 제기했던 이전 소송에서의 배상액이 1,700만 원이었으니 4,800만 명이라면 816조 원, 74억 엔이다. 그나마 한국과는 청구권 협정이라도 맺었지만, 중국과는 그런 것도 없다. 또한, 북한에 대한 제재가 풀리면 북한에 있는 강제징용 피해자들은 물론 북한과 청구권 협상을 해야 할 판이다.

일본은 이런 소송의 연쇄를 막고 싶었다. 그래서 예전 정권처럼 한국이 이를 무마해 줄 것으로 생각했다. 하지만 2019년에 한국의 정권을 잡은 이들은 일본의 말을 빌리면 '민주화 항쟁을 하던 세력'으로 절대 일본의 뜻대로 움직일 사람들이 아니었다. 따라서 한국정부는 일본과 정면으로 맞서 싸웠고, 일본은 한국정부에게 수출규제라는 경제악화로 지지율을 잃고 싶지 않다면 알아서 숙이라는 경고장을 날린 것이다. 이렇게 아베 총리는 자국의 경제는 물론 국가적 기업이자 아베와 유착 관계에 있는 미쓰비시, 나아가 전법을 보호할 수 있었다. 이렇듯 일본 경제라는 거인은 여러모로 병 들어 있었으며 이것이 수출규제로 인해 실체를 드러낸 것이다.

92　이 수치는 일본 미쓰비시의 사보에도 등장하지만 정작 중국 정부의 추산 기록에는 없다.

되로 주고 말로 받다

'팃포탯(Tit-for-Tat: TFT)'이라는 전략이 있다. 기본적으로는 협력하되 상대가 배신하면 그것을 강하게 응징해서 손해를 보게 하고, 다시 협력하면 이익을 주는 전략이다.

제아무리 이리저리 포장한다 해도 인간 역사의 본질은 남의 이익을 빼앗는 것인지라, 역사상 이것만큼 잘 먹히는 전략은 나오지 않는다. 그리고 **한국에 대한 수출규제는 팃포탯이 일본에 굉장히 잘 먹히는 전략임을 말해준다.**

이 게임에는 사실 실천하기 어려운 필승법이 있다. 바로 원칙을 갖고 선량하게 행동하는 것이다. 교활한 행동을 하면 당장은 이익을 거둘 수 있겠으나, 선량한 행동을 하면 같은 선량한 집단과 협력이 잘되어 나중에는 더 큰 이익이 돌아온다. 또한, 원칙을 갖고 행동하면 상대가 패턴을 읽기 쉽다. 즉, 당신을 화나게 하지 않게 하는 법을 상대가 이해하게 된다는 것이다. 당신이 강한 것을 알면 얌전해진다는 뜻이다.

한국은 일본의 수출규제에 대해 지소미아 종료, 세계무역기구(WTO) 제소라는 카드로 대응했다. 지소미아의 경우는 일본이 우리를 군사적으로 신뢰할 수 없는 나라라 했으니 우리도 그에 맞춰 행동할 수밖에 없다는 의사 표현이며, WTO 제소는 정치적 문제를 무역문제로 끌고 온 일본에 대한 정당한 행동이었다. 이런 상황에서 일본이 무엇을 할 수 있을까?

정답은 아무것도 할 수 없었다. 이렇게 밀렸을 때 쓸 카드조차 없이 싸움을 걸었기 때문이다. 결국, 이를 해결하기 위해 나선 것은 동아시아 패권을 위한 교두보를 잃을 수 없었던 미국의 압박이었다. 하지만 이것도 오래가지 못했다. 한국은 유예기간을 줬음에도 수출규제를 철회하지 않는 일본에 대한 WTO 제소를 재개한다. 한국과 일본이 잘 지

내야 유리한 미국은 '일본의 한국 수출규제는 안보 조치'라며 일본에 힘을 실어준다. 한 국가의 아집이 국제적 규모의 패권싸움으로 변모하는 순간이다.

그나마 다행인 것은 일본이 너무 우리를 얕봤다는 것이다. 만약 이것이 일본 특유의 잘 설계된 시나리오였다면 일본이 자국의 영향력을 십분 활용해 유리한 상황으로 만들 수 있었을 것이기 때문이다. 하지만 일본의 계획은 급조된 것이었고, 그 바람에 일본은 이를 정치문제로 끌고 가는 실수를 저질렀다. 일본은 한국이 신뢰를 배신했다고 외치지만 정작 한국정부는 국가배상을 청구한 게 아니라 개인 배상에 관여하지 않은 것일 뿐, 1965년의 한일청구권협정을 지금도 충실히 이행하고 있다.

즉, 강제징용 판결은 민사적 사안인데 일본은 이를 국가문제로 끌고 들어간 것이다. 나중에 이를 깨닫고 한국이 북한에 수출규제 품목을 불법 수출해서 규제한 것이라는 논리를 세웠지만, 일본은 이를 증명하긴커녕 오히려 자신들이 밀수출했음이 드러나고 말았다.

이 싸움의 과정은 우리에게 두 가지 교훈을 준다. 하나는 **일본과 싸움은 무력만이 아니라 정치적으로도 일어난다**는 것이고, 다른 하나는 **정치싸움에서는 반드시 원리원칙을 지켜서 명분을 지켜야 한다**는 것이다.

일본은 역사를 자긍심을 키우기 위한 도구로만 쓰는 탓인지 역사에서 뭔가를 배우는 데 서툴다. 그래서 역사 속 실수를 극복하지 못하고, 자신들의 질서를 강요하는 것에만 관심이 있기 때문인지 다른 대상을 잘 이해하지 못한다.

이는 역사상 여러 사례로 드러난다. 1937년 난징대학살[93]은 엄청난

---

93 일본은 이를 축소하기 위해 난징사건(南京事件)으로 바꿔 부른다. 현재는 'Documents of Nanjing Massacre'라는 이름으로 관련 기록물이 세계기록유산에 등재되어 있다.

규모의 학살로 중국인의 기를 꺾기 위한 일본의 작전이었으나, 중국인은 일본의 예상과 달리 오히려 분노하며 단결했다.

진주만 폭격은 미국에게 일본의 힘을 알려, 군수규제를 풀게 하려는 것이 의도였다. 하지만 선전포고도 없는 기습작전에 분노한 미국 사회는 반전 분위기에서 전쟁을 부추기는 분위기로 바뀌었다. 덕분에 미국은 한마음 한뜻이 되어 군수물자 생산, 개발에 힘을 쏟을 수 있었고, 진주만 폭격은 오늘날 미국이 세계 1위의 군사 대국으로 자리 잡는 계기가 되었다.

한국과도 이와 마찬가지다. 일본이 기대하던 그림은 소재의 수출을 막으면 경제가 무너질까 겁을 먹고 강제징용 판결을 권력으로 압박해서 배상 이슈를 무마하는 것이었다. 하지만 한국인은 장수가 무너지면 그 장수의 칼을 들고 싸우는 민족이다. 하지만 상대의 입장에서 생각할 줄 몰랐던 일본은 이를 이해하지 못했던 듯 하다.

일본의 실수, 일본의 약점

게다가 일본은 싸움의 방법을 잘못 택했다. 자원의 성질을 제대로 파악하지 못했기 때문이다. 한국에 대한 일본의 반도체 소재 규제는 2010년 중국의 희토류 규제로 인해 일본이 백기를 들었던 사례를 응용한 것이었다. 그러나 안타깝게도 희토류는 자연이 만든 자원이기에 얻고 싶다 해서 얻을 수 있는 것이 아니다. 그러나 반도체 소재는 산업자원, 즉 천연자원을 가공할 수 있는 기술을 가졌다면 누구나 만들 수 있는 자원이다. 한국이 일본의 산업자원에 의존한 이유는 가격 대비 성능이 뛰어났고 공급이 안정적이었기 때문이지, 일본만이 만들 수 있는 것이라서가 아니었다. 일본이 이 싸움에서 진 이유는 산업자원과 천연자원의 차이를 몰랐기 때문이다.

물론 일본의 소재는 뛰어나다. 하지만 이 차이가 어떻게 발생한 것인지를 생각해보면 이런 전략을 취하면 안됐다. 일본업체의 소재를 받아 사용하는 상황에서 한국의 A사가 동일 소재의 개발에 성공한다면 어떤 상황이 벌어질까? 일본업체는 납품가를 확 낮춰 공급할 것이고, 그럼 A사는 아무리 영업망을 개척하고 대량생산을 해도 채산성을 맞추지 못해 무너지고 만다. 이렇게 A사의 가능성이 사라지면 일본은 다시 올린다. 그간 일본의 소재 산업의 경쟁력은 이렇게 경쟁자를 제거하면서 형성되어왔다.

그런데 이런 식으로 대체재가 있는 상황임에도 공급을 중단해 버리면 소재를 구매하는 한국 업체는 A사를 거래처로 고려하거나 아예 직접 개발해버린다. 결과적으로 일본은 자신들이 만든 올가미를 스스로 박살낸 것이다. 반도체 소재 수출에 대한 일본의 규제 이후 저렴한 가격과 안정적인 공급에 안주하는 것이 불가능해진 한국은 벨기에나 미국 등으로 수입국의 다변화를 추진했다. 그러자 오히려 다급해진 것은 일본이다. 자칫하면 최대 고객을 빼앗길 수도 있다는 압박을 느낀 일본은 자국 반도체기업의 국외지사가 한국에 해당 소재를 우회 수출하는 것도 묵인해줬다.

그러나 이번 사태를 통해 한국은 '우리는 뛰어난 소재를 만들 수 없다'라는 사실에 안주하면 안된다는 사실을 깨달았다. 이에 삼성, SK는 해외 공급망을 다변화하여 여유를 만든 후, 자체적인 소재를 개발할 시간을 벌게 되었다.

수출규제를 통해 얻은 것도 없는 와중에 일본엔 더 큰 문제가 생겼다. 바로 한국에서 일어난 일본 제품의 불매운동이다. 1919년 당시 인구의 25%에 해당하는 250만 명이 만세운동에 뛰어들었던 것처럼, 2019년의 한국인들은 SNS로 서로 소통하며 조직적인 불매운동을 시작했다.

만약 일본이 이런 상황에서 가만히 있었다면 불매운동은 해를 넘기지 못했을지도 모른다. 하지만 그들은 끝내 분위기를 못 읽고 한국을 대놓고 도발했다. 세계적인 의류 브랜드 유니클로(UNIQLO)의 CFO[94]인 오카자키 다케시(岡崎健)는 "한국에서 불매 움직임이 판매에 일정한 영향을 주고 있다"라고 말한 후 "그러나 그 영향이 장기적으로 계속될 것이라고는 생각하지 않는다"라는 발언을 했다. 이 말이 한국인들의 분노를 자극해 본격적으로 유니클로 불매운동이 일어나자 유니클로 한국지사는 '주주들이 모인 자리에서 불매운동이 계속될 것이라 이야기할 순 없지 않은가'라 항변했다. 그러나 소비자들은 이를 두고 변명이라 일축하며 '그런 이야기를 언론사들을 모아놓고 공개적으로 하는 것 자체가 도발'이라고 응수했다. 유니클로의 행태를 일본식 이야가라세(嫌がらせ)[95]로 본 것이다.

여파는 놀라웠다. 불매운동으로부터 약 3개월이 지난 2019년 10월 30일, 더불어민주당 박광온 의원이 국내 8개 카드사로부터 받은 신용카드 매출액 자료를 분석한 결과 유니클로의 2019년 9월 매출은 전년 동기의 257억 원보다 67%나 감소했다. 이를 만회하기 위해 주력 상품이 출시되는 환절기 시즌에 최대 50%를 할인하는 특별 판매를 벌였지만, 매출은 많이 늘어나지 않았다. 이렇게 세계 시장에서 5.3%나 차지하는 중요 시장, 투자 대비 판매량이 높은 우량 시장에 빨간 불이 켜졌다.

---

[94] 최고재무관리자(Chief Financial Officer)로 돈의 흐름에 관해 가장 강력한 권한을 지닌 임원, 즉 임원 중에서도 강한 실권을 쥔 요직이다.

[95] 상대에게 빌미를 잡히지 않는 선에서 교묘하게 빠져나갈 구멍을 만들어놓고 조롱하는 괴롭힘 문화.

이 여파는 오래갔다. 유니클로의 후속 브랜드로 준비하던 GU는 수출규제로부터 1년이 지난 2020년 8월을 기점으로 한국에서 완전히 철수했고, 유니클로의 경우는 매장계약이 종료되는 대로 폐점 중이다. 심지어 코로나 19로 마스크가 부족한 상황에서 마스크를 만들어 팔아도 시장반응이 없을 정도니 유니클로에 대한 소비자의 행동 패턴은 이미 변했다고 볼 수 있다.

이런 '이야가라세'는 일본업체들의 자폭과도 같았다. 유니클로뿐 아니라 한국국민을 어떤 식으로든 도발한 기업들만이 1년 넘게 불매운동의 영향을 받는 이유다.

일본 맥주에 대한 불매운동은 경우 일본의 방송인이자 작가인 다케다 쓰네야스(竹田恒泰)가 '일본이 맥주 수출을 금지하면 한국은 큰일 날 것'이라는 발언을 도화선으로 하여 일어났다.

더불어 일본 관광 불매운동이 한국에서 시작되자 그는 또다시 방송에서 '한국의 불매운동은 겉핥기다, 그들은 지금도 내가 운영하는 라면집에 잘 온다'라며 비웃었다. 그러자 한국인들은 그 식당 역시 불매운동 대상에 포함했다.

일본의 고노 다로(河野太郎) 당시 외무상의 발언에서 시작된, 일본 여행에 대한 한국의 불매운동에서도 이 전략은 잘 먹혔다. 후쿠시마산 식료품에 관한 WTO 제소에서 한국이 승리하자 고노 외무상은 "수입금지는 별 의미 없다. 연간 750만 명(한국 관광객)이 일본에서 먹어주기 때문이다."라고 발언했다. '한국인 관광객들이 일본까지 찾아와 방사능 음식을 먹는 것이 현실인데 굳이 수입금지를 해도 의미가 없다'는 식의 도발은 여행 불매에 불을 지폈다.

고노 외상은 '일본 관광'이라는 국가적 주력상품과 '방사능'이라는 부정적 키워드를 한데 엮어버리는 전대미문의 마케팅을 해버렸다. 회사에서 직원이 이런 일을 저지르면 곧바로 징계를 받거나 심할 경우 해고될 수도 있는 이 엉터리 마케팅에 한국인들은 대규모 불매운동으로 대응했다.

2019년 10월 27일에 방영된 KBS '일요진단'에 따르면 불매운동에 참여한 한국인은 전체의 무려 82%에 달했다. 인기 여행지였던 오사카 방문객은 20% 감소하는 데 그쳤지만, 규슈(九州)는 약 90%나 줄어들었으며 아베 정권의 심장부인 후쿠오카(福岡)는 단체 관광객 0명의 위엄을 달성했다. 이런 추세가 2020년 2월에 시행된 일본의 일방적인 한국인 비자 중단, 코로나 19로 인한 여행수요 감소로 인해 점검 강해지고 있다.

반면 불매운동에 타격을 받지 않은 기업들도 있었다. 한국에 대한 '이야가라세' 없이 본업에만 충실했던 기업들이다. 이런 관점에서 보면 한국의 불매운동은 **한국을 공격한 상대만 골라 반격함으로써 확실한 메시지를 전달하고 명분도 지킨, 한마디로 멋진 전략이었다.**

일본의 여러 가지 요소가 독점 혹은 압도적인 경쟁력이 있다면 모를까 이렇게 한 번 무너진 선호도를 되돌리기는 힘들다. 그동안 쏟아부은 마케팅비용과 시간을 생각하면 스스로 천문학적인 자산을 스스로 차버린 셈이다.

개인적으로 나는 이러한 불매운동에 찬성한다. 일본 기업에 악감정이 있어서가 아니라, 받은 만큼 갚아주는 방식으로 대응함으로써 또 다른 공격을 방지할 수 있는 팃포탯 전략이 일본에는 잘 먹힌다고 생각하기 때문이다. 그리고 우리가 일본의 위협에서 벗어나서 대등한 교류를 할 수 있는 비결도 여기에 있다.

11.
일본 최대의 약점을
둘러싼 싸움

자민당 1당 국가라 불리는 일본이라도 정치의 근본에는 민심이 있다.
후쿠시마는 일본 모든 정권 최대의 약점이며
극복할 수 없는 약점이기도 하다.

일본의 운명, 일본 최대의 약점

2011년 3월 11일, 태평양 동북부에서 발생한 대지진의 여파로 도쿄전력의 후쿠시마 제1 원자력 발전소가 노심용융(爐心鎔融, 냉각이 불충분하거나 출력문제로 노심이 고열에 녹아내리는 현상) 되면서 발전소 내부에 있던 방사능이 유출되는 엄청난 사고가 일어났다. 국제원자력기구(IAEA) 및 경제협력개발기구(OECD)가 정립한 기준인 '국제 원자력 사고 및 고장 등급(INES)'에 따르면 이 사고는 최악의 레벨인 7을 기록했다.

한국은 옆 나라에서 이런 사고가 일어났다는 것은 물론 이와 관련된 여러 사안에서 일본과 얽힐 수밖에 없다는 점이 더 골치가 아프다. 한일 양국은 지리적으로 가깝고 교류도 많았으며, 이미 한쪽이 다른 한쪽에 특혜를 베푸는 단계를 지나 서로 긴밀하게 영향을 주는 상황에 있다. 한국에 식료품을 수출할 수 있어야 경영 유지가 가능한 일본 기업이 적지 않다는 것이 한 예다.

그러나 더 큰 문제는 바로 환경이다.

2019년 국제환경단체인 그린피스(Greenpeace)는 일본 정부가 원전을 냉각하는 과정에서 나온 오염된 냉각수를 태평양에 특별한 처리 없이 방류할 것이라는 계획을 폭로한다. 지금까지는 탄소강으로 만든 특수탱크에 보관하고 있었는데 이 탱크의 용량이 포화상태에 달했다는 것이다. 기술적으로 해결할 수 있다는 확신이 없는 상황에서 유일한 방법은 탱크를 계속 늘려나가거나, 오염 냉각수를 완벽히 정화하여 방류하는 것이다. 하지만 양쪽 다 천문학적인 돈이 들어간다.

그렇다면 체르노빌처럼 완전히 봉인하는 것은 어떨까? 그 역시 쉽지 않다. 2019년 4월의 일본 정부 발표에 의하면 '(피폭에 의한) 귀환 곤란 지역'의 면적은 약 $330km^2$(약 1억 평)에 달한다고 한다. 서울시의 면적이 1억 8,300만여 평이니 그 절반을 넘는 공간이 피폭된 셈이다. 그리고 이 상황은 현재 진행형이다.

1986년에 있었던 체르노빌 원전사고도 아직 완벽히 수습되지 않아 지금도 해당 지역 출입 시엔 반드시 방호복을 착용해야 한다. 1957년 영국에서 일어난 윈드스케일 화재사고(Windscale fire)[96]는 무려 60년 넘게 복구 중이다. 그만큼 원전사고는 한 번 발생하면 언제까지 시달릴지 알 수 없는 재앙이다.

이에 일본은 근본적인 문제에서 눈을 돌리는 방법을 선택했다. 일본만이 특별한 것은 아니다. 상당수의 사람이 알고 있는 것과 달리 소련은 초기에 체르노빌 원전사고를 은폐하려 했다. 아니, 소련뿐 아니라 대부분 국가는 핵으로 인한 부작용을 은폐하고 이를 경제적으로 활용하는 데만, 정권 유지에만 급급했던 것이 사실이다.

96　1957년 10월 10일 일어난 영국 역사 최악의 원자력 사고로써 원자로 가동 중 피폭된 감속재에 불이 붙으면서 방사능을 함유한 연기가 외부로 유출된 사건이다. INES 5등급을 받았으며 이로 인한 피해는 아직 수습되지 않고 있다.

어느 나라라도 원전사고는 경제에, 그리고 정권에 큰 영향을 준다. 그러니 일본이 원전사고를 은폐하려 하는 것은 역사적으로 볼 때 특이한 일이 아니다. 문제는 그 영향이 일본뿐 아닌 한국에까지 영향을 끼칠 수 있다는 것이다. 그들은 몰래 원전 및 지하수를 바다에 버려왔으며 그것도 모자라 오염수 처리비용을 아끼기 위해 정화도 안 한 채 바다에 방류하려 하고 있으니 말이다. 아니 이미 원전 밑 지하수는 몰래 버리고 있었음이 아사히 신문의 취재로 드러나고 말았다. 사태는 상상 이상으로 심각하다.

자민당, 권력을 되찾다

2009년 선거는 아소 다로 내각, 자민당에게 악몽이었다. 이전 선거에서 내걸었던 공약들을 집권 뒤 수시로 어긴 것이, 2008년 경제성장이 -12%를 기록하는 바람에 걷잡을 수 없이 불거졌다. 지지율은 8%대까지 추락했고 아소 다로(麻生太郞) 내각은 유권자의 심판을 받았다. 정적(政敵)인 민주당이 전후 일본 국회에서 최대 의석인 308석을 얻은 반면 자민당은 고작 118석에 그친 것이다. 패전 후 처음으로 2당(한국의 야당)으로 굴러떨어진 것도 모자라 상대 당이 과반수의 권력[97]을 지니게 된 위기였다.

이 선거의 승리로 93대 총리에 취임한 인물은 민주당 당수인 하토야마 유키오(鳩山由紀夫)였다. 그는 영토분쟁 및 과거사에 관한 개념 있는 행보로 한국과 중국, 러시아의 호감을 사는 데 성공했지만, 역으로 일본 보수층의 미움을 받고 뚜렷한 정치적 성과가 없다는 점까지 겹쳐 결국 총리에서 사임하고 말았다.

---

97   일본의 헌법 개정 의석 정족수는 310석이다.

그 뒤를 이어 제94대 총리에 취임한 것이 바로 간 나오토다. 그는 세습이 아닌 평범한 중산층 출신이라는 점, 역대 총리 중 가장 적은 재산을 보유한 인물이라는 점 등으로 국민의 호감을 얻었다. 정권 초기에 여러 스캔들이 있었지만, 그의 지위에 큰 영향을 주진 못했고 소비세를 인상하는 등 각종 경제공약을 어겨 지지율은 감소했지만, 그에 따른 부작용이 정권을 흔들 정도는 아니었다. 하지만 후쿠시마 원전사고는 달랐다. 경제, 안전 문제만큼은 민감히 반응하는 일본인의 민심을 뒤흔들어버린 것이다.

2010년 3월 11일, 간 나오토 총리는 TV로 CNN 뉴스를 시청하던 중 이상한 장면을 보게 된다. 후쿠시마 원전 1호기에서 연기가 치솟고 있는 것이었다. 그렇다. 이 사고는 국가의 수장에게까지 은폐된 것이다.

범인은 언론과 정부 라인 등 전 방위를 통해 영향력을 휘두르며 사고를 은폐한 도쿄전력이었다. 간 총리는 도쿄전력을 추궁했으나 그들은 일본인 특유의 말 돌리기를 통한 책임 회피로도 모자라 나중엔 그런 발언을 했던 책임까지도 외면하려는 태도를 보인다. 이에 격분한 총리는 결국 15일 후쿠시마를 직접 찾아 지휘부를 만들어 사태를 수습하기로 했다.

하지만 일은 쉽지 않았다. 민영화된 도쿄전력은 책임은 무시한 채 철저히 기업의 이익만을 위해 움직였다. 총리가 바닷물을 부어 원전을 강제로 식힐 것을 지시했지만 도쿄전력은 개당 5조 원이라는 막대한 돈이 들어간 원전을 망가뜨릴 수 없기에 이에 따르지 않았다. 도쿄전력을 없애버리겠다는 총리의 경고까지 듣고 나서야 바닷물을 붓긴 했으나 때는 이미 늦었다. 방사능 수치는 점점 올라갔고 상황이 위험해지자 도쿄전력은 매뉴얼을 핑계로 전원철수를 시도했다.

아마 총리가 도쿄전력을 문 닫게 하겠다고 말하지 않았으면 정말 그대로 철수했을지도 모른다.

간 총리의 이런 노력 덕에 일본의 시스템으론 막을 수 없던 재해가 그나마 통제될 수 있었다. 간 나오토 총리가 일본을 구한 것이다. 2012년 2월 27일의 후쿠시마 원전사고 독립검증위원회는 '간 나오토 총리는 많은 실수를 저질렀지만, 도쿄전력으로 쳐들어가 포기하지 말라고 요구함으로써 일본을 살린 공이 있다.'라는 조사 결과를 발표하기도 했다. 하지만 일본은 간 총리의 편이 아니었다. 도쿄전력은 막대한 로비력을 바탕으로 '간 나오토 총리가 해수투입을 반대하는 바람에 수습 시기를 놓쳤다'라는 등의 거짓 정보를 뿌렸고, 언론은 이 최대 광고주의 의향을 받들어 이런 정보를 앵무새처럼 퍼트렸다.[98]

이에 일본 국민은 원전문제를 해결하기는커녕 서로 싸움만 벌이는 정치권과 정부를 원망했다. 이렇게 지지율이 흔들리자 간 총리는 치명적인 실수를 한다. 정권 유지를 위해 원전문제를 축소하고 방사능 수치를 왜곡해서 사태를 수습하려 한 것이다.

2011년 5월 21일, 간 나오토 정권이 사전에 고지 없이 한국의 이명박 대통령, 중국의 원자바오(溫家寶) 총리를 센다이에 초대한 후 후쿠시마 산 오이를 먹인 것이 그 일환 중 하나다. 양국 정상의 시식을 통해 후쿠시마산 식품의 안정성을 증명하려고 했던 것이다. 하지만 이런 무리수에도 불구하고 일본 국민의 불만은 사그라지지 않았다. 잇단 실정에 대한 불만, 위기에 빠진 경제는 다시 정권이 자민당에 넘어가는 계기가 되었다.

선거결과는 국민의 분노가 어느 정도였는지 말해준다. 좀처럼 무너지지 않던 지지율은 크게 망가졌고 이후 10여 년이 지나도 제1 야당

---

[98] 2013년 독일에서 만들어진 다큐멘터리 '후쿠시마의 거짓말(Die Fukushima Lüge)'은 간 나오토 총리를 끌어내리기 위해 도쿄전력이 대규모의 자금을 투입했다는 증언을 바탕으로 구성되었다.

의 역할조차 못 할 상황까지 만들었다. 자민당은 4년 전 중의원 선거결과의 2배에 달하는 293석의 표를 얻었다. 연립정당인 공명당의 31석을 포함 325석, 기타 보수정당의 의석까지 합하면 총 의석이 무려 401석이나 되는 거대보수당의 등장해버린 것이다. 이것이 원전 사태에 대한 분노의 목소리였다.

자연스럽게 자민당, 집권한 아베 내각이 갈 길은 하나밖에 없었다. 전 정권을 반면교사 삼아 후쿠시마 문제를 정권 유지에 중점을 두고 다루는 것이다.

간 나오토의 민주당 내각이 그리 정치를 그리 잘하지 못했음에도 자민당에 실망한 국민들은 60%의 지지율로 화답했다. 그런데 그것이 원전 하나만으로 무너졌다. 시스템의 나라에서 안전하게 살 수 있는 시스템이 무너졌다는 것은 그만큼 큰 사건이었다.

아마 처음에는 아베 정권도 진정하게 해결할 의지를 보였을 것으로 생각한다. 하지만 로봇마저 방사능에 망가지는 바람에 내부 상황도 알 수 없는 판에 해결 방법 같은 것이 나올 리 없다.

결국, 그들은 쉽지만 걸어서는 안 될 길을 걷기 시작했다. '원전문제는 해결했고 후쿠시마는 안전하다'라는 결과를 미리 정한 뒤 모든 과정을 이에 끼워 맞추기로 하며 정보를 통제하기 시작한 것이다.

일본 정치의 방향성 그리고 도호쿠

정보통제는 일본만 하는 것이 아니다. 도덕적 기준이 무너진 지도자들은 안정적인 통치를 위해, 또 국민을 흥분시키지 않기 위해 정보를 통제한다. 하지만 일본의 후쿠시마 정책은 그렇게 처리해야 할 사안이 아니라는 점에서 큰 문제가 된다. 특히 일본 사회에선 더욱 그러한데, 이를 이해하려면 일본의 지역 정치에 관해 이해해야 한다.

현재 피폭된 곳은 원전이 있던 후쿠시마뿐만 아니라 아오모리(青森), 이와테(岩手), 미야기(宮城), 아키타(秋田), 야마가타(山形) 등 다른 도후쿠(東北) 지역도 포함된다. 그 면적은 전 일본의 30% 수준이지만 지리적으로나 역사적으로나 변방에 가까웠고 지금도 센다이(仙台) 이외에는 낙후되었다고 봐도 좋다. 후쿠시마 원전을 받아들인 이유도 원전 유치에 따른 경제적 효과를 기대했기 때문이었다.

그래서 도후쿠 지역의 젊은이들은 취업을 위해 대도시로 향한다. 이 지역에는 기업도 없고 생산 가능 인력도 없다는 뜻이다. 중장년, 노년층만이 남기 때문에 선거 성향 역시 좀처럼 바뀌지 않고, 그래서 이 지역은 자민당의 꽃밭이었다. 민주당 성향인 미야기를 제외하면 선거 때마다 별 이변 없이 자민당이 무조건 뽑혔다. 일본 총리까지 지냈던 다나카 가쿠에이는 무려 43년간 니이가타현(新潟県)의 의원이었고 딸인 다나카 마키코(田中眞紀子) 역시 이 지역에서 출마해 몰표를 받아 19년간 의원직을 할 정도로 정치 구도가 안 바뀌는 곳이라 보면 된다.

이런 독점적 구조가 이어진 배경에는 지방자치제가 한몫했다. 앞서 말했듯 일본은 막부라는 중앙정부, 다이묘가 다스리는 지방정부 구도가 이어진 나라이며, 덕분에 지방자치제가 한국보다 효율적으로 자리 잡을 수 있었다. 하지만 지역 간의 거리감도 존재해서, '다른 도시의 일은 우리와는 관계없는 그들의 일이다'는 인식을 가진 이들이 많다.

이런 점이 후쿠시마 원전사고에는 독이 되었다. 이런 사고의 수습과 복구에는 천문학적 비용이 드는데, 오랫동안 낙후된 농업이나 수산업을 주요 산업으로 삼는 후쿠시마 지역에 그런 돈이 있을까?

2019년 일본 경제산업성의 발표에 따르면 후쿠시마 사고의 처리비용은 제1 원전만 해도 22조 엔(약 224조 원)이 든다고 한다. 이는 일본 국가 연 예산의 25%를 차지하는 액수다. 2018년 도호쿠의 지방 예산이

약 8조 엔[99]에 불과했으니 감당할 수 있는 범위를 한참 넘어서는 돈임은 분명했다.

결국, 아베 정부는 2016년 도쿄전력을 국유화하기에 이르렀고, 다음과 같은 방향으로 움직이고 있다.

첫째, 정부의 예산으로 지원하되 후쿠시마의 경제력만으로 원전 사태를 해결한다
둘째, 후쿠시마가 자체적으로 해결할 수 있는 시스템을 만든다.
셋째, 배상·보상 등 추가 비용이 나갈 수 있는 모든 사안을 원천봉쇄한다.

이 사고를 올바르게 수습하려면 우선은 후쿠시마를 봉쇄한 뒤, 방사성 물질 차단에 필요한 온갖 조치를 중앙정부 차원에서 진행하는 것이 정상이다. 하지만 원전은 중요한 국책 사업이고, 처리에 들어갈 비용은 가늠도 할 수 없으며, 도후쿠 지역 거주민들의 민심을 거슬러 지지율을 떨어뜨리는 것은 집권당에 있어선 안 되는 일이었다.

무엇보다 2020년 도쿄올림픽이라는, 일본 부흥이 걸린 최고의 이벤트까지 예정된 상황이기도 했고 말이다.

그래서 모든 상황은 목표에 짜 맞춰졌다. 2014년 후쿠시마현 아다치(安達)군 오타마(大玉)에 사는 스즈키 히로시(鈴木博之) 외의 농민들은 자신들의 농지에 방사능 낙진이 내려 오염되었으니 (흙을 전부 갈아 치워서라도) 농지에서 방사능을 제거해달라고 도쿄전력을 대상으로 소송을 걸었다. 이에 대해 2019년 10월 15일에 나온 판결은 다음과 같았다.

---

99 정확히는 7조 8,534억 7,500만 엔이다.

"제염토는 원고의 농지에 오래 있었으므로 원고의 소유물이지 피고(도쿄전력)의 소유물이라 볼 수 없다. 또한, 시간이 지나 방사성 물질이 흙과 동화되었으므로 (방사성 물질은) 도쿄전력이 아닌 농가가 소유하고 있다고 볼 수 있다. 그러므로 방사성 물질의 제거를 도쿄전력에 요청할 수는 없다."

일본의 사법체제는 현대 국가들의 것과 양식은 같지만 다르게 운영된다. 권력자 및 상층부의 의향이 잘 반영된다는 뜻이다. 일본의 전직 재판관이자 메이지대학 로스쿨 교수인 세기 히로시(瀨木比呂志)의 《절망의 재판소(絶望の裁判所)》 및 《법정에 들어서는 자, 모든 희망을 버려라(ニッポンの裁判)》[100]는 이런 점을 꾸준히 지적하고 있으며 유엔의 국제고문방지위원회(Committee against Torture)의 회의 중에는 '일본의 형사사법 체계는 중세시대 수준'이라는 말까지 나왔다. 이에 회의에 참석한 우에다 히데아키(上田秀明) 일본대사는 '닥쳐라(shut up)'라는 욕설로 답했다.[101]

그러니 법원에서의 판결이 '목표'를 위해 나오게 하는 것도 가능할 것이다. 강제징용 판결을 한국정부 차원에서 무마해달라며 일본이 주권 침해적 요구를 하는 것도 자기들 기준에선 문제없는 일이기 때문이다.

이런 엇나간 전략이 산업 부흥책에서도 나타난다. 바로 일본 정부가 나선 '먹어서 응원하자' 캠페인이다. 정부는 도호쿠, 특히 후쿠시마의 농산물이 팔리지 않으면 정권에 대한 지지율이 떨어져 정권 유지와 개헌추진에 영향을 미칠 것이 염려되었던 것이다. 실제로 이 지역농산물의 판매량은 눈에 띄게 줄어들고 있었다. 일본 국민들은 안정을 중

---

100 원제는 '일본의 재판'이다.
101 당시 본인이 반성하고 있으므로 처벌하지 않는다고 보도되었으며, 이후 스스로 사임한다.

시해서 입을 다물었을 뿐 결코 바보가 아니었으니까.

일본 방송에서 인터뷰한 국민들이 '후쿠시마는 아무 문제도 없다'라거나 '후쿠시마산 음식을 자주 먹는다'라고 하는 걸 접한 혹자는 정말 별문제가 없는 것 아니냐, 일본인들은 별로 거부감을 못 끼고 있다고 이야기하지만, 실상은 그렇지 않다. 그들은 사회가 정한 '후쿠시마는 문제없다는 방향'을 읽고 사회 시스템에서 밀려나지 않기 위해 시스템을 따르는 것일 뿐이다. 후쿠시마 사고 이후 일본을 방문할 때마다 나는 일본인들이 남들이 보지 않는 영역에서는 항상 조심하고, 일본이 원산지 표기방식을 바꾸기 전까지는 매장에서 원산지를 일일이 검토하는 모습을 매번 볼 수 있었다.

이는 지표로도 나타난다. 2018년 일본 소비자청이 20~60대 남녀 총 7,050명을 대상으로 조사한 결과 단 18%만이 후쿠시마산 수산물을 구매한다고 응답했다. 후쿠시마에 관한 어느 방송사의 인터뷰에 나와 '후쿠시마는 안전하다'라고 말하던 청년은 앵커가 후쿠시마산 물을 건네자 그때까지의 태도를 거두고 끝까지 물에 손을 대지 않았다.

도호쿠의 농산물이 팔리지 않으니 도호쿠 스스로 원전복구 비용을 마련하는 것은 더욱 어려워졌다. 후쿠시마 복구의 주관 관청인 부흥청 및 농림수산성의 통계자료, 그리고 농림수산성 지적재산 전략팀의 공표자료에 의하면 후쿠시마 지역의 쌀 생산량은 전국의 25%를 차지한다. 원전사고가 일어나기 전인 2010년 당시 후쿠시마 농수산물의 학교 급식 비중은 전국 25%이었다. 니가타와 아키타, 후쿠시마, 이바라키, 이와테의 쌀 생산력은 각각 일본 내 1위와 3위, 6위, 7위 및 10위였다.[102] 원전 피폭 지역들은 사실상 일본의 쌀 생산을 책임지는 핵심

---

102 농림수산성(農林水産省)이 발표한 〈헤이세이 22년도 농수산물 수확량(平成22年産水陸稲の収穫量)〉

곡창지대였던 것이다.

원전문제는 2020년 현재까지도 해결의 기미는 물론 복구비용을 마련할 기미조차도 보이지 않는다. 피폭 지역의 경제 사정은 악화하고 있다. 여기에 일본의 부족한 식량자급률 문제까지 겹쳐졌다(일본의 식량자급률은 약 39%로 선진국 중 최하위 수준이다).

이렇듯 후쿠시마 문제는 일본의 식량문제와 경제문제임은 물론 정부가 특정 지역을 넘어 모든 국민의 신뢰를 얻을 수 있는지가 달린 문제다. 그런데도 일본 정부는 다음과 같이 이를 무마하는 쪽을 택했다.

첫째, 지역경제 활성화 정책을 폈다. 생업을 잃어버린 후쿠시마 사람들을 지원하거나 그들에게 정부, 기업이 보상하는 것보다는 물건을 팔게 한 후 세금을 걷는 것이 복구비용을 마련하기 위한 합리적인 방법이라 판단한 것이다.

그래서 아베 정부에선 총리 자신이 나서서 후쿠시마산 농산물을 홍보하고 있으며 중소기업이나 대기업의 공장을 도호쿠 지역에 이전[103] 시키는 정책을 진행 중이다. 또한, 시장에선 후쿠시마의 물로 만들어진 생수 제품이 판매 중이고, 아사히 맥주는 후쿠시마산 농산물로만 만든 한정판 맥주를 출시하기도 했다.

혹자는 이를 보고, 일본 정부가 원전 사태를 외면했다고 하더니 의외로 합리적으로 대처하는 것 아니냐는 견해를 보인다. 하지만 이는 전혀 합리적인 방법이 아니다. 비용을 마련하기 위해 국가가 방사능에 오염된 상품을 홍보하는 셈이며 국민의 안전을 지켜야 한다는 국가의 의무를 저버리는 행위이기 때문이다.

---

[103] '에반게리온(エヴァンゲリオン)'으로 유명한 일본 애니메이션 스튜디오인 가이낙스(GINAX)사가 후쿠시마현 미하루정(三春町)에 이전했으며 그 외에도 대기업, 중견기업의 지사가 후쿠시마에 세워졌다.

둘째, 목표에 맞춰 관리 방식을 바꿨다. 일본의 규제는 철저하다. 그 규제를 통과하는 것은 쉬운 일이 아니다. 하지만 정권이 뜻만 있다면 규제를 바꾸는 것은 가능하다. 규제가 완화되면 통과하기 쉬워진다. 따라서 일본 정부는 복구비용을 마련하고 피폭 지역의 경제를 활성화하는 방법으로 후쿠시마 생산품이 안전하도록 규제를 바꿨다. 기준치가 올라가고 원산지 표시 방법이 바뀌었다.

이렇게 예전 같으면 규제를 통과하지 못할 농산물이 출하되거나 아예 방사능 문제 때문에 판매되어선 안 되는 식자재가 판매되는 일이 발생하더니 나중에는 아예 안전을 위협하는 조치들도 태연히 취해졌다.

2019년, 일본의 진보언론 아사히 신문(朝日新聞) 계열 주간지인 아에라(AERA)가 충격적인 보도를 했다. 일본 정부가 동일본 대지진으로 발생한 후쿠시마 제1 원자력 발전소 사고의 후속 대책으로 방사성 물질이 포함된 흙이나 모래(제염토)를 일본 전역에 묻어 보관해왔는데 그곳이 학교, 보육시설 등이였다는 것이다. 이 사실은 요코하마(横浜)에 있는 보육원의 원아가 백혈병에 걸린 사건을 통해 드러났다.

그 원아의 아버지는 자기 아들뿐 아닌 다른 아이까지 백혈병에 걸린 점을 이상하게 여겨 백방으로 뛰어다녔고, 그 결과 요코하마시가 바람으로 인해 피폭된 흙을 보육원의 텃밭 조성에 사용했고, 여기서 만들어진 채소를 아이들이 먹었다는 사실을 밝혀낸 것이다.

일본 정부는 이렇게 만들어진 제염토를 일본 각지에 보관 중이지만 이 흙들은 폭우가 올 때마다 유실되는 등 제대로 관리되지 못하고 있다. 심지어 정부는 이 제염토를 일반 흙과 섞어 농지에 뿌리자는 안까지 내놨다. 그렇게 하면 방사능이 기준치 이하로 내려갈 테니 문제가 없다는 식이었다. 이들은 '엄격하게 관리하면 오히려 제염토가 위험 물질임을 인정하는 셈이니 그것만은 안 된다'는 논리를 내세운다.

한 국가의 미래를 고려했을 때 이는 매우 비합리적인 행위다. 더 큰 문제는 이런 식의 방침을 세우고 관련 조치들을 취해가는 과정에서 일본은 자국의 자랑이던 시스템까지 무너뜨리고 있다는 점이다.

일본의 근본이 무너지다

국가의 운영에서 가장 중요한 것은 안정적인 사회의 구현이다. 하지만 일본은 오히려 안정적인 사회를 만들겠다며 후쿠시마 문제를 무마하려 하고, 급기야 자국 시스템을 이에 따라 운용하게 만드는 사태까지 일으켰다. 2019년 태풍 하기비스가 왔을 때 일본은 제염토 2,700포대의 대부분을 잃어버렸다. 이후 주변국들에게 '흙들은 모두 회수했으니 걱정하지 말라'고 했지만, 태풍으로 퍼진 흙을 인간이 회수한다는 것이 가능한 일일까? 실제로 제염토를 보관하고 있던 곳의 주변 지역에서는 방사능 수치가 급격하게 증가해 그 흙이 모두 퍼져버렸음을 증명했다. 심지어 올림픽 성화 봉송로까지도 말이다.

체르노빌같이 정부가 엄격히 관리해도 지속해서 문제가 나타나기 마련인데 관리가 그렇게 허술하니 피폭 지역은 점점 넓어지면서 수습은 점점 어려워지고 있다. 도쿄와 요코하마 등도 이미 피폭 지역에 들었고, 혹자는 규슈를 제외한 전 지역이 피폭되었다고도 한다. 이런 불확실성이 일본은 안전하다고 말하는 일본 정부의 말 때문에 더욱 커진다.

때로는 방사능 수치를 '통제'하기 위한 편법도 동원된다. 일례로 일본의 방사능 측정기는 30cm 두께의 시멘트 위에 세워졌다. 방사능은 시멘트를 통과하면 감소할 수밖에 없고 그에 따라 측정치는 자연스럽게 낮아진다.

그래도 방사능이 측정되긴 하는데 여기에 반전이 있다. 정부가 기준치를 올려버린 것이다. 올라간 방사능 수치에 맞춰 기준치를 올리면 문제는 사라질 것이라는 창조적(?)인 사고로 그들은 상황을 제어하려 하고 있다.

그렇다면 정치가들, 특히 아베 총리는 이런 방식이 정말 안전하다고 믿고 행동했던 것일까? 그는 지지율을 관리하기 위해 매년 후쿠시마를 방문하고 지역농산물을 먹는 등의 활동을 보여준다. 하지만 절대 안전하다고 생각하지는 않는 듯하다. 2015년 당시 40세 중년이던 야마모토 야스오(山本泰雄)는 드론으로 일본 수상관저에 후쿠시마 오염토를 날려 보내고 이후 관련 사실이 담긴 블로그를 공개 전환한 후 자수한다. 그제야 상황을 파악한 아베는 '손발이 부들부들 떨리고 눈물이 멈추지 않는다'고 말한다. 안전한 흙을 보내줬는데 왜 손이 부들부들 떨리고 눈물이 난다는 것일까? 안전하지 않음을 직접 실토한 것과 다름없다.

상황이 이렇게까지 번지면 국민이 들고 일어나야 한다. 하지만 일본은 지역성이 강한 나라다. '방사능이 우리에게 미치지만 않는다면 후쿠시마 원전문제는 후쿠시마 및 도호쿠 지방의 문제이지 우리 문제는 아니다'라는 인식이 있는 것이다.

그래서 시위가 일어나도 대개는 전국 각 지역민이 '자기 지역 안전'을 위해 원전문제를 해결해야 한다는 내용으로 열릴 뿐 뭉치질 못하니 산발적으로 일어나는 시위가 되어버린다. 이런 시위를 지자체장이라면 모를까 국가의 수장, 정부가 두려워할 리 없다.

지역에 집착하게 되면 자연히 시야가 좁아지게 된다. 눈앞에 문제가 드러나지 않으니 안심하게 된다. 후쿠시마 원전사고가 지금도 현재진행형인 이유다.

일본의 약점

우리가 이 사고에 관심을 가져야 하는 이유는 인간이 가져야 하는 측은지심 때문이기도 하지만 그 여파가 우리에게 미치고 있기 때문이기도 하다.

일본이 바다에 버린 오염수는 대류를 타고 우리 영해로 흘러들어오며, 후쿠시마를 부흥시켜야 한다는 목적을 위해 만들어진 음식물은 한국에 수출되고 있다. **원전 관련 정책, 아니 과거사 사죄 등 모든 정책을 경제성이라는 제1의 가치에 맞춰 시행**하는, 실로 일본다운 대응이 아닐 수 없다.

일본의 이런 성향은 그 유명한 WTO 제소의 원인이기도 했다. 2013년 8월 3일 중국과 대만, 한국은 일본의 후쿠시마, 아오모리, 이와테, 미야기, 도치기(栃木), 군마(群馬), 이바라키(茨木), 지바(千葉) 등 8개 지역의 수산물 수입을 금지하는 조치를 취한다. 특히 한국은 모든 일본산 농산물에서 미량의 방사능이라도 발견되면 수입을 금지하겠다고 발표했다. 문제는 '미량의 방사능이 발견되면 수입금지, 하나라도 발견되면 다른 식품까지 전수조사'라는 대목이 일본이 숨기려던 약점을 건드렸다는 것이다. 이 점을 일본 정부는 자국 경제를 위해 한국을 압박해야 할 필요성 혹은 본때를 보여줘야 할 이유로 삼았고, 이에 2015년 5월 한국을 제소하기에 이른다.

그러나 한국 측은 이에 대한 대응에서 문제점을 나타냈다. 한국이 승소하기 위해서는 한국이 수입을 금지한 근거, 일본 수산물이 위험한 근거를 제시해야 하지만 정작 당시 한국은 IAEA가 일본을 사찰한 후 알아서 판단하길 기다리는 것을 넘어서 자체적인 조사 활동을 중단하기까지 했다.

법적 분쟁에서 원고가 부인할 경우 피고는 항변하게 되며, 이 경우 증명책임은 피고에게 있다. 하지만 피고인 한국은 입증은커녕 항변조차 중단한 셈이다. 이는 일본을 믿지 않고 자체조사를 한 미국과는 대조되는 행위였다.

당연히 IAEA는 일본에서 유통되는 농수산물은 '엄격한 기준과 모니터링 하에 관리되고 있다'라는 사찰결과를 발표했고, 결국 이에 따라 2018년 2월 22일 한국은 1차 패소라는 통보를 받아야 했다. 기준을 낮췄지만, 그 자체적으로 볼 때는 엄중하게 관리되는 시스템을 준비하여 IAEA의 통과 기준을 충족시킨 것이다. 이렇게 한국은 일본의 노림수에 당했다.

2018년 4월 9일, 대한민국 정부는 일본 정부를 대상으로 후쿠시마 수산물 수입금지와 관련된 항소를 제기했다. 일본에게 큰 타격을 주게 될 반격이 시작된 순간이었다. 한국은 '**식품, 관리 방식이 아닌 장소(원전사고가 발생한 지역)가 문제**'라는 쪽으로 방침을 바꿨다. 그리고 이 전략에 힘입어 2019년 4월 한국정부는 항소심에서 승리했다. 1심에서는 '일본산 수산물은 방사능 때문에 위험하다'라는 시각에서 접근했지만 정작 일본산 수산물에 포함된 세슘 수치가 다른 국가의 수산물에 포함된 비중과 같았던 탓에 패소했었다. 그러나 2심에서는 수산물이 아닌 '생태계'까지 위험 요소에 포함한 것이다. '**일본이라는 국가는 수산물을 생산하는 생태계를 보호하기 위해 노력하고 있는가?**'라는 점에 대해 WTO는 '그렇지 않다'라는 답을 내렸다.

일본 정부는 이 소송에서 질 거라곤 꿈에도 생각하지 못한 것 같다. 2심 결과가 발표되기 전, 일본 언론들은 승리를 점치며 한국에 대한 관세 보복을 논했다. 한국 언론들은 정부의 미흡한 대응으로 한국이 불리하다는 기사를 쏟아내는 상황이었으니 더욱 그랬을 것이다.

하지만 한국은 승리했고, 이것은 일본의 약점이 되었다. 당장 부흥계획에 빨간불이 켜졌다. 일본 정부는 2심에서 승리할 경우 한국시장에 특화된 상품을 전량 판매하여 복구비용을 마련하겠다는 계획까지 준비 중이었다. 미야기(宮城)현의 멍게가 대표적인 예다. 일본의 멍게는 무려 80%가 한국에 수출되는, 한국인들만이 먹는 음식이다. 2013년에 한국으로의 멍게 수출이 금지되자 2016년에는 초과 생산된 멍게를 폐기하면서까지 버티는 상황이었다. 그러다 WTO 1심에서 승소를 하자 재수출 준비를 하고 있었는데 2심에서의 패소로 물거품이 된 것이다. 미야기현의 멍게 생산업자들은 생업을 잃어버린 셈이 되었다.

원전에 대한 미흡한 관리, 부흥책의 실패는 도호쿠의 민심이 일본 정부에서 떠나는 결과로 이어졌다. 가뜩이나 방사능 관련으로 미덥지 못한 만행이 벌어지는 와중에 생계에까지 위협을 받자 지지층이 무너지기 시작한 것이다. 2019년에 있었던 통일지방 선거에서 지방의원의 80%가 자민당이 아닌 사람들로 당선되더니 2019년 7월 참의원 선거에서 자민당은 후쿠시마, 아오모리를 제외한 모든 도호쿠 지역에서 패했다. 이는 제2차 세계 대전 패전 이후 처음 벌어진 대사건이었다. 하지만 일본에 골치 아픈 일은 이것뿐만이 아니었다. 후쿠시마 문제가 세계의 이목을 끌게 된 것이다.

일본의 시스템, 최악의 형태로 이용되다

2013년 9월 7일 부에노스아이레스에서 개최된 125회 국제올림픽위원회(IOC) 총회에서 아베 총리는 다음과 같은 발언을 한다.

> "후쿠시마에 대해 걱정하는 **일부** 사람들에게 말한다. 상황은 **완전히 통제되고 있으며**, 도쿄는 아무 피해도 입지 않았고 앞으로도 그럴 일이 절대 없을 것이다.
>
> **Some** may have concerns about Fukushima. Let me assure you, **the situation is under control**. It has never done and will **never do any damage** to Tokyo."

일본인들이 잘 쓰지 않는 '완벽히' '절대'라는 단어까지 썼으니 일본인의 성향을 아는 사람들은 이를 믿기도 한 모양이다. 하지만 나는 다음과 같은 이유에서 아베의 이 말 역시 일본식 거짓말이라고 생각한다.

첫째, 후쿠시마에 대해 걱정하는 **일부** 사람들이라는 말은 '대다수 사람은 문제가 없다고 보는데 왜 일부 사람들이 심각하게 상황을 보는지 이해할 수 없다'라는 의사표시로 해석된다.

둘째, 상황은 **완전히 통제되고 있다**고는 했으나, 사실 일본의 통제 대상은 원전사고의 완전한 수습이 아닌 방사성 물질 피폭 관련 정보, 원전사고로 인한 각종 질환에 관한 정보 등 이 문제가 커질 만한 모든 소지다.

셋째, 도쿄에는 **아무런 '피해'가 없다**는 이야기는 곧 '원전이 폭발한 곳은 후쿠시마이므로 (2020년 도쿄올림픽을 치를) 도쿄에는 '피해'가 없다. 다만 도쿄가 '피폭'되었는지는 말할 수 없다'는 뜻으로 읽힌다.

일본인들과의 대화 시에는 그들 이야기 사이의 행간에 정말 주의를 기울여야 한다. 그 과정에서 의문점이 있으면 반드시 짚고 넘어가야 한다. 노심용융이 완전히 수습되었는가, 도쿄는 일절 피폭되지 않았는지 확실히 질문했다면 아마 다른 대답이 나왔을 것이다.

그래서 일본이 문제를 피하고 싶을 때 보이는 특유의 행간이 보이는 아베의 발언은 매우 불안한 내용이 아닐 수 없다. 특히 한국은 이 불안한 발언의 결과 때문에 제대로 다칠 수 있는 나라다. 아베 정권은 이런 거짓말까지 해가며 '눈물이 나고 손이 떨리는' 후쿠시마를 자신들의 이익을 위해 받아들이라고 한국에게 요구하는 것이다.

덕분에 우리는 자국의 안전을 위해서라도 후쿠시마 원전 사태를 거론하고, 일본을 공격해야 할 상황이 되었다. 한국이 IAEA에 이를 공론화한 것 역시 그 대응책 중 하나다.

2019년 9월 16일, 한국정부는 오스트리아 빈에서 개막한 국제원자력기구 총회에서 일본의 후쿠시마 오염수 문제를 공식 거론했는데, 이는 현 단계에선 성공적인 전략이라고 본다. 일본이 가장 집착하는 것이 '국제사회에서의 위상'이기 때문이다.

이런 한국의 공격에 일본은 명확한 답을 찾지 못한 듯하다. 역시 2019년 열린 IAEA 총회에서 일본 과학기술상 다케모토 나오카즈(竹本直一)는 '오염수는 잘 처리되고 있는데 한국이 억지 주장을 한다'고 우기던 도중에 한 가지 실언을 했다. 원전수에 삼중수소(tritium)[104]라는 방사성 물질이 남아있다는 사실을 언급해버린 것이다.

삼중수소는 피부를 뚫고 들어오진 못하지만 먹거나 마시면 인체 내부에서 피폭을 일으킨다. 물론 단기 피폭은 땀과 배설물로 배출된다지만 바닷물이 오염되면 수산물 등을 통해 사실상 장기 피폭이 있을 수밖에 없다.

다케모토의 이 발언은 일본에 호의적이었던 IAEA가 입장을 바꾸는 결과를 초래했다.

전쟁이라는 것의 본질은 결국 이권을 위해 생명을 노리는 것이라는 것을 알고 있으며, 이러한 분쟁이 전쟁의 연장이다. **한국과 일본은 단순히 과거사나 군사력으로만이 아닌, 생명의 안전까지 담보로 걸고 싸우고 있다.**

그나마 다행인 점은 그간 한국의 위상이 크게 올라간 덕에 이제는 국제사회가 일방적으로 일본 편만 들어주지는 않는다는 것이다. 이는 일본이 외교라는 전쟁에서 지는 것을 의미하며, 외교로 문제를 해결하기 힘들어진다는 것을 의미한다.

---

[104] 삼중수소(三重水素), 피부를 뚫지 못하지만 먹거나 마시면 내부 피폭이 일어날 수 있기에 바닷물에 이를 방류하면 치명적인 문제가 될 수 있다.

3장

일본의 현재,
미래를 말하다

2019년 수출규제가 준 경고는 한일관계를 다시 봐야 한다는 뜻이었다. 내가 학교 다니던 시절, 싸움이 나면 선생님들은 한쪽이 일방적으로 잘못한 게 뻔해도 둘 다 나쁘다면서 죄책감을 안겨주었다. 그땐 정말 내가 나쁜 줄 알았지만 사실 진짜 이유는 말썽 자체를 막고 싶다는 월급쟁이의 본성일 뿐이었다.

인간 사회에서 승리하는 법칙은 나에게 잘해주는 사람에겐 한없이 친절하되 나를 해하려 하는 사람에겐 적절한 경고를 하는 것이다. 이는 개인만이 아니라 확대된 사회인 국가 간의 분쟁에도 그대로 적용된다.

수출규제에 대한 대응은 현명했다. 숙이지 않고 당당히 대처했기에 승리할 수 있었다. 2020년 6월, 도쿄신문이 '수출규제가 피해를 준 것은 한국경제가 아닌, 일본 기업이다.'라는 사설을 실었다는 것은 아베 정부의 정책이 잘못되었으니 지지율을 잃고 싶지 않다면 이제 방향을 돌리라는 일종의 경고다.

그런데 과연 일본 정부가 이를 그만둘까? 천만에 말씀이다. 이미 혐한은 그들이 지지율을 편하게 유지하는 수단이 되었으며, 무엇보다 일본 국민들은 '약자'에게 굽히는 리더를 절대 인정하지 않는다. 우경화는 마음대로 바꾸기도 힘든 흐름이 되었다. 그러니 정권을 위해서 이 기조는 쉽게 바꾸기 힘든 상황이다. 일본은 변하지 않을 것이다. 그렇다면 우리는 이에 어떻게 대응해야 할까?

12.
일본의 공격을 막는
최고의 방법

일본인의 특성을 이해하면 그들의 약점도 파악할 수 있다.
그렇다면 일본 정권도 마찬가지 아닐까?
일본 정권은 앞으로 어떻게 흘러갈까?

아베가 끝이 아니다

수출규제라는 아베 정권의 공격은 실패했다. 한국이라는 적의 향해 반도체 소재라는 급소를 노렸음에도 적이 무너지긴커녕 훨훨 날아올랐기 때문이다. 최고의 고객이자 반도체 산업을 지배하는 삼성, SK하이닉스는 일본 의존도에서 벗어나 수입처를 다변화하는 한편 자체적인 소재개발에 전력을 기울였다.

일본은 스스로 독점시장을 버린 셈이 되었고 본인들이 만든 산업망을 스스로 붕괴시켰다. 이는 일본의 소재 기업들의 주가 및 매출 추락으로 이어졌다.

일본은 패배자에게 가혹하다. 공격에 실패한 장수를 가만두지 않는다. 아베 총리도 이를 잘 알기에 개각을 단행, 극우 성향의 최측근들로 주위를 둘러 실패로부터 보호받으려 했다.

하지만 만능열쇠였던 '한국 때리기'조차 연이은 실정으로 인해 안 먹히는 상황이 되자 그 측근들마저도 아베와 거리를 두기 시작했다.

패배자에게 가혹한 일본 사회에서 패배를 인정한다는 것은 곧 '끝'을 뜻한다. 이쯤 되면 물러나야 하지만 아베 정부는 전범관련 화제의 싹을 자른다는 목표를 버릴 수 없었다. 이는 가문의 명예를 위해서라도 무조건 달성해야 하는 목표였다. 하지만 수출규제에 단호하게 대응한 한국 정부가 극우 정권의 이런 의도를 받아줄 가능성은 없었다.

결국, 아베 총리는 사안을 무조건 피하는 길을 선택했다. 미국의 중재(?) 덕분에 2019년 말까지 수출규제를 취하하면 지소미아를 유지하겠다는 답까지 얻었음에도 그렇게 하지 않았고, 기다림에 지친 한국 정부가 2020년 6월 WTO 제소를 재개했을 당시에도 '대화로 해결하지 않고 이런 식으로 나오다니 너무하다'라는 반응을 보였다. 그동안 대화를 피해왔던 것이 그들임을 생각하면 적반하장도 유분수라 하지 않을 수 없다.

수출규제, 코로나 19 대응, 경제정책 실패 등으로 인해 2020년도 일본 상반기 경제는 크게 추락했고, 아베 총리는 퇴임했다.

하지만 아베 총리가 물러나면 수출규제, 북미회담 방해, 더 나아가 한국의 G7 가입을 두고 주권침해까지 서슴지 않는 일본의 태도는 바뀔까? 한국이라는 적을 때리면서 지지율을 올리는 행위는 멈출까?

일본 사회의 우경화가 물꼬를 튼 지 20년, 본격화된 지 10여 년이 지났다. 이미 우경화된 사회를 바꾸기엔 너무 늦었다. 특히 일본같이 변화가 더딘 사회라면 말할 것도 없다.

아베가 초기에 만든 정치캐릭터가 친한파 정치인이었음을 고려하면, 현재 전혀 우익 성향을 보이지 않는 일본 정치인이라도 총리 자리에 오르면 우경화된 사회에서 지지받기 위해 극우 인사로 태어날 가능성도 충분하다.

다시 한번 말하지만, 아베는 한때나마 친한파 정치인이었다.

일본과 싸우는 법

이미 일본의 공격은 시작되었다. 결국, 우리는 맞서 싸울 수밖에 없다. 단 우리를 둘러싼 여러 문제때문에 무기를 든 싸움이 아니라 무기를 들지 않게 하려고 싸워야 한다. 이런 싸움은 무기를 든 전쟁보다 몇 배나 힘든 전쟁이다.

우리를 둘러싼 문제란 어떤 것이 있을까?

첫째, 일본 정권의 성격이다. 우리나라에선 실정을 저지르면 리더와 함께 정권이 교체되고, 그 주기는 대개 10년 정도였다. 하지만 일본은 의원내각제를 시행하는 국가라서 때에 따라서는 정권이 아닌 내각만 교체될 때도 있다. 정권은 살아남을 수도 있다는 뜻이다.

2009년 취임한 민주당 출신 하토야마 총리는 한국 및 중국 등에 우호적인 인물이었지만, 이들 국가 사이의 대립을 바탕으로 패권을 유지해야 하는 미국과는 갈등을 일으켰다. 이는 미국 의존도가 높은 일본에 악영향을 주었고, 결국 하토야마 총리는 후텐마(普天間) 주일미군기지 이전 공약을 지키지 않은 문제가 불거져 사임했다.

그러나 이후 총리가 된 것은 역시 같은 민주당의 간 나오토 총리였다. 총리(내각)가 바뀌어도 정권은 살아남은 예다.

이를 자민당의 경우에 대입해 보면, 아베가 물러난다 해도 이후의 총리들이 반(反) 아베 성향의 인물일 것이라 단정할 수는 없다. 오히려 극우 성향의 아베 총리가 장기집권했음을 고려하면 후임 역시 아베의 전략을 벤치마킹해서 장기집권을 노릴 가능성이 더 크다.

하지만 이후 취임할 총리들은 아베와 같이 장기집권이 힘들 것이다. 일본에서 정권의 지지율은 현재 당면한 문제를 해결해야 유지된다. 2021년에 형식상이나마 올림픽이 해결되면 그로 인한 지지율 반등은 있겠지만 코로나바이러스 문제, 경제침체는 적어도 지금 일본 정계의 총리 유력후보들은 해결하기 힘든 문제이다.

따라서 앞으로의 총리들은 정치적으로 궁지에 몰릴 때마다 우경화된 국민들에게 혐한이슈를 던지면서 위기를 빠져나가려고 할 가능성이 크다. 선거가 다가오면 더욱 그렇게 빠져나가려고 할 것이다.

정치인은 정권을 유지하기 위해 흐름을 만들고, 그 흐름을 받아들인 국민들에게 표를 얻기 위해 그에 맞는 말을 한다. 즉 아베 총리가 물러났다고 해서 한국의 두통이 낫지 않을 것이다.

둘째, 한국과 일본의 관계는 오래전부터 두 나라만의 문제가 아니라는 것이다. 미국의 버락 오바마(Barack Obama) 행정부는 동아시아 패권을 추진하는 과정에서 일본의 이익을 위해 위안부합의를 밀어붙였다. 이 정책을 수행한 미 국방부는 과거사에 신경을 쓰는 한국의 입장을 이해하지 못함은 물론 이해하려고도 하지 않았다.

왜 이런 일이 벌어질까? 인간이, 인간의 의지를 반영한 국제사회가 추구하는 제1의 가치는 바로 자국의 이익이고, 그 앞에서 타국의 권리와 자존심은 하찮은 사안이 된다는 것이 국제사회의 본질이기 때문이다. 그렇다면 한국은 어떻게 살아남아야 할까?

첫째, 부당한 위협에는 명분, 원리원칙에 따라서 당당히 대응한다.
둘째, 한국만이 아닌 국제문제에 이바지하며 한국의 국익이 세계
       에 이익이 될 수 있음을 알린다
셋째, 국제사회에서의 명분, 한국의 발언력, 영향력을 높인다.

2015년 7월 일본 정부는 군함도(하시마섬) 탄광 등 강제노역 시설 일곱 곳이 포함된 자국의 근대산업 시설 23곳을 유네스코 세계유산으로 지정하려 했다. 당연히 한국, 중국 등 직접적인 피해자들의 분노가

일자 일본은 유네스코 총회에서 노동자 강제동원 사실을 함께 적기로 약속했다. 그리고 전 세계에 로비를 펼쳐 군함도를 유네스코 세계유산에 등재했다.

하지만 알려졌다시피 이후 일본 정부는 주변국들과 했던 약속을 무시하고 강제징용을 부인하기 시작했다. 이에 한국정부는 2019년 4월, 일본 측이 총회에서 발언한 사실을 이행하지 않았다는 우려를 세계유산위원회의 자문단에게 제출했다.

일반적인 상황이라면 한국이 지극히 불리할 것이다. 일본은 세계유산위원회 위원국이기 때문이다. 그럼에도 한국은 원리원칙에 따라 이 사안을 인권에 관한 국제적 문제로 제안했고, 일본은 자국이 한 약속을 어겼음을 알렸다. 예전이라면 이는 한국이 지는 싸움이다. 하지만 이젠 다르다. 국제사회에서 한국이 차지하는 위치가 몇 년 전에 비해 나아졌음은 물론 코로나 19에 대한 방역 등으로 국가적 위상도 한껏 올라간 상황이기 때문이다. 이렇게 한국의 입장을 무시할 수 없는 상황이 겹쳐, 유네스코는 군함도의 세계문화유산 지정을 재검토하고 있다.

한국과 일본의 싸움은 결국 외교 게임이다. 무기가 아닌 영향력과 명분을 얻는 싸움이다. 자국의 역량을 키우고 국제사회에서 신용을 쌓아가며 누구에게 붙어야 유리할지, 누구를 더 믿어야 이익이 될지 알리는 싸움이다. 일본이 꼼수를 쓰면 한국은 원리원칙에 맞춰 싸워나가야 하고, 한편으론 그러한 원리원칙이 먹히지 않는 상황을 대비하기 위해 꾸준히 힘을 키워 나가야 한다.

특히 일본은 강자에게 약하고 약자에게 강한 외교를 하는 나라다. 일본이 호의적으로 나오면 우리 역시 호의적으로 대하고, 우리에게 위해나 불이익을 가하면 우리도 단호하게 받아치는 팃포탯 전략이 일본을 대하는 올바른 전략임을 역사는 말한다.

일본을 다루는 법

한국은 이런 전략을 잘 구사해왔다. 일본의 언론이 정부관리하에 있음에도 수출규제로 인해 일본만 피해를 보고 한국은 멀쩡했다는 기사가 일본의 경제지를 넘어 일간지에까지 실렸다는 것은 일종의 신호다. 우리는 앞으로 어떻게 일본을 다뤄야 할까?

예전 수출규제가 한창일 때 한국에선 '일본을 압박하여 아베 총리가 퇴진하게 만들어야 한다'는 의견이 제기되기도 했다. 감정은 이해하지만 나는 이에 동의하지 않는다. 처지를 바꿔 생각해보면 이는 주권 침해, 더 나아가 일본 국민의 권한을 침해하는 행위이기 때문이다. 그들의 리더를 뽑는 행위는 일본인들의 권리여야 한다. 정권교체에 우리가 간섭한 것 같은 모양이 조금만 나와도 한일관계는 더욱 힘들어질 것이다.

우리가 구사해야 할 최고의 전법은 '한국을 잘못 건드리면 지지율에 영향이 온다'라는 신호를 일본 정치인들에게 주는 것이다. 이제는 한국을 두들겨서 지지율을 올리는 것이 소용없다고 알려주는 것이 혐한을 표로 만들려는 정치가들의 등장을 막는 길이며, 앞으로 일본의 국제적 영향에 부당하게 휘말리지 않는 길이다.

2020년 들어 각종 경제지표가 무너지기 시작하자, 자민당은 아베를 퇴임시키되 자민당 정권은 유지하는 방안을 택했다. 아베는 명예를 손상당하지 않는 건강상의 이유라는 퇴임 사유, 일본 헌정사상 최장수 총리라는 명예를 안고 물러섰다. 이 퇴임에 한국의 전략적인 반격이 영향을 준 것은 분명하다. 다음 총리는 후술할 이유로 극우 전략은 버리지 않겠지만 아베 전 총리와는 다른 방식으로 한국을 대할 것이다.

새로운 총리는 결국 자민당이라는 조직, 아니 자민당을 구성하는 집권층의 일원이며, 그들의 이익을 최대화하는 것이 사명이다. 그의 목표는 자민당 정권을 유지하되, 아베의 실정을 자민당이 수습한다는 메시지를 국민에게 보내는 것이다.

　이런 측면에서 보면 새로운 내각이 지지율을 악화시키는 요인 중에 수출규제가 있다고 판단하면 총리 개인의 생각이나 정치관과는 상관없이 이를 바로잡을 것이다. 이후 한국을 공격할 때 더욱 신중해질 것임은, 최소한 한국과 일본의 긴밀한 경제 관계, 한국의 국력과 외교력을 고려할 것이라는 뜻이기도 하다.

13.
일본은 부활할 수 있을까?

**일본은 놀라운 가능성을 가진 나라임과 동시에
가능성을 스스로 묶은 나라다.
그 굴레를 깨고 일본은 부활할 수 있을까?**

일본의 시스템이 가진 문제점

전 세계에서 일본을 우습게 보는 나라는 한국밖에 없다는 말이 있다. 이는 한국이 일본을 쫓아갈 기미조차 없던 시절부터 이어진 전통(?)이다. 물론 이제 우리가 일본을 많이 쫓아왔고 일방적으로 깨지지 않을 수준에 이르렀다는 것은 확실하지만, 여러 지표상 일본이 우리보다 낫다는 것 또한 부정할 수 없는 사실이다.

그런데도 '가능성'이라는 시각에서 보면 이야기가 다르다. 양국의 성장을 비교해볼 때 그간 한국이 처했던 문제들이 훨씬 복잡하고 어려웠기 때문이다. 일본의 성장도 기적적이긴 하지만 그들은 우리보다 유리한 입지에서 시작했다. 기초 체력이 훨씬 좋았고, 한국전쟁이라는 기회도 있었으며, 한때는 독자적인 정보화 사회를 만들 수 있는 하드웨어와 소프트웨어, 인재까지 갖추기도 했으니 말이다. 일본은 운과 실력을 동시에 갖춘 나라였다. 놀라운 성장을 이뤄냈다.

하지만 지금은 그 영광을 잃고 30년째 성장이 멈춘 나라가 되었다.

대체 무엇이 원인일까?

　이를 이해하려면 일본사회의 성향을 이해해야 한다. 일본은 시나리오를 만드는 능력이 탁월하다. 이 시나리오 쓰기 능력은 협상에서 진가를 발휘한다. 한국인들은 대개 성격이 급해서 일본인과 협상하면 패할 확률이 높다. 원래 일본인들은 적을 공격하기 전에 일어날 수 있는 모든 시나리오를 생각하고, 그 시나리오들을 실현하는 데 필요한 수단을 모두 준비하며, 서두르지도 않기 때문이다.

　하지만 한국은 특유의 빨리빨리 문화 때문에 결과를 너무 재촉한다. 이러니 시나리오대로 버티기를 잘하는 일본에 휘둘릴 수밖에 없고, 덕분에 협상에서 아쉬운 쪽이 되기에 십상이었다.

　시나리오 만들기에 익숙한 일본은 이 시나리오를 확실히 운용하기 위해 시스템을 만들고, 만들어진 시스템을 누구라도 운용할 수 있게 하려고 매뉴얼을 만든다. 이것이 일본이 유례없는 고도성장을 하는 데 크게 이바지했다.

　하지만 때로는 이것이 일본의 약점이 되기도 한다. 목적을 달성하기 위해 수단을 사용하는 것이 아니라 만들어진 수단을 지키기 위해 목적이 뒤틀리는 상황이 일본에선 빈번히 일어난다. 그 이유는 **위기상황이 오면 새 매뉴얼을 만들어야 하는데도 기득권을 가진 정치인들과 관료들이 변혁을 거부하고 움직이지 않았기 때문이다.**

　변혁해야 할 시기가 다가오면 사람들은 두 계층으로 나뉜다. 기득권을 가진 이들은 그것을 지키기 위해 변혁을 거부한다. 세상이 시류에 맞춰 조금씩 변화하길 바라는 것이다. 그래서 개구리가 서서히 끓어오르는 물에 삶아지듯 시스템에 집착한다. 하지만 그 반대편에 있는 이들은 성장을 위해 변혁하려 한다. 시스템 국가 일본에서 불협화음은 바로 이런 견해차에서 나온다.

이런 일본의 성향이 잘 드러나는 것이 IT 혁명이다. 21세기가 되자 전 세계는 IT 혁명의 갈림길에 섰다. 인류를 한 단계 발전시킨 이 흐름은 여러 국가의 운명을 바꿨다. 가장 큰 전기를 맞이한 것은 미국이었다. 1993년부터 2001년까지 집권한 빌 클린턴(Bill Clinton) 대통령은 안보를 외치던 정치 명문가 출신 조지 부시(George W. Bush)를 "문제는 경제야, 이 바보야! (It's the economy, stupid!)"라는 단 한마디로 격파했다.

미국의 기존 유력 기업들은 정치 명문인 부시를 후원했다. 클린턴을 후원한 것은 아직 날개를 펴지 못한 IT, 금융기업들이었다. 이런 점이 당선된 클린턴 대통령이 자신을 지지하던 IT 산업과 금융산업을 집중적으로 육성한 원인이 되었다. 이렇게 마이크로소프트, 애플(Apple), 디즈니(Disney)가 크게 성장했다.

결과가 어찌 되었든 미국은 IT 혁명을 훌륭히 수행, 클린턴은 미국이 다음 단계로 성장하는 데 이바지한 훌륭한 대통령이 될 수 있었다.

한국 IT의 경우는 IMF 외환위기에서 벗어나기 위한 성장수단이 되었다. 한국은 전국적인 IT 인프라를 구축함으로써 유례없는 정보화 국가가 될 수 있었다.

그런데 정작 일본은 IT 혁명에 실패한 국가로 평가받는다. 다른 국가들이 장기적인 비전을 갖고 시장에 맞는 비즈니스 모델을 만들어낸 반면 일본은 **기존의 비즈니스 모델이라는 '익숙한 환경'을 조금씩 변화시키는 방식을 선택했다**. 자국의 강점인 제조업의 경쟁력을 강화하자는 '모노즈쿠리(ものづくり)'에 집중한 것이다.

도시바(東芝)의 연구원 마스오카 후지오(舛岡富士雄)가 세계 IT혁명을 주도할 수 있는 세기의 발명 낸드 플래시 메모리(NAND Flash Memory)를 개발했음에도 불구하고 기존의 사업영역에 필요 없다는 이유로, 본인들이 키우지 않고 미국의 인텔(INTEL), 한국의 삼성에게 라이센스를 빌려준 것은 일본이 왜 IT혁명에 실패했는지 잘 보여주는 사례다.

모노즈쿠리의 문제점을 보여주는 또 하나의 사례는 '샤프(Sharp)'다. 2000년도 일본 샤프는 자사의 강점인 LCD 공장에 대량의 투자를 한다. 그러나 2000년대 후반은 경제불황, 엔고, 무엇보다 LCD 산업의 수명이 정점에 달했던 터라 이 투자는 오히려 3,800억 엔이라는 대규모 적자의 원인이 되었다. 이런 식으로 변혁의 흐름을 타지 못하고, 성숙기에서 사양기로 들어서는 산업에 투자한 회사들이 줄을 이었다.

이런 정체의 원인은 국가적으로 보면 일본의 관료집단, 정치가에게 있다. 그들은 일본 경제발전의 주역 중 하나지만, 그 발목을 잡은 주인공이기도 하다. 일본 관료는 기업의 경영전략도 쥐고 흔드는 경우가 많다.

도시바(Toshiba)가 삼성이 아닌 한미일 연합 컨소시엄에 매각된 것도, 샤프가 삼성이 아닌 대만의 폭스콘(Foxconn)에 매각된 것도 단순히 기업이 아닌 정부의 의향이 반영된 것이다. 특히 후자의 경우 한국에게만은 넘길 수 없다는 정치적 견해까지 영향을 미친 사례다.

일본은 '모노즈쿠리'라는 장점을 살릴 수 있는 다음 단계로 변혁해야 했다. 하지만 2000년대 당시 역대 최저의 엔저 현상에 따라 수익이 늘어나자 모노즈쿠리가 부활할 것이라고 잘못 예단했기에 새로운 상품을 개척하는 변혁 대신 기존의 역량을 키우는 변화를 택했다.

이렇게 일본은 하드웨어, 소프트웨어 모든 면에서 구축한 역량을 진화시키지 못한 채, 세계적인 트랜드인 IT 혁명에서 실패하게 되고 한국과 중국에 추격당하는 결과를 낳는다. 과거 일본이 선진국을 쫓아갔던 그 방식처럼 말이다.

물론 일본은 훌륭한 가능성을 가진 나라다. 기초역량이 탄탄하고 인재들이 우수하며, 기축통화까지 지닌 경제 대국이다. 하지만 그 가능성이 빛을 볼 확률은 지금 시점에서는 매우 낮다. 그렇게 하기엔 너무 먼 길을 돌아온 상황이기 때문이다. 기득권인 관료와 정치가들은 변혁을 원하지 않는다. 관료는 국가 경제를 지휘할 수 있는 시스템을 바꾸려 하지 않았고, 정치가는 그 과정에서 생기는 이권을 잃지 않기 위해 시스템을 지키려 했다. 그리고 국민은 자국의 성장 기회를 그저 기득권층에게만 맡겨두고 있다.

이렇게 일본은 발전하기 위한 시스템이 아닌, 기존 시스템을 지키기 위해 행동하는 나라가 되었다. 이렇게 제조업에서 창조산업이라는 다음 단계로 올라갈 가능성을 갖고도 올라가지 못한 나라가 되어버렸다. 이렇게 일본 사회는 위기를 극복할 기회를 포기한 것이다.

크루즈선 공포

일본이 위기에 대응하는 현주소는 코로나바이러스에 대한 대응에서 잘 드러난다. 2020년 1월, 중국 우한(武汉)에서 훗날 코로나 19로 명명된 신종 바이러스가 발발했다. 정확히 말하면 2019년 12월 12일에 중국인 의사 리원량(李文亮)에 의해 보고되었으나 최대 명절인 춘절 특수가 사라질 것을 우려한 우한 시장이 리원량을 한 달간 감금함으로써 이 바이러스가 은폐되는 결과를 낳았다.

이후 코로나19는 전 세계로 퍼져나갔고 각국의 리더들은 자신의 리더십을 시험받았다. 그 과정에서 세계의 사람들은 두 가지를 깨달았다. 하나는 위기 상황에 훌륭히 대처하는 것은 리더의 역량에 달렸다는 것, 다른 하나는 리더가 받쳐준다면 한국도 선진국 이상의 역량을 보여줄 수 있다는 것이었다.

코로나19 대응에 성공한 나라들은 대통령이 민주주의를 중시하는 성향이 있다. 한국, 캐나다가 그런 나라다. 반면 대책 없이 퍼진 미국, 러시아, 중국, 일본은 지도자들이 강한 독재성향을 보인다는 특성이 있다.

한국은 2020년 4월에 총선이슈가 있었음에도 코로나바이러스의 발생을 숨기지 않았고, 덕분에 초반에 코로나가 급격히 퍼졌음에도 피해를 최소화할 수 있었다. 그뿐만 아니라 이전에 겪었던 사스(SARS, 중증급성호흡기증후군)와 메르스(MERS, 중동호흡기증후군) 사태에서 교훈을 얻어 또 다른 바이러스 발생 상황에 대해 철저히 준비해왔고, 실제 코로나19 사태에서는 다양한 시도를 함으로써 방역 선진국으로 전 세계의 모범이 되었다. 위기 때는 원리원칙을 지키면서 적극적으로 치고 나가는 것이 정답임을 증명한 사례다.

하지만 지도자가 독재성향이 강한 나라들은 달랐다. 초창기에 코로나19가 별것 아니라고 여기는 바람에 일을 키운 것이다. 미국의 도널드 트럼프 대통령은 대선에 악영향을 주지 않기 위해 제대로 대응하지 않다 일을 키웠고, 결국 20만 명을 넘는 사망자를 발생시켰다.

일본도 마찬가지였다. 미국에게 선거가 문제였다면 일본엔 경제, 개헌이 문제였다. 아베 총리는 2020년 도쿄올림픽을 성공적으로 개최하여 관광객을 끌어모으고, 여러 가지 산업적 성과를 올림픽에서 홍보하여 자국이 원전피해를 극복하고 다시 일어섰음을 전 세계에 보여주고 싶었다. 그 성과를 바탕으로 지지율을 올려 의석을 확보하고 개헌에까지 성공함으로써 '전쟁이 가능한 보통국가'를 만들고 싶었다. 이렇게 얻은 군사력으로 아시아는 물론 세계에서 일본의 영향력을 키우고 싶었다. 이 노력의 결실이 나타나는 순간을 눈앞에 둔 시점에서 아베는 코로나19 때문에 일본이 위험하다는 이미지를 만들 수는 없었다.

자신이 콘트롤 타워가 되어 이 재난을 막겠다고 나선 아베 총리는 코로나19 바이러스를 일본 땅에 들이지 않겠다는 미즈기와 정책(水際)[105]

---

[105] 섬나라라는 이점을 살려 적이 육지에 올라오기 전에 섬멸한다는 정책으로 2차대전 때 상륙하려는 미국에 대한 일본의 군사적 목표이기도 하다.

을 펴 공항을 전면 봉쇄했다. 문제는 목적만 있었지 무엇이 중요한지 몰랐다는 것이다. 그렇다. 일본은 전염병이 아닌 중국을 막은 것이다.

현명한 리더는 방법을 지시할 때 그 목표를 제대로 정해줘야 한다. 가령 A사가 여러 업체에 견적 요청을 보낸다고 가정하자. 견적을 여러 곳에 요청하는 이유는 자사가 필요한 제품을 조금이라도 싸게 사기 위해서다. 따라서 A사는 자사가 견적을 요청한 업체들이 어디인지는 철저히 비밀에 부쳐야 한다. 업체들이 제품 납품 가격을 담합 할 가능성도 있기 때문이다.

이 당연한 내용과 목적을 설명하지 않은 채 신입사원에게 덜렁 메일만 보내라고 지시하는 바람에 다른 업체들의 메일주소가 참고수신인으로 들어간 메일을 받는 경우가 의외로 자주 일어난다. 그것도 똑똑한 이들이 들어가기로 유명한 대기업에서마저 말이다. 책임 있는 전문가의 지휘가 중요한 이유다.

일본이 정상적으로 대처했다면 총리가 아닌 질병 전문가들이 중심이 된 그룹이 코로나19 바이러스 보균 의심자를 걸러 냈을 것이다. 바이러스가 중국에서 시작되긴 했으나 그 뒤로부터 꽤 시일이 흐른 상황이었으니 다른 나라에 전파되었을 가능성은 충분했다. 하지만 비전문가인 아베는 아마 우한이라는 키워드에 홀려 '미즈기와'의 대상을 바이러스가 아닌 중국으로 설정했을 가능성이 크다.

일본 게이센여학원대(惠泉女学園大学) 이영채 교수의 방송 중 발언에 따르면, 당시 일본 출입국 당국은 일본에 입국하는 사람들에게 중국인인지 아닌지만 물었고, 중국인이 아니라고 하면 그냥 통과시켰다고 한다. 열을 측정하거나 증상 여부를 문진하는 일조차 없었다는 것이다. 그렇게 온 일본이 전염병이 아닌 중국인만 막는 상황이 펼쳐졌.

뒤늦게 일본 내 확진자가 증가하면서 이것이 실수라는 걸 알았지만, 아베 총리가 직접 지휘하는 '미즈기와'가 실패했음을 인정할 수는 없었기에 미온적인 대처가 이뤄졌고, 나중에는 지자체가 정부 정책에 반발, 정부 정책과 다른 독자적인 방역을 하는 국가 마비 상황까지 벌어졌다.

일본 최고의 약점, 보신주의

일본은 역량이 뛰어난 나라임에도 변혁을 거부하는 정치가들과 그에 익숙한 국민들 때문에 세계 산업의 변혁적 순간을 번번이 놓쳤다. 그리고 이런 현상을 극복할 수 있는 리더가 없었기에 일본은 30년, 무려 한 세대가 성장을 느끼지 못하는 상황이 되었다. 성장의 경험이 없는 세대가 사회에서 활약하고 있기에 변혁의 필요성을 느끼지 못하고 있다.

현재 일본 정부의 경제정책과 올림픽 준비 관련 내용에서도 이런 점을 엿볼 수 있다. 우선 2019년 〈니혼게이자이신문(日本經濟新聞)〉이 공표한 2/4분기 일본 기업 매출 순위를 살펴보자.

[2019년 2/4분기 일본 기업의 매출 순위]

순위	명칭	매출액(백만 엔)	업종
1	도요타	30,225,681	자동차
2	미쓰비시상사	16,103,763	상사
3	혼다(Honda)	15,888,617	자동차
4	일본우정(日本郵政)	12,774,999	서비스(우편)
5	일본전신전화(日本電信電話, NTT)	11,879,842	통신
6	이토추상사(伊藤忠商事)	11,600,485	상사
7	닛산(Nissan)	11,574,247	자동차
8	JXTG홀딩스(JXTGホールディングス)	11,129,630	석유
9	소프트뱅크그룹(Softbank Group)	9,602,236	통신

| 10 | 히타치(Hitachi) | 9,480,619 | 전기기기 |

출처: 〈니혼게이자이신문〉

눈치채신 독자들도 계시겠지만 굵게 표기된 회사들은 2020년 도쿄올림픽과 밀접한 관계에 있다. 올림픽에 맞춰 5G 서비스의 상용화가 이뤄지고 있으며 도요타의 전기자동차가 택시로 배치된다. 차세대 산업이 상용화된 미래도시임을, 일본의 기업이 이미 준비되어 있음을 전 세계로 중계되는 올림픽으로 알려서 경제발전의 기회로 삼으려 했다.

물론 이는 나쁜 전략은 아니다. 하지만 이 전략은 근본적인 약점이 있다. 선진국이라면 가지고 있는 세계를 주도하는 산업이 빠져있다는 것이다. 즉 변혁이 아닌 변화만 시도한다는 것이다.

1) 금융

21세기에서 금융은 자본주의의 꽃이며 경제 전쟁의 가장 큰 핵심이기에 당연히 일본경제에서도 중요한 비중을 차지하고 있다. 2020년 중반 중국은 홍콩 보안법[106]을 통과시켰다. 이는 2019년 홍콩 민주화 시위에 대한 중국 정부의 대응으로 홍콩반환 당시의 일국양제(一國兩制)를 깨는 조치였다.

미국은 이에 대해 홍콩의 금융적 지위와 기능을 박탈하는 것을 추진하는 한편, 홍콩의 고위관료에게 금융 규제조치를 내렸다. 이렇게 캐리 람(Carrie Lam Cheng Yuet-ngor) 홍콩 행정장관이 카드거래조차 못하는 강력한 조치가 이뤄졌다.

---

106 홍콩특별행정구의 국가 안전을 수호하는 법률제도와 집행 기제 수립 및 완비에 관한 전국인민대표대회의 결정 (National People's Congress Decision on Hong Kong national security legislation)

미국의 이런 조치가 성공한다면 홍콩을 대신할 아시아의 금융 중심지로, 휴전 중인 분단국가라 내정이 불안하다는 이미지를 지닌 한국보다는 일본을 선택할 가능성이 크다. 일본으로선 홍콩 보안법 사태 덕분에 수혜를 입을 가능성이 지극히 커진 것이며 아시아의 금융 중심지를 노릴 수도 있는 것이다.

다만 금융은 일본 정부의 고민을 완전히 해결해주는 산업이 아니다. 고용과 국민 소득을 높여서 세수를 확보해야 하는 일본의 입장과는 달리 최근 금융산업은 인공지능 등의 첨단 기술을 활용함으로써 인력 고용을 줄이는 추세를 보이기 때문이다. 또한, 금융산업은 부가가치를 낳는 분야도 아니니 국가 경쟁력에 직접 이바지하지도 않는 한계가 있다.

2) 통신

어느 나라든 통신은 기술 및 인프라 분야의 성장은 물론 수출로도 이어지는 고부가가치 산업이다. 2019년 10월 일본에서는 한국의 단통법을 본뜬 제도가 시행되었다. 정식 명칭이 '단말기 판매규제 세부규정'인 이 제도의 목적은 한국과 마찬가지로 소비자에게 단말기를 비싸게 판매, 통신사의 마케팅비용을 줄여줌으로써 통신사를 배불려주는 것이다(일본 관료가 한국의 경우처럼 '시간이 지나서 이통사 수입이 남으면 틀림없이 요금을 내릴 것이다'라고 했는지까지는 모르겠다).

그에 따라 자연스럽게 5G 인프라 확충이 필요해지자 일본 총무성(한국의 정보통신부)은 NTT도코모(NTT Docomo), KDDI 등의 이동통신사는 물론 공장, 오피스, 농장, 건설, 공항·항만, 상업 시설, 병원 등 일반 기업이 5G 랜(LAN)을 구축할 수 있는 로컬 5G[107] 주파수를 할당하고 불완

---

107 제5세대 이동통신규격, 이 움직임이 한국이 최초 상용화를 위해 움직인 배경 중 하나다.

전하게나마 상용화 시켰다.

아이러니하게도 일본이 올림픽을 기점으로 5G를 도입하게 된 계기는 그들이 그렇게 방해했던 평창올림픽이었다. 평창올림픽은 일본뿐 아닌 전 세계가 '5G는 예상외로 돈이 될 뿐 아니라 가상현실, 인공지능 등의 부가가치도 따라오는 노다지'라는 사실에 눈뜨는 계기가 되었다.

한국은 평창올림픽을 바탕으로 5G 서비스에 박차를 가해서 한국인이 전 세계 5G 가입자 다수를 차지하는 것(한국과 중국이 최상위)은 물론, 장비점유율 1위를 기록한, 5G 서비스의 모범국가라는 목표를 달성했다. 단 한국은 5G 서비스의 환경은 구축했지만, 제대로 된 5G 서비스는 사용할 수 없는 반쪽 서비스를 오랫동안 유지하는 상황이다.

이 점에 착안한 일본은 2020년 올림픽까지 완벽한 5G 서비스를 제공하고 올림픽을 기점으로 이를 전 세계에 알리겠다는 계획을 세웠다. 그러나 코로나19로 올림픽이 1년 늦춰지는 바람에 그 계획 역시 미뤄졌다.

게다가 악재가 이어진다. 미·중의 패권주의를 고려하면 일본은 싫어도 미국을 따라야 하는데, 미국이 중국을 견제하는 바람에 값싸고 성능 좋은 화웨이(Huaway)의 장비를 도입할 수 없기 때문이다. 이후 2020년 5월, 미국이 아예 미국의 기술을 사용한 반도체를 화웨이에 제공할 시 허가를 받아야 한다며 사실상 차단을 하는 일까지 벌어졌다. 이 역시 인프라 구축 비용을 절약하고픈 일본 정부의 고민이다.

3) 자동차

이와 더불어 일본은 자동차 업계의 발전도 꾀하고 있다. 이 업계는 일본이 세계를 선도하는 유일한 제조업이기 때문에 집중 관리 대상이기도 하다. 아베 총리가 미국의 자동차 관세 25% 인상을 강하게 막았던 이유는 사실상 일본 수출경제의 핵심이 자동차였기 때문이다.

이 시도는 트럼프 대통령의 주요 지지층인 콘벨트에서 생산한 사료용 옥수수를 구매함으로써 무마했으나, 이 옥수수가 사실상 일본에서는 사료로 쓸 수 없음이 드러나자 발을 빼는 상황이다.

닛산을 인수 합병하려던 카를로스 곤(Carlos Ghosn) 회장은 금융상품거래법 위반, 배임 행위로 구속되었다. 문제는 그가 정당한 변호사 접견권조차 누리지 못하는 상황이었다는 것이며, 이는 그의 범죄행위 성립 여부와는 별개로 문제가 있는 조치였다. 이로 인해 곤 회장에 대한 기소가 무리한 기소라는 의견까지 나왔다.

일본 검찰이 곤 회장을 무리해서 기소한 이유는 일본의 핵심산업인 자동차 산업을 르노(Renault)라는 외국 기업에 넘길 수 없었기 때문이다. 경제의 핵심인 자동차 기업이 외국 회사에 합병되는 것은 아베 정권에게 악재가 될 수밖에 없기 때문이다.

이렇듯 일본 자동차 산업의 입지는 탄탄하지만, 장래가 밝지만은 않다. 도요타가 인도네시아에서 현대자동차에 밀리는 상황이 발생했으며, 닛산은 인수합병이 진행될 정도로 악화된 경영이 회복될 조짐이 보이지 않는 상황이기 때문이다.

4) 관광

2020년 도쿄올림픽을 기점으로 일본은 4,000만 명의 관광객을 유치하겠노라고 선포했다. 업계 특성상 관광 분야에선 거대 자본을 지닌 기업이 나오기 어렵지만, 서민경제 향상에 직접적인 영향을 주는 데다 아직까진 노동집약적 산업의 성격을 벗어나지 못했기에 고용 창출에도 이바지할 수 있다. 즉, 관광 산업 부흥은 일자리와 세수를 동시에 해결하는 방법이다.

하지만 이러한 일본의 계획에는 큰 제동이 걸려버렸다. 시작은 한국에서 시작된 일본 제품 불매운동이다. 불매운동 이전인 2019년 일본 정부 관광국 상반기 통계에 따르면 일본을 찾은 관광객 중 한국인의 비중은 24.2%였다. 그런데 불매운동이 시작되자 한국 관광객이 줄어들기 시작했다.

일본 정부는 이에 대응해서 한국이 아닌 다른 나라에서 온 관광객을 늘리려 했다. 그들은 이미 불가능한 관광객 유치를 성공한 경험이 있으니 자신만만했을 것이다.

하지만 문제는 다른 데 있었다. 한국-일본 간의 항공 노선이 워낙 다양하게 잘 구축된 탓인지 그전까지는 중국 관광객들의 경우 인천 공항에 왔다가 다시 일본행 비행기를 타는 것이 중국-일본 직항 노선을 이용하는 것보다 빠르고 저렴한 방법이었다. 그런데 한국에서 일어난 불매운동의 영향으로 한-일 간의 노선이 감축되었고, 이 영향이 다시 중국인 관광객들에게도 미친 것이다.

여기 코로나19라는 천재지변 때문에 전 세계 관광 산업이 신음하는 상황까지 덮쳤다. 2020년 4월 기준으로 일본을 찾은 해외 관광객은 2019년 대비 99% 감소했다는 발표까지 나왔다(2020년 4월 일본 입국자가 2,900명으로 깔끔한 수치를 보이는 것을 보면 이 수치마저도 조작되었을 가능성이 크다). 내수 관광은 이뤄지고 있으나, 일본 관광국의 통계에 따르면 그 역시 2020년 2~4월 기준으론 83.6%로 전년 대비 감소했다.

이에 외국인 관광객에게 여행 인센티브를 주는 제도를 2020년 하반기부터 도입하는 방안을 검토하는 것은 물론 Go To Travel이라는 캠페인을 통해 내수 관광객을 늘리려고 하는 중이다. 돈을 투자해서라도 일본을 관광하는 '경험'을 안겨주자는 뜻이다. 그러나 이 캠페인 이후

내국인 코로나 확진자가 늘어나는 등 진통이 발생하는 상황이다.

　일본은 자국 경제의 발전을 위해 다방면으로 노력하고 있다. 하지만 이 정책들은 장기적인 정책에서 나온 것이 아닌 현재 주력산업의 경쟁력을 단기적으로 확보하려는 시도에 지나지 않는다. 이런 나라가 급변하는 세계 사회, 나아가 언택트(untact)라는 변혁을 눈앞에 둔 상황에서 기민하게 대응할 수 있을까?
　물론 일본 사회는 언택트가 생활화된 곳이니 다른 국가들보다 나은 상황이라 여기는 사람들도 있겠지만 내 의견은 다소 회의적이다. 일본은 타국의 선례가 있을 때 이를 벤치마킹하는 것엔 뛰어나지만, 새로운 영역으로 먼저 나서는 것은 두려워하기 때문이다.

일본은 부활할 수 있을까?

일본경제는 부활할 것인가? 결론적으로 붕괴할 가능성이 매우 크다. 역량과 가능성은 충분하지만, 그것을 활용할 수 있는 환경이 아닌 탓이다. 한 예로 한국에 대한 수출규제가 강제징용 배상 판결에 대한 보복이었다는 것은 곧 일본이 한국에 대해 우위를 보일 수 있는 것이 고작 '소재'뿐이었다는 말도 된다. 만약 일본만이 주도하는 다른 것이 있었다면 당연히 그것을 먼저 무기로 꺼냈을 테고, 혹 그게 아니라면 지소미아 및 WTO 제소로 궁지에 몰렸을 때라도 꺼내 들었을 테니 말이다.
　하지만 그들이 꺼낸 것은 타국산 제품으로 대체가 가능한 소재를 수출규제하는 것이었다. 즉 수출규제는 꺼낼 수 있는 최강의 카드라고 보는 것이 맞다.
　일본의 내수 경기가 활성화될 조짐도 없다. 2019년 10월 일본의 소비세는 8%에서 10%로 6년 만에 인상됐다. 일단 정부는 시장에 충격을 주지 않기 위해 식자재 등의 특별 상품에 8% 경감세를 적용한다고 했으나, 이건 전형적인 아베 정부의 조삼모사다. 식재료의 소비세가 8%인 것은 맞다. 하지만 그 식재료를 식당이 가공하면 생산물이 되어 소비자 입장에선 10%의 소비세를 내야 한다. 도시락 가게에서 1인용 도시락을 구매해도, 외식을 해도 소비세는 10%다.

다시 말해 일반 국민들의 상당수는 의외로 경감세율의 혜택을 보기 어렵고, 이런 상황에선 자연스레 소비가 위축된다. 이 때문인지 2020년 4월에는 가구당 실질 소비지출이 -11.1% 급락하기까지 했다.

생산인구 증가로 돈을 벌기도 쉽지 않을 것이다. 역사를 보면 어떤 국가든 급격한 성장을 한 배경에는 반드시 충분한 생산인구가 있었다. 하지만 일본은 그 생산인구 자체가 꿈이다. 2019년 상반기 〈니혼게이자이신문〉에 실린 기사에 의하면 일본의 65세 인구 비중은 무려 28.4%로 세계에서 가장 높으며 고령자 취업률은 24.3%에 불과하다. 인구가 1억 2,000만 수준이라 소비시장이 유지되는 것일 뿐 소비 활력은 없는 것이다. 이런 상태에서 경제가 성장할 리도 없지 않겠는가?

혹자는 아베 총리의 완전고용을 칭찬한다. 그러나 일본의 실업률이 2%대에 머무는 이유는 아베 총리가 마술을 부린 덕이 아니라 생산가능인구 자체가 줄어들었기 때문이다.

일본의 생산가능인구는 전체 인구의 58.4%에 불과하다.[108] 출산율 0.8%인 옆 나라 대한민국의 생산가능인구가 2018년 기준 3,754만 명으로 전 인구의 72.4%인 점에 비춰보면 그보다 훨씬 생산인구 비율이 낮은 상황인 것이다. 이렇게 되면 경제 성장동력도 떨어질 수 밖에 없다.

일본은 대국이며, 기반도 탄탄하고 인프라 역시 잘 보급되어 있다.

---

[108] 〈니혼게이자이신문〉의 보도에 따르면 2018년 현재 일본의 전체 인구는 1억 2,808만 명, 생산가능인구는 7,484만 명이다.

하지만 정책을 주도하는 관료들이 천천히 가면 오를 수 있는 산을 급하게 오르려다 실패한 탓에 많은 것을 놓쳐버렸다. 그리고 재기를 하기엔 너무 먼 길을 돌아왔다.

물론 체력이 튼튼한 만큼 가망이 아예 없는 것은 아니다. 경제정책을 제대로 세우고 경쟁력을 키울 수 있는 지도자가 나타난다면 거품시대로까지야 아니겠지만 성장할 가능성은 충분하기 때문이다.

그러나 문제는 일본의 리더들이다. 자신의 정치적 야망을 위해 수출규제를 시행하여 국가 경쟁력과 신용을 내던진 것은 국가 산업 및 그 연결망에 대해 무지하다는 걸 말한다. 투표가 가능한 나라에서 이런 사람이 장기집권을 하고 있으니 국가가 발전할 가능성도 국가 경제가 회복할 가망도 낮은 것이다. 과거에 머물러 사는 사람들이 치고 나가기엔 세상이 너무 변해버렸고, 앞으로는 더욱 그러할 테니까.

14.
올림픽과 경제
그리고 전범

아베 정부가 올림픽에 집착하는 이유는
올림픽의 본질을 경제로 보기 때문이다.
그리고 그의 목표는 전범의 후예가 추구하는 질서다.

일본 올림픽을 이해하는 방법

사람들은 어떤 사안을 이해할 때 자기 기준으로 해석하는 실수를 저지른다. 일본 올림픽도 마찬가지다. 우리가 볼 땐 후쿠시마산 농산물을 먹이고, 코로나바이러스 위협에도 불구하고 개최를 강행하려고 했던 것, 나아가 전범기를 경기장에 반입하는 것 등이 영락없는 코미디다.

그러나 그것을 밀어붙이는 사람들의 입장이 되어 생각해보면 의외로 철저한 계획하에 진행했던 일이며, 그 내막을 알고 보면 이는 마냥 웃을 일이 아니다. 특히 피해국인 우리 입장에선 말이다.

2020년 도쿄올림픽은 여러모로 논쟁거리가 되었다. 캐치프레이즈는 '오모테나시(おもてなし)', 즉 '일본의 마음으로 정성껏 받들어 모신다' 쯤 되겠다. 그런데 받들어 모셔야 하는 손님에 대한 대접이 엉망이다. 일본 올림픽위원회는 선수촌에 온 선수들에게 원전사고로 유명한 후쿠시마산 농수산물을 제공한다고 한다. 이를 통해 후쿠시마의 안전을 세계에 알리겠다는 것이 목표다.

그런데 상식적으로 생각해보면, 자국 음식물의 안전성을 세계에 알리기 위해선 외국인들의 식사 모습을 보여주기보다는 검증된 기관의 사찰을 받는 것이 맞다.

야구 등 일부 경기는 후쿠시마의 아즈마(あづま) 구장에서 열린다. 일본 정부는 이곳이 안전하다고 말하지만, 그린피스의 이야기는 조금 다르다. 이곳이 안전하다는 것을 보여주기 위해 일본이 방사능 오염수를 별도 처리 없이 그대로 바다에 방류한 후 오염수 저장 탱크를 철거하려 함과 더불어 경기장 주변의 제염토도 다 치울 계획이라는 것이다.

이게 과연 안전해서 취하는 정책일까? 2019년 하기비스 태풍 때 제염토가 다 날아가는 바람에 주변 지역의 방사능 수치가 기준치 이상으로 올라갔음에도 후쿠시마에서 성화봉송을 강행하는 걸 보면 그렇게 생각되진 않는다.

2020년 도쿄올림픽은 목적을 위해 수단과 과정을 맞추는 전형적인 일본식 행정의 산물이다. 이 올림픽을 무사히 개최하기 위해, 코로나19 환자가 발생한 크루즈선을 봉쇄해서 다수를 전염시키거나, 검진을 거부해서 확진자 수를 줄이는 식으로 일을 처리하는 모습 등을 보면 그들은 올림픽의 명목상 목표인 '평화의 제전'보다는 다른 데 관심이 있는 것으로 보인다.

그들의 목표로는 크게 두 가지가 있다. 하나는 **자국 경제의 '부흥'**, 다른 하나는 **전범행위를 공정한 행위로 인정받는 것**이다.

올림픽이 가진 환상

2016년 브라질에서 열린 리우올림픽은 '올림픽을 개최하는 국가는 경제적으로 성장한다'라는 공식을 훌륭히 무너뜨렸다. 브라질 국립박물관 화재를 진압하지 못한 이유 중 하나가 올림픽에 예산을 모두 돌리는 바람에 소방 예산이 부족했기 때문이라는 것은 유명한 이야기로, 올림픽을 개최한다고 꼭 국가가 발전하지는 않는다는 증거이기도 하다.

하지만 그렇다고 올림픽의 상징성이 무너진 것은 아니었다. 그리고 공교롭게도 한국, 중국, 일본 등 동아시아 국가들은 모두 그 상징성의 수혜를 입었다. 중국이 2008년 베이징올림픽을 통해 국제적 위상 등이 높아졌고, 한국 역시 그랬다.

1966년 린든 존슨(Lyndon B. Johnson) 대통령이 방한했을 때 판자촌이 즐비한 모습을 전 세계에 중계하던 나라는 1988년 서울올림픽에서 그 설욕을 떨쳐낸다. 발전한 거리, 우수한 인프라, 성공적인 올림픽 개최로 더는 끝에서 세는 게 더 빠른 가난한 나라가 아님을 전 세계에 알렸고, 그때까지 한국을 무시하던 동유럽 국가들은 어느새 자국보다 잘살게 된 한국에 충격을 받고 너나 할 것 없이 수교를 요청했다. 이 기세를 몰아 한국은 저금리/저유가/저환율이라는 3저 호황을 타고 경제성장에 박차를 가할 수 있었다.

그래서 당시 올림픽을 경험한 세대들은 서울올림픽에 '부흥'이라는 이미지를 갖고 있다.

일본 역시 마찬가지였다. 폭격으로 깡그리 날아간 것도 모자라 원자탄까지 맞은 나라는 1964년 도쿄올림픽을 성공적으로 개최, 제2차 세계 대전의 피해를 극복하고 다시금 세계에서 손꼽는 국가가 되었음을 전 세계에 선포했다.

이 올림픽으로 일본은 다시 태어났다고 해도 과언이 아니다. 사회간접자본이 크게 성장했고 컬러TV 중계 송출, 세계 최초 정지위성 실시간 중계, 세계 최초의 고속철도 신칸센(新幹線) 도입 등 세계 트렌드를 주도할 만한 시도가 연이어 터져 나왔다. 이런 것들이 일본성장의 핵심이 되었음은 두말할 것도 없다.

2020년 도쿄올림픽은 이런 부흥을 다시 한번 맞이하기 위해 기획된 이벤트다. 따라서 모든 키워드를 '경제 부흥'에 맞추면 일본의 기행은 쉽게 이해된다.

일본은 제조업 강국이었다. 하지만 노선을 잘못 잡는 바람에 발목이 잡히기도 했다. 새로운 패러다임을 쫓아 떠나는 다른 국가들과 달리 기존의 강점에만 매달리다가 IT 혁명, 차세대 주력산업 개발에 실패했기 때문이다. 기존에 강점을 보였던 반도체, 조선 분야는 한국에게, 가전과 PC 산업은 중국과 대만에 따라잡혀 빼앗겼다.

아베 정부가 제조업 육성을 포기한 이유도 여기에 있다. 제조업에 투자하는 대신 올림픽까지 내다본 관광 산업을 추진했는데, 그 방식은 정말 모범적이고 성과도 상당히 좋아서 아직도 중국인 관광객의 면세점 매출에만 매달리는 한국으로선 배울 점이 많다.

2012년 방일 외국인 관광객 수는 835만 8,105명이었으나 2013년은 1,036만 3,904명으로 뛰더니 본격적인 효과가 나타난 2014년에는 1,341만 3,461명, 2015년에는 1,973만 7,400명 등 급속도로 성장, 정점을 찍은 2019년에는 한국인의 불매운동이 있었음에도 3,188만 2,049명까지 늘어났다.[109]

하지만 여기에는 두 가지 문제가 있었다. 일본은 제조업이 강력한 나라다. 제조업이라는 주력 분야를 관광업과 함께 키우기는커녕, 육성책조차 준비하지 않았다는 것은 일본 정부가 확실히 보여줄 수 있는 성과에만 매달렸음을 말한다. 뒤에서 이야기하겠지만 2020년의 여러 지표를 볼 때 이는 반쪽의 성공이다.

어쨌든 2020년 도쿄올림픽은 이 관광 정책의 연장선에 있었다. 목

---

109 일본 정부관광국(JNTO)의 2019년 5월 13일 자 갱신 통계자료 참고.

표 관광객 수가 4,000만으로 조금 높긴 했는데 그보다 더 높은 목표도 관광객 목표도 깬 적이 있으니 이는 별문제가 아니었을 것이다. 그러나 예상치 못했던 코로나19 때문에 관광 산업이 정체되면서 문제점이 드러나기 시작했다.

결론은 경제다

일본은 2020년 도쿄올림픽을 통해 직접적인 경제성장 효과도 노리려 했다. 일본이 과거 올림픽에서 누렸던 효과는 대체 효과다.

한 예로 세이코(Seiko)는 1964년 도쿄올림픽 공식 타임키퍼를 제공하면서 일본이 쿼츠(Quartz) 시계를 생산할 수 있음을 전 세계에 알렸고, 이것이 쿼츠 파동이 되어 스위스 시계 업계가 초토화되거나 인수합병으로 사라지는 결과를 낳았다.[110]

신칸센도 이와 비슷한 사례였다. 상용운전속도 200km/h급의 속도로 철도 역사에 새 역사를 썼다. 일본은 올림픽이 사회간접자본을 얼마나 발전시키는지, 그것이 국가에 어떻게 이바지하는지를 잘 보여준 국가이다.

일본은 이런 경험을 바탕으로 이번 올림픽에서도 사회간접자본의 성장을 바탕으로 한 경제성장을 노렸다.

첫 번째 대상은 자동차 산업이다. 혼다, 닛산이 여러 문제로 고전하는 상황에서도 도요타는 일본 최대의 매출을 기록함은 물론 전 세계에서 탄탄한 입지를 구축하고 있다. 일본 정부는 올림픽이 개최되는 동안 올림픽 로고를 생긴 도요타 전기차를 택시로 운행함으로써 차세대 자동차 산업에서 일본이 차지할 위치는 물론 전기차 인프라가 완벽

---

110 이것이 현재 스위스 시계 업계가 고급화 전략으로 방식을 바꾼 이유다.

히 구축된 도쿄를 보여주고 싶었다.

　두 번째 대상은, 5G 인프라 통신 산업이다. 5G는 단순한 통신규격이 아니라 가상현실, AI 등이 꽃 필 수 있는 모판 같은 산업 분야다. 5G 인프라를 통해 사람들은 콘텐츠를 소비하고 더 나아가 생활해나갈 것이기 때문이다. 대한민국이 5G 상용화 최초 타이틀을 위해 뛰었던 이유 역시 이것이다. 그런데 일본은 이전부터 자신들의 통신 및 방송 인프라의 해외 판매에 열성적이었기에 이 익숙한 사업을 한국에 빼앗길 수 없었다. 그래서 올림픽 관련 인프라에 5G를 도입, '5G를 먼저 상용화한 것은 한국이지만 이를 제대로 된 산업으로 만들어낸 나라는 일본이다'라는 점을 세계에 알리려 하는 것이다.

　세 번째 대상은 콘텐츠 산업이다. 일본의 콘텐츠 산업 분야는 세계적으로 유명한 데다 한국에서 일본 제품 불매운동이 꾸준히 이어지고 있음에도 큰 타격을 받지 않은 업종이다. 일본은 자국의 문화홍보 전략인 '쿨 재팬(Cool Japan)'을 2016년 리우데자네이루올림픽 폐막식에서 선보였다. 일본에서 인사하는 듯 보이다가 슈퍼마리오의 옷을 입고 폐막식장에 나타나는 연출은 전 세계의 주목을 모으기에 충분했다.

　앞서 말했듯 일본은 '타국에 맞추기보다는 자국의 질서로 들어오게 하는 것'을 지향한다(모든 해외 문물을 들여와서 그대로 사용하지 않고 일본에 맞춰 사용하는 '이이토코토리(良いとこ取り, 좋은 것만 취하기)'가 일본의 장기가 된 이유다). 그리고 이렇게 만든 문화를 해외가 받아들이게 하려고 문화홍보 전략에 천문학적인 돈을 투자한다.

　한 예로 1964년 도쿄올림픽 당시 일본의 스시 문화를 접한 외국인들에게 일본 정부가 대응했던 방법을 들 수 있다. 스시 탓에 외국인들이 '일본인은 날생선을 먹는 야만인'이란 이미지를 갖게 되자 일본 정부는 '우리 고유의 식문화이니 신경 쓰지 말라'고 하는 대신 스시의 국제화를 위해 엄청난 돈을 쏟아부었다.

이런 투자 덕에 현재 스시 문화는 많은 국가에서 자리 잡았고, 아베 총리와 오바마 대통령은 도쿄에서 스시 만찬을 한 이후, 세계적인 트렌드로 자리잡았다.

이는 국가가 시도해볼 만한, 지극히 정상적인 전략들이다. 그러나 우리가 유의해서 살펴봐야 하는 것은 '일본이 2020년 도쿄올림픽(현재는 2021년으로 연기됨)에서 무엇을 하려고 하는가'다. 그들이 집착하는 것은 자신들의 가치를 타인이 수용하게끔 만드는 것이기 때문이다. 이런 관점에서 볼 때 2020 도쿄올림픽에는 심상치 않은 분위기가 감지된다.

일본의 상징을 세계로

A라는 상품이 있다. 소비자들 사이에서의 상품 이미지는 무척 부정적이지만, 그럼에도 제조사의 임원들이 이 A 상품을 팔려고 한다. 이런 상황이라면 판매담당자는 A 상품에서 기존 이미지를 분리한 뒤 그보다 훨씬 긍정적인 인상을 주는 다른 이미지를 붙인다. 얼핏 보면 말도 안 되는 듯하지만, 실제 비즈니스에선 굉장히 자주 이뤄지는 효과적인 전략이다.

이런 전략이 2020 도쿄올림픽에서 그대로 사용된다면, 만약 그대로 욱일기(旭日旗)에 사용된다면 어떤 생각이 들겠는가? 욱일기는 구 일본 제국의 군기로서 한국에서는 전범기라 불리는 물건, 즉 피해국에는 전범의 상징이다.

하지만 일본의 집권층은 자신들의 조상이 저지른 범죄, 그리고 그런 조상들에게서 계승한 자신들의 정통성을 정당화하기 위해 세계가 욱일기를 받아들이게끔 해야 한다. 2015년 헌법 재해석을 통해 세계 각국과 해외에서 군사작전을 할 수 있는 지금 이는 절대 미룰 수 없는 작업이다.

따라서 그들은 욱일기에서 전범의 이미지를 분리해낸 뒤 다른 이미지를 붙이려고 하고 있다. 그 이미지가 바로 올림픽이 지닌 '평화'라는 이미지다.

도쿄올림픽 조직위는 올림픽 응원에서 욱일기가 사용되는 것을 전혀 제지하지 않으며 오히려 권장하겠노라고 밝혔다. 전범의 상징인 욱일기가 평화의 제전인 올림픽에 사용되게끔 하겠다는 것이다. 이는 다시 말해 욱일기에 '평화의 상징 올림픽에 사용된 응원기'라는 이미지를 덧씌워 세계인에게 평화의 상징으로 인식시키려는 전략이다.

이것이 가능한 일이냐고? 그간 일본 정부가 기울인 끝없는 노력 덕에 의외로 다른 나라에는 욱일기가 나치의 상징인 하켄크로이츠(Hakenkreuz)와 동격의 물건이란 사실을 모르는 사람들이 상당히 많다. 그래서 욱일기에 대해 관대하다.

심지어 일본문화 콘텐츠를 통해 접한 사람들은 욱일기를 쿨[111]하다는 이미지로 받아들이고 있기도 하다. 아베 정부가 추진하는 문화 콘텐츠 진흥 전략의 명칭이 '쿨 재팬'인 이유다. 쿨(Cool)한 재팬, 일본은 멋지다는 뜻이다.

이 시도는 피해국의 입장인 한국과 중국으로선 상당히 부담스러운 상황이다. 극단적으로 말해서 욱일기가 평화의 상징이 된다면 욱일기를 휘두르는 집단에게 착취당한 두 국가는 평화에 방해되는 국가로 간주될 수도 있기 때문이다.

당연히 한국, 중국은 이를 잘 알기에 IOC에 공개서한을 넣는 등 적극적으로 대처하고 있고, 아직은 욱일기에 대한 진실을 설명하면 국제

---

111 Cool, 구어체에서는 멋지다는 뜻이 있으며, 시원하다, 거침없다는 뜻도 있다.

사회를 어느 정도 이해시킬 수도 있는 상황이다.

하지만 만약 진실을 거론할 때마다 국제사회로부터 차가운 시선을 받는다면 어떨까? 욱일기를 멋지다고 여기는 이들이 앞으로 국제사회에 영향을 주는 국가나 기관의 요직에 앉는다면 이는 얼마든지 실제로 일어날 수 있는 일이다. 독일조차 나치가 옳았다고 주장하는 이들이 의회에 입성한 상황이다.

일본도 이런 현황을 알고 있기에 욱일기를 평화의 상징으로 인식시키겠다는 큰 그림을 그리고 그에 따른 전략을 행하고 있다. 수십 년만 지나면 욱일기는 평화를 사랑하는 일본의 상징이 되며, 욱일기를 전범기라 하는 사람들이 비난을 받을 것이라고 믿으며 말이다.

이런 시도는 비단 욱일기에 관련해서만 이루어지는 것이 아니다. 현재 도쿄에는 일본의 근대산업혁명 유산 홍보의 일환으로 강제징용 현장이었던 일명 군함도 전시관[112]이 개설되었다. 군함도가 있는 나가사키가 아닌 도쿄에 이를 세운 이유는 관광을 온 외국인들이 '군함도에서 이뤄진 강제징용은 정상적인 근로였다'라고 인지하게 하기 위해서다. 지금이야 한국에 대한 수출규제를 두고 국제사회는 '일본이 자국의 강제징용에 대해 내려진 한국 대법원의 판결에 보복하려는 수단'이었다는 데 동의하지만, 만약 이 박물관을 통해 강제징용은 없었다는 인식이 퍼져나가면 그때도 과연 국제 여론은 한국의 손을 들어줄까?

일본 부활의 상징

도쿄올림픽 조직위원회가 공표한 올림픽 개최 비용은 무려 1조 6,000억~1조 8,000억 엔에 달했다. 일본 입장에서 보자면 올림픽 효

---

112 정식 명칭은 산업유산정보센터(産業遺産情報センター)

과를 통해 제조업, 콘텐츠 산업을 부활시키고 전범 이미지를 개선하기 위한 비용이었다고 해도 과언이 아닐 것이다. 부분적으로만 보면 바보 같지만 일본의 경제 부흥, 일본 부활이라는 시점에서 봤을 때 2020 도쿄올림픽은 굉장히 잘 만들어진 기획이었다.

일본이 도쿄올림픽을 통해 노리는 것에는 '후쿠시마의 부활'도 있다. 소련의 이미지가 체르노빌로 무너져 내렸듯 후쿠시마 원전사고 역시 일본의 이미지에 부정적인 역할을 끼쳤다. 원전 관리는 기술의 영역, 피폭은 수출상품의 안전성임과 동시에 더 나아가서는 관광 대국을 추구하는 일본의 신뢰와 관련된 영역이기 때문이며 무엇보다 일본 정부의 무능함과 부패를 그대로 보여준 최대의 약점이기도 하다.

그래서 일본은 올림픽이 가진 평화적 이미지를 후쿠시마에 덧씌워 국제사회의 신뢰를 얻으려 하고 있다. 성화가 굳이 후쿠시마에서 출발하는 것, 올림픽 선수촌의 식사를 후쿠시마산 농수산물만으로 만들겠다는 것, 선수들이 이용할 숙소의 가구들에 후쿠시마산 목재를 활용하겠다는 것[113] 등도 모두 이를 위한 전술이다. '후쿠시마는 평화의 제전에 기여한 지역'이라는 이미지를 만들려는 것이다.

그런 일을 한다고 '원전사고 지역'이라는 후쿠시마의 이미지가 지워질까 싶지만 바로 옆 나라인 한국과 달리 다른 국가들은 후쿠시마가 어디에 있는지, 어떤 사고가 그곳에서 있었는지 잘 모르니 가능할 수도 있다.

올림픽에 참가하는 세계 각국의 선수들이 일본의 저런 계획 탓에 피폭당할 것이 우려되기도 한다. 그러나 설령 피폭당하여 증상이 나타난다 해도 상당 시일이 지난 후의 일일 것이며, 올림픽 당시의 환경으

---

113 현재 목재에 대한 방사능 기준치는 아예 존재하지 않는다.

로 인한 것이라는 인과관계를 증명하는 일 또한 쉽지 않을 것이다. 잊지 말자. 시스템이나 매뉴얼을 만드는 데 능숙한 국가인 만큼 일본은 계산, 계획해서 움직이는 데서도 타의 추종을 불허한다.

스포츠 선수들은 젊음을 불태워 전성기를 만드는 이들이다. 일본의 계획을 알고 나면 일반인들은 이렇게 후쿠시마와 엮인 도쿄올림픽에 가지 않겠다고 할 수 있을지 몰라도, 선수들은 전성기에 두 번 다시 얻지 못할 수도 있는 올림픽 참가 기회를 놓치고 싶지 않을 것이다.

그런데 갑자기 예상치 못한 상황이 벌어지고 말았다. 코로나19로 인해 올림픽이 연기된 것이다.

올림픽 연기가 일본에 끼치는 영향

2020년 1월 전 세계에는 코로나19라는 신종 전염병이 퍼졌다. 치사율은 3%에 불과하나 백신과 치료제가 전혀 없는 이 미지의 병은 세계 각국의 발목을 잡았다.

일본은 초기 대응은 빨랐으나 그 방향성 자체가 완전히 어긋난 사례다. 질병 전파 루트가 아닌 중국만 차단하려다 사태를 키웠기 때문이다. 그 탓에 일본 전역이 혼란스러워지자 아베 정부는 여러 방법으로 코로나19 청정국의 이미지를 만들려 했고, 그 과정에서 통계를 의도적으로 조작하거나 검진을 막았다는 이야기도 나왔다. 도쿄올림픽이 1년 연기됐다는 내용이 발표되자마자 일본의 올림픽 출전 선수 중 다수가 코로나 양성 반응을 보였다는 기사가 보도된 것을 보면 결코 허무맹랑한 이야기는 아니다.

코로나 사태 초반에 일본은 IOC의 강행 의지에 기대어 무리하게 올림픽을 강행하려 했다. 그러나 전 세계에서 쏟아지는 비난에 IOC마저 생각을 바꿔 압박하자 결국 올림픽을 2021년으로 연기하는 데 동의했다.

여기서 문제가 터졌다. 꼭 일본만을 두고 하는 이야기가 아니라, 목표를 정해놓고 그것만 달성하면 된다는 식으로 일을 처리해나가다 보면 그 목표가 바뀌었을 때 대응하기가 힘들다. 예를 들어 작가가 책을 낸다는 목표에만 매달려 중간 과정은 무시하거나 변칙적으로 처리했는데 책이라는 것 자체가 사라지는 상황이 벌어진다면 어떨까?

이 경우 책에 실으려 했던 콘텐츠를 빨리 다른 것으로 대체해야 하는데 목표가 '책'이었으니 뾰족한 방법을 취하지도 못한 채 묶여버리고 말 것이다. 이는 기민성이 부족한 관료주의 사회에서 흔히 나타나고, 특히 시스템 국가인 일본에선 정말 자주 일어나는 일이기도 하다.

2020년 도쿄올림픽은 코로나바이러스 대유행으로 인해 암초에 걸렸다. 당장의 경제적 목표가 붕괴되었다. 이는 앞으로 펼쳐질 일본 정부의 경제 부흥책이 차질을 빚음과 동시에 재정을 확보할 길이 사라졌음을 의미한다.

일본은 희한한 국가다. 전 세계에 로비하는 비용, 친일 인사에게 지원하는 비용은 아낌없이 지출하면서도 막대한 부채를 짊어진 국가이기도 하다. 이런 상황은 아낌없이 지원하는 비용은 정권에 이익이 되지만 그렇지 않은 돈은 이익이 되지 않기 때문에 지출을 아끼고 싶어한다고 볼 수도 있다.

일본 정부의 이런 짠돌이 정신은 올림픽 개최 과정에서 빈번히 드러났다. 돈을 아끼고 싶었던 일본 정부는 올림픽에서 수여될 금메달과 은메달, 동메달에 쓰일 금속을 도시광산[114]에서 조달하기로 했다. 이를 위해 국가가 직접 '도시광산 메달연대 촉진위원회'를 만들어 폐가전에

---

114 1980년대 일본이 최초로 사용한 개념으로 '도시에서 광물을 캐낸다'라는 의미다. PC, 노트북PC, 휴대전화, 폐 전기·전자제품에서 금, 은 등의 희귀금속 자원을 회수해 재활용하는 신종 산업으로서 기존 금광보다 최소 4배에서 최대 80배나 효율성이 높다.

서 동을 조달했다.

　은은 소학교와 중등학교에 회수용 박스를 설치, 안 쓰는 휴대전화와 컴퓨터를 제출하게 했는데, 이것이 일선 교사들을 중심으로 실적할당의 형식으로 시행되었다. 금메달 제작을 위한 금은 국민들을 대상으로 금 모으기 운동을 벌여 모으고 있었다.

　기타 시설의 활용에서도 예산 절감 노력의 흔적이 보인다. 예정대로라면 8월에 올림픽이 열릴 것이었음에도 각 경기장에는 에어컨이 설치되지 않았다. 올림픽이 열리는 도쿄는 새벽에서 오전으로 넘어가는 시간에도 온도가 섭씨 40도 가깝게 치솟으며 습도 또한 높은 곳이다.

　이런 더위의 해소를 위해 위원회가 생각한 방법은 놀랍게도 관람객들에게 '부채'를 제공하는 것이었다. 그러나 선수들은 부채를 쥐고 경기에 임할 수 없으니 더위 속에서 시합을 치를 가능성이 컸다. 그리고 이에 대한 확실한 대응책은 올림픽 연기가 확실해진 이후에도 나오지 않은 상태다. 일본 사회의 성격을 고려해보면 무더위가 올림픽 개최에 문제점으로 작용하니 해결책을 마련해야 한다기보다는 '올림픽은 무조건 개최되어야 하니 일부가 희생을 감당해야 한다'는 식으로 가는 듯하다. 그 일부가 세계에서 온 고객이라도 말이다.

　이 문제점이 절정으로 치달은 것은 마라톤 경기였다. 본래 일본은 도쿄올림픽의 마라톤 경기를 도쿄에서 열 계획이었다. 그러나 도쿄의 무더위에서 선수들을 보호하기 위해 IOC는 직권으로 마라톤 경기 장소를 홋카이도의 삿포로로 변경했고, 자연히 이에 따른 비용 부담 문제가 생겨났다. 도쿄로선 마라톤 경기를 위해 기존에 투자했던 비용을 회수하지 못하는 상황에서 난제가 발생했다.

　홋카이도의 정치가들을 자기 세력화하려는 스가 요시히데(菅義偉) 당시 관방장관(현 총리)이 도쿄가 책임지고 처리하라고 압력을 넣는 바람에 도쿄도가 홋카이도에서 개최되는 마라톤의 비용까지 지불하게 된 것이다.

비용 절감을 위한 노력은 인건비 절약에서 절정에 달한다. 도쿄올림픽의 자원봉사자들에겐 어떠한 보상도 지급하지 않겠다고 한 것이다. 일반적으로 올림픽은 자원봉사자들의 진행으로 운영되고, 그렇기에 비록 급여 정도까지는 지급되지 않지만, 자원봉사자들을 위해 소정의 감사비(수고료)와 숙박, 교통편을 제공하는 것이 보통이다. 심지어 예산이 턱없이 부족했던 평창올림픽에서도 주변 대학교의 기숙사, 공무원 연수원 등을 활용해서 자원봉사자들이 머물 숙소를 마련했다.

하지만 도쿄올림픽에서는 그들을 위한 감사비가 지급되긴커녕 숙소, 식사를 봉사자들 각자가 자비로 해결해야 한다. 심지어 타 올림픽에선 최소한의 급여를 책정했던 의료봉사자들에 대해서도 마찬가지다. 자연히 도쿄올림픽 운영에 필요한 의사, 간호사가 절대적으로 부족해질 수밖에 없었는데, 그러자 일본 정부는 도쿄올림픽에 자원해야 할 의사 및 간호사 수를 일본 내 모든 병원에 의무적으로 할당했다. 이런 일련의 기행은 일본정부가 얼마나 돈을 아끼고 싶어하는지를 잘 보여준다.

문제는 올림픽 연기로 인해 재정부담이 더 커졌다는 것이다.

올림픽 선수촌 건물은 올림픽이 끝나자마자 일반인에게 유상 분양될 예정이었다. 일본 정부의 입장에서 부동산의 가치를 떨어뜨리면 재정확보에 문제가 생기기 때문에 2020년 초, 크루즈선을 봉쇄했을 때, 병상이 부족한데도 코로나19에 노출된 크루즈선의 환자 격리 시설로도 지정하려 하지 않았을 정도다. 즉 일본으로선 인명보다 가치 있는 수익원이었다.

하지만 올림픽이 1년 연장됨에 따라 이 건물의 분양은 1년 연기되었다. 문제는 이미 입주자는 다 확보된 상황이기 때문에 이 과정에서 생기는 위약금, 관리비용 모두는 일본 정부의 예산, 나아가 일본 국민의 혈세에서 나올 수밖에 없다.

이 외에도 여러 가지 문제가 나올 수밖에 없다. 올림픽 조직위를 1년 가까이 끌어안고 있어야 하므로 비용이 지속해서 지출되며 내년에도 코로나바이러스 문제가 근본적으로 해결된다는 보장이 없으므로 관광객 유치로 인한 수익확보도 불투명하다.

2020년 도쿄올림픽은 앞서 말했듯 평화의 제전으로서는 문제가 있어도 경제라는 관점에서 보면 놀랄 만큼 잘 짜인 계획이었다. 하지만 코로나19라는 의외의 변수 하나로 그동안 이어져 왔던 동아줄이 끊겼다. 이는 막대한 부채를 짊어진 일본, 막대한 비용을 지급해야 하는 도쿄, 삿포로 등의 지자체 모두에게 큰 압박이 되고 있다.

올림픽은 2021년에 '2020년 도쿄올림픽'이라는 브랜드로 개최된다고 한다. 그동안 일본이 만들어놓은 각종 상품과 홍보, 인프라 등을 최대한 활용하여 비용을 절약함은 물론, 더 나아가 일본의 실수 때문에 올림픽이 연기된 것은 아니었다고 못 박기 위해서다. 일본의 특성으로 볼 때 만약 2021년에도 올림픽 개최가 어려워진다면 일본은 개·폐막식과 더불어 일부 종목의 경기만 운영해서라도 자국이 올림픽을 개최했다는 형식은 갖추려 할 것이다. 그들의 목적은 올림픽 개최를 또다시 실패했다는 이미지를 벗는 것, 나아가 경제 부흥 및 전범 이미지 희석이기 때문이며, 이는 올림픽만 개최하면 이룰 수 있는 문제이기 때문이다.

15.
앞으로의 한일관계

일본은 한국에게 절대 사과하지 않는다.
그들이 생각하는 한국이란?
앞으로 우리가 대해야 할 일본이란?

헌법 개정이 가진 의미

일본의 권력자들은 일반적인 보통국가가 아닌 '전쟁을 할 힘을 되찾고 세계를 주도할 수 있는 보통국가'를 만들기를 원한다. 따라서 헌법 개정은 아주 중대한 과제다. 특히 아베 내각에서는 모든 정책이 이 헌법 개정과 맞물려 취해졌기에 진행중인 사안이기도 하다. 그렇다면 과연 그들은 헌법을 개정할 수 있을까?

일본의 헌법 개정은 다음과 같은 조건을 충족시켜야 가능해진다.

- 개정 원안의 국회 제출(제출자 외 중의원 10명 이상 혹은 참의원 50명 이상 찬성)
- 헌법심사회의 심의(중의원, 참의원으로 구성된다. 출석 의원 과반수 찬성)
- 의원 3분의 2 이상 찬성에 의한 발의 이외에 헌법 개정의 경우 중의원이 발의하면 참의원이 의결/부의결을 동일 기준의 투표로 결정한다.
- 국민투표를 통한 과반수 승인 (국민투표는 중의원과 참의원의 2/3가 동의)

이 조건들을 만족시키는 것은 생각보다 어렵다. 현 정치 구도상 자민당 단독으로는 불가능하고, 자민당 2중대라 불리는 공명당(公明黨)과 연합해야 헌법 개정안을 통과시킬 수 있다.

그러나 공명당은 불교 계열 정당이라 살생을 옹호할 수 없기에 자민당이 추구하는 '전쟁이 가능하도록 헌법 9조를 개정하는 것'에 절대 동의하지 않으며 부족한 병사 수를 확보하기 위한 징병안도 마찬가지로 반대한다.

자민당이 현재 차지하고 있는 의석수는 헌법 개정에 상당히 유리하긴 하지만 가능한 정도까진 이르지 못한 상황이다. 2019년 7월 참의원 선거에서 의석이 줄어든 것도 악재가 되었다.

그러나 불가능한 것은 아니다. 일본의 주류 정치인 중 '전쟁이 가능한 보통국가'를 반대하는 사람은 없으며 만약 모종의 이유로 같은 성향의 의원들이 다수 당선된다면, 우경화된 세대가 투표에 본격적으로 참여한다면 불가능은 아니다. 이는 뒤집어 말하면 일본이 스스로 우경화 흐름을 섣불리 돌릴 수 없는 이유가 되기도 한다.

우경화의 척도

현재 대다수 일본 국민은 '전쟁은 가능하지 않지만, 외적이 쳐들어올 순 없는 힘을 가진' 일본에 만족하지, 전쟁이 가능한 일본을 원하지는 않는다. 평화를 사랑해서라기보다는 그 과정에서 자신들이 어떻게 소모될지 잘 알고 있기 때문이다.

그러나 앞으로도 이런 일이 계속될 거라는 보장은 없다. 이미 일본은 우경화되어 있음을 고이즈미 준이치로, 아베 신조의 장기집권으로 증명했다.

그렇다면 일본 국민을은 어느 정도로 우경화 되어 있을까? 이런 경향은 의외로 문화, 상품에서 잘 드러난다. 2019년 10월 18일, 유튜브를 통해 한 광고가 게재되었다. 98세의 할머니와 13세의 디자이너 소녀의 이야기. 얼핏 보면 아무 문제도 없는 듯 보인다. 하지만 한국에서만 제공된 자막을 보면 이런 생각은 바뀌게 된다.

> - 영어 원문: I can't remember that far back (그렇게 오래전 일은 기억 못 해).
> - 일어 원문: 昔のことは, 忘れたわ(옛날 일은 잊었어).
> - 한국 번역: 맙소사! 80년도 더 된 일을 기억하냐고?

보시다시피 한국만 다르다. 광고는 주어진 시간, 방식 내에서 소비자가 인지할 수 있는 모든 것을 활용해 유무형의 메시지를 만드는 수단이다. 이렇게 만들어진 메시지는 단순히 매출만이 아니라 기업의 가치와 신뢰를 형성하는 길이다. 즉 한국에만 이런 자막을 붙였다면 이는 기업의 홍보 담당이 보내는 메시지라는 뜻이 된다.

> - **98세**: 알려졌다시피 한일 무역 전쟁은 일본의 강제징용에 대한 한국 대법원의 배상 판결에서 비롯되었는데, 그 강제징용의 피해자 중 현재 유일한 생존자인 이춘식 할아버지가 98세이시다.
> - **80년**: 일제의 강제동원이 시작된 때가 바로 이 광고가 제작된 2019년의 80년 전인 1939년이다. 즉, 광고에 나온 "80년도 더 된 일을 기억하냐고?"라는 대사는 그런 걸 기억하는 한국인이 이상하다는 메시지다.
> - **13세 디자이너**: 위안부 강제징용 피해자인 김학순 할머니가 끌려간 나이가 당시 14세였는데 일본식으로 계산할 경우 13세다. 즉, 13세 소녀는 강제징용을 의미한다.

이 광고의 한국판에서 앞서 언급한 대사만 달리 번역된 것에는 의

도가 있다고 생각된다. 해당 영상은 누군가에 의해 중국어로도 번역되어 중국 사이트에 업로드되었는데, 올라간 지 얼마 안 되어 '원저작자'의 요청에 따라 곧바로 접근이 차단되어버렸다. 그런데 한국에선 이런 대응이 없었던데다 논란이 되어 광고가 내려질 때도 별도의 사과를 하지 않았다.

결론적으로 이 광고는 마케팅 면에서 완벽히 실패한 예다. 제품, 그것도 일본산 제품에 '80년'과 '강제징용'이라는 키워드를 엮었기 때문이다. 그럼에도 이러한 광고가 제작, 업로드된 것은 **해당 회사로선**(광고주) **혐한 의도의 표출이 자사에 아무런 타격을 입히지 않을 것이라 예상했거나, 설사 타격을 입는다 해도 혐한의 의사를 내보이고 싶다는 의도가 있었기 때문이**라 추정할 수 있다. 즉 이는 보통 일본인에게 우경화된 사고가 깊숙이 침투했음을 의미한다.

그렇다면 이런 우경화 된 사고는 어디서 만들어 졌을까?

우경화의 기원이자 우경화에 선두에 선 것은 바로 교과서다. 일본의 역사 교과서를 왜곡하려는 일본의 움직임은 1990년대 말부터 시작되어(?) 지금까지 이어지고 있다. 하지만 당시에는 일본의 시민사회가 살아 있고, 역사 왜곡을 거부하는 운동이 적극적이었기에 쉬운 일은 아니었다. 2001년 후쇼사(扶桑社)가 왜곡 교과서를 만들었을 때의 채택률이 0.3%에 불과했던 것도 그 때문이다.

하지만 지금은 다르다. 아베 전 총리가 직접 이끄는 '새로운 교과서를 만드는 모임(新しい歴史教科書をつくる会, 이하 새역모)'은 무서운 집념으로 역사 교과서 개정을 재추진했고 20여 년이 지난 지금 그 결실이 드러났다. 한국의 독도, 러시아의 북방 영토, 중국의 센카쿠 열도(尖閣列島)[115]가 역사상 한 번도 타국의 지배를 받았던 적 없는 순수 일본 땅임은 물론 위안부 동원이나 난징대학살은 사실무근의 내용이라고 말하

는 교과서가 교과 과정에 정식 도입된 것이다. 그리고 2001년과는 달리 일본 사회는 이를 아무 말 없이 받아들였다.

이는 일본 사회의 우경화가 되고 있다는 점은 물론, 건전한 사회의식을 지키려는 시민사회의 힘이 약해졌음을 의미한다. 시민사회의 자정 능력이 약해졌기에 우경화 세력의 목소리를 자연스럽게 받아들이고 있다는 뜻이다. 거부감을 느꼈다면 왜곡된 역사 교과서가 도입될 수 없었을 테니 말이다.

혐한 세력이 커지는 이유

한국 사람들은 극우 세력이 워낙 주목을 받으니 일본 국민들이 전부 극우가 되어 혐한을 한다고 생각한다. 하지만 따져보면 꽤 많은 일본인은 극우단체의 발언과 행동을 탐탁지 않게 여긴다.

그럼에도 일본 국민들의 우경화된 이유는 극우 단체에 공감해서가 아니라 전 세계적인 경제 침체에 일본 특유의 30년 불황이 겹쳐진 국수주의, 민족주의 성향에 따른 것이다. 극우는 지지율을 위해 여기 숨결을 불어넣은 것뿐이다.

즉, 일본의 우경화는 전 세계적인 성장정체가 낳은 국수주의, 민족주의 성향과 같다고 보는게 좋다. 80년대 최전성기를 누린 장년층은 과거에는 일본보다 못했던 한국이 이젠 일본을 쫓아오는 것에 대한 불쾌감을, 전성기의 수혜를 보지 못하고 그림자에 눌려있는 20대 후반부터 40대 중후반의 사람들은 현재 일본이 한국과 경쟁하는 상황에 대한 스트레스를 느끼고 있다. 중국이 자체 기술로 로켓 발사에 성공했을 때 우리가 느꼈던 묘한 불쾌감을 떠올리면 이해가 갈 것이다.

---

115 중국과 영토분쟁을 일으키는 지역이며 중국에선 댜오위다오(釣魚島)로 부른다. 이 책에선 일본이 실효지배하는 점을 감안, 센카쿠 열도로 표기한다.

반면 10대~20대 초반은 한국화장품, K-POP (특히 방탄소년단)으로 인해 한국에 대한 이미지가 아주 좋다. 한국이 억지 주장을 말한다고 하면서도 한국문화는 좋다고 당당히 말한다. 덕분에 이들은 윗 세대와 소통에 문제가 발생하기도 한다.

그런데 이렇게 분석해보면 혐한의 원인은 의외로 쉽게 풀린다. **혐한이라는 것은 결국 경제문제, 이익문제란 것이다.**

애초에 극우 세력 및 일본회의가 패전 전 일본으로의 복귀를 원하는 것, 일본 국민들이 은퇴 후 소외감을 느끼는 상황에서 한국과 중국이 일본을 추월하는 상황을 불쾌하게 느끼는 것은 경제문제다. 또한, 일본 청장년들은 한국에 대해 좋지 않은 감정을 느끼는 것은 세계 시장에서 한국이 존재감을 드러내며 자국과 경쟁하는 현실에 불쾌감을 느끼기 때문이다. 10~20대의 성향의 변화도 역시 경제문제이다. 나아가 성장에 대한 문제이기도 하다.

경제라는 측면에서 보면 우경화가 이해가 된다. 처음 고노 담화(河野談話)[116], 무라야마 담화(村山談話)[117]가 이뤄졌을 때 이에 반발하는 사람들은 많았어도 의외로 반응은 조용했다. 도의적인 책임을 인정하는 형식에 가까웠기 때문이다. 정작 민감하게 반응하는 건 이를 부정하고 싶은 극우 정치인들이었을 뿐이다.

이후 혐한이 일반인에게 파고든 최초의 계기는 2002년 월드컵이었다. 혹시 2002년 월드컵은 한일 공동개최로 열렸다는 사실을 알고 있는가? 모르지는 않으나 "아, 맞다! 그랬지!" 하는 사람들이 제법 있다.

우리는 2002년 월드컵 당시 한국을 열심히 응원했고, 4강이라는

---

116 일본이 위안부 모집에 가담하였음을 인정한 고노 요헤이(河野洋平) 내각관방장관의 담화.
117 81대 총리인 무라야마 도미이치(村山富市)가 최초로 식민지배를 인정하고 사죄한 담화

굴지의 신화를 이뤘다. 하지만 이 과정에서 일본 국민은 두 배로 상처를 받았다. 우선은 일본이 16강에 그쳤기 때문이었고, 그다음은 공동주최국인 한국인들이 그 사실에 기뻐했기 때문이다.

일본인들은 한일관계에 대한 배경지식이 없으므로 한국인들이 가진 반일 정서를 이해하지 못한다. 때문에 '공동개최국'인 한국이 일본을 응원하기는커녕 패배를 기뻐하는 것이 그들에게는 배신으로 느껴졌다. 일본인으로서는 양국이 합쳐서 월드컵을 성공으로 이끌어야 한다고 생각했는데 한국이 오히려 배반한 셈이었으니 말이다. 이러한 한국인들의 반응은 한국이 거둔 놀라운 성적과 겹쳐 일본의 축구 애호가들이 박탈감과 분노를 느끼게 하기에 충분했다.

하지만 당시의 반한, 혐한 여론은 시위로 이어지지 않았다. 그 당시만 해도 일본의 국력, 경제력은 한국과 현격한 격차가 있었기 때문이다.

혐한이라는 것이 본격적인 모습을 갖춘 것은 2010년이다. 그때 일본에서의 이슈는 리먼 브러더스(Lehman Brothers) 사태에 따른 소위 '8할 경제'[118]였다. 일본의 경제가 2000년과 비교했을 때 80%, 심하게 보면 60% 선까지 추락한 것이다. **이로써 일본인들은 거품경제가 터진 뒤 한 번 더 주저앉은 셈이 되어버렸다.**

어느 나라에서든 경제적 붕괴는 단순한 재정적 타격에만 그치는 것이 아니라 국민들의 인격마저 황폐화시킨다. 국수주의, 민족주의가 강화된다. 그리고 정치는 이를 이용하기 시작한다. 사실상의 처벌조항이 없는 혐오발언(헤이트 스피치) 등 반한감정이 일본의 정치, 문화, 미디어에서 폭넓게 자라난 것도 바로 이 시기의 일이다.

처음 혐한 감정은 2채널(2ちゃんねる) 등의 일본의 인터넷 커뮤니티에

---

118 당시 일본경제가 절정기의 80%라는 뜻

서 소극적으로 이뤄졌다. 이 초기 단계의 혐한은 의도한 것인지 실수인지 그대로 방치되었고 이후 재특회(在特会)[119] 등의 극우단체라는 형태로 성장하게 되었다. 이렇게 그들은 쌍방향 커뮤니케이션을 통해 서로의 생각을 교환하면서 세력을 키워나가고 있다.

그들의 활동은 단순히 인터넷 댓글 수준의 것이 아니다. 그들은 직접 개조한 차량을 끌고 다니면서 민족주의 성향, 즉 인종 차별성 구호를 외치며 '외부인'들을 괴롭힌다. 이런 성향의 단체는 사회 양극화가 심해질 때 주목받곤 한다. 때문에, 돈 없는 일본 청년들은 이들의 발언을 접하고선 자신들의 불행을 표출할 대상이 '외부인'이라고 믿게 된다. 덧붙여 그런 '외부인' 중 가장 큰 비중을 차지하는 것이 한국인이니 '우리가 가져야 할 것을 저들이 빼앗아갔다'라고 생각하기에 이른다. 이런 현상을 '헤이트 스피치에 관련된 법'[120]이 부추긴다.

물론 대개의 일본인은 극우단체들의 활동이 훌륭하거나 멋있다고 여기지 않음은 물론 오히려 꼴사납다고 생각한다. 그럼에도 혐한 발언들을 반복해서 접하다 보면 어느새 영향을 받기 마련이고, 그로 인해 싹튼 증오심은 어느새 자신이 깨달은 진실로 생각된다. 이렇게 혐한은 점점 커졌으며 극우 세력을 지지하는 우익 방송국 '채널 사쿠라(チャンネル桜)'는 유튜브 채널 구독자가 무려 230만 명에 이를 정도로 성장했다.

이 과정에서 결실을 맛보는 것은 일본의 정치인들이다. 한국을 공격하기만 하면 떨어지던 지지율이 다시 오르니 말이다. 비록 코로나바이러스에 대한 미흡한 대응으로 등을 돌렸지만, 아마 아베 내각이 물

---

119 2007년 발족한 혐한 단체 '재일한국인들의 특권을 용납하지 않는 시민 모임'의 약자.

120 일본 외 출신자에 대한 부당한 차별적 언동의 해소를 위한 대응 추진에 관한 법률(本邦外出身者に対する不当な差別的言動の解消に向けた取組の推進に関する法律)의 약자. 금지조항은 있으나 처벌조항은 없어 혐한을 방관한다는 평을 듣는다.

러나고 스가 내각이 들어서면 그들은 새 내각의 든든한 응원세력이 될 것이다. 그리고 정치는 이 지지에 반응할 것이다. 이런 순환과정을 거치며 혐한감정은 완성될 것이다. 쳇바퀴가 돌듯이.

일본이 총리라는 권력을 만드는 방법

아베 총리는 병이라는 이유를 들어 사퇴했다. 어느 국가든 국가원수, 정부수반의 건강상태를 공개하지 않는 점을 감안하면 이는 퇴임하는 사유라기보다는 퇴임을 하기 위해 만들어진 이유라고 보는데 옳다. 그리고 이후 총리는 스가 관방장관[121]이 잇게 되었다. 준비되지 않은 퇴임에서 현안을 처리하기 위해, 나아가 선거를 위해 합리적인 판단이다. 이후 그는 어떤 행보를 보일까?

이를 이해하려면 일본의 총리가 뽑히는 과정을 이해해야 한다. 의원내각제가 도입된 일본은 총리를 직접 뽑는 나라가 아니다. 집권당의 총재(總裁), 즉 정당대표가 총리가 된다. 이 정당 대표는 재석의원과 각 도도부현(都道府県)[122]의 도의원, 시의원들의 투표로 뽑힌다. 하지만 후자는 중요하지 않다. 그들의 공천권을 쥔 것은 결국 지역구에서 오래 정치를 한 의원들이기 때문이다. 따라서 그들은 신념보다는 자기 보스를 위해 표를 던진다. 다시 말해 **일본의 총리를 결정하는 것은 파벌이며, 총리는 파벌의 이익과 정치적 목표에 따라 결정된다.**

2020년 기준으로 일본에서 가장 큰 파벌은 호소다 히로유키(細田博之)로 98표를 갖고 있다. 이 사람이 아베를 총리로 밀었으며, 아베가 계파가 작음에도 총리가 된 이유이기도 하다. 그다음 세력은 다케시다

---

121 관방장관은 내각의 여러 사무에 대해 행정 부서간의 조정 역할을 담당하는 직위로 한국의 국무총리와 대통령비서실장의 권한을 동시에 가진 직위다.

122 일본의 광역자치단체를 일컫는 말로 한국으로 치면 '시군도'.

와타루(竹下亘)의 54표, 아소 다로의 54표, 기시다 후미오의 47표 순으로 나뉜다. 보통 자기 세력과 합쳐서 1/2 이상의 표를 얻으면 일단 안정적으로 총재, 즉 총리가 될 수 있다.

문제는 호소다 히로유키와 다케시다 와타루다. 이들은 각각 10선, 7선을 한 정치가들인데 그들의 지역구는 바로 시마네현(島根県)이다. 1905년 일본은 독도를 시마네현의 부속도로 강제 편입시켰고 이를 근거로 지금까지 독도가 일본의 땅 '다케시마'라고 주장하고 있다. 따라서 이 둘은 한국에 날을 세울 수밖에 없는 입장이다.

실제로 가장 큰 계파의 수장인 호소다 히로유키는 툭하면 한국이 독도를 불법 점거하고 있다고 목소리를 높이며, 독도가 일본 땅임을 위한 각종 활동은 물론 전담기구를 만들 것을 요구하고 있다. 다케시다 와타루의 지역구는 시마네 2구다. 즉 일본이 독도를 포기하지 않는 한 총리를 뽑을 수 있는 실세는 정치적 목적을 세우기 위해 한국과 대립각을 세울 수밖에 없다. 아소 다로 총리는 아예 강제징용의 직접적인 수혜자 중 한 사람이기 때문에 말할 것도 없다.

다시 말해 일본에서 어떤 사람이 총리가 되든 자신을 밀어준 사람들을 반하는 행동은 할 수 없다. 많이 힘써봐야 그들의 이익과 상충하지 않는 한도 내에서 아베 전임총리의 실책을 수정하는 정도일 뿐이다.

스가 총리는 물론 이후 어떤 사람이 총리가 되어도 한국과 관계는 원만하게 풀리기 힘들다. 설령 그 사람이 한국과 우호적으로 관계를 맺고 싶어도 주요 계파의 이익에 반한다면 그는 한국과 긴장 관계를 유지할 수밖에 없다. 아베가 총리 취임 전에 친한파 정치인이었음을 생각해보라. **즉 총리의 정치성향은 앞으로의 한일관계에 큰 영향을 주지 않는다. 영향을 주는 것은 정치 계파의 이권이다.**

그들은 왜 한국을 공격하는가?

그 외에도 정치가들이 한국을 공격 대상으로 삼는 이유는 여러 가지가 있다.

첫째, 재일한국인의 세력을 억누르는 것이다. 중국과 대만 사람들이 일본에 몰려오기 전까지 재일한국인의 규모는 오랫동안 1위였고, 북한 출신까지 포함하면 무려 50~60만 명에 달한다. 한국보다 구성 인종이 다양함에도 순수혈통의 일본인을 고집할 정도로 민족주의 성향이 강한 일본에서 이 정도 규모의 세력은 위협이 될 만하다. 여기에 한국인 노동자들이 더해져 세를 불리고 있다.

일본은 저출산으로 노동 부족 문제가 심각해진 2005년이 되어서야 외국인에게 가해졌던 여러 제약을 풀기 시작했다. 그러자 외국인 노동자들이 늘어났고 나중에는 대기업이 의무적으로 외국인 노동자를 고용해야 하는 등의 조항이 생겨 일본인에 대한 역차별 문제가 제기되기도 했다. 이런 상황에서 2008년 리먼 쇼크, 2011년 동일본 대지진으로 인해 사회가 불안해지자 분노의 화살은 부족한 일거리를 가지고 간 재일한국인에게 쏠릴 수밖에 없었다.

둘째, 권력자인 자신들의 명분을 위해서다. 한국에 대한 사과는 우익 세력에게는 자기 선조들의 죄를 인정하는 셈이 되며 그들이 사회 지도층이 될 수 있는 명분을 깎는 행위이기도 하다. 또한, 직접적인 이해관계가 얽힌 지역(독도와 얽힌 시마네현 등)의 지지율 등 여러 가지 복잡한 이건이 얽혀있다.

이런 관점에서 보면 강제징용 판결에 수출규제로 대응한 것도 이해가 간다. 일본 정치인들에게 있어 강제징용 문제를 꺼내 든 것은 자신들의 뒷배인 전범 기업들은 물론 전쟁을 실행했거나 그에 따른 수혜를 입은 자기 선조들에 대한 공격이기도 하다. 따라서 이 문제를 계속

제기하는 한국, 중국 특히 한일청구권협정을 맺었음에도 개인청구권으로 이 이슈를 공격하는 한국을 증오한다. 이런 상황이 우경화된 사회에 영향을 주어, 한국에 대한 일본 국민의 반감은 올라가고 그 공격의 주체인 일본 정부를 지지하는 순환 구도가 만들어졌다.

셋째, 만만하기 때문이다. 과거 일본은 러시아 및 중국과 붙었다가 크게 다치거나 호되게 당한 적이 있어서 쉽게 공격하기 어려운 대상이지만 한국은 다르다.

일본 관점에서 한국은 자국의 힘으로 독립한 것도 아니었을 뿐 아니라 아직 일본을 이겨본 적이 없는 나라이다. 게다가 일본의 공격을 잘 받아치지도 않고, 오히려 잘만 설득하면 위안부합의, 강제징용의 상징인 군함도의 유네스코 등재 등 한국이 불리한 사안도 순순히 허락해주니 정치를 위한 도구로 쓰기 적합한 것이다.

그래서 극우세력은 자신의 정치적 입지를 세우기 위해 한국을 희생양으로 삼았다. 이것이 불황으로 인한 국수주의, 민족주의로 인해 커져갔고 결국 이를 부추기거나 방조한 일본 정치마저 이에 휘둘릴 수밖에 없게 된 것이다.

결국은 우리에게 달렸다

내가 생각하는 가장 좋은 방법은 서로를 인정하고 필요로 하는 관계이다. 하지만 아베 정부는 이런 관계를 기대도 하지 않았기 때문에 본인이 피해를 보는 수출규제를 하고 말았다. 일본 극우 세력의 목적은 과거의 일본으로 회귀하는 것이며, 회귀하기 위해선 인식을 과거로 돌려놔야 한다. 그러니 자연스럽게 한국에 대한 인식도 과거에 머무른 것이다.

하지만 이런 착각이 부메랑처럼 되돌아왔다. 반도체 소재 3종의 수출규제를 한 일본은 한국은커녕 일본에 타격이 오자 공식적으로 언급한 추가 규제를 시도하기는커녕, 3국을 통해 규제품목을 한국에 수출하는 것을 묵인했다.

이런 상황을 끌어낸 공적은 한국 정부와 기업의 단호하고 신속한 조치, 이를 응원한 국민들에게 있었다. 이 중 하나가 부족해도 이뤄낼 수 없는 기적이었다.

하지만 이 정도 타격으로 일본이 바뀌지는 않는다. 앞서 누누이 말했듯 일본은 유난히 바뀌기 어려운 사회, 변혁하기 어려운 사회이며 수출규제로 인한 피해가 일본인이 인식을 바꿀 정도의 충격을 주지도 못했다. 따라서 일본의 우경화는 당분간 지속될 것이다. 그 증거로 수출규제로부터 약 1년이 지난 2020년 7월에 치러진 일본 도쿄 도지사 선거에서 현 도쿄 도지사였던 극우 성향의 고이케 유리코(小池百合子)가 코로나19에 대해 낮은 대응 능력을 보였음에도 무려 59.70%의 지지율을 얻으며 재선되었다. 고이케 지사만이 아니라 다른 극우 후보들에게 던져진 표가 무려 72.57%에 이른다는 점은 일본의 우경화를 엿볼 수 있는 중요한 수치다.

따라서 앞으로 일본의 정치가들은 지지를 얻기 위해, 표를 얻기 위해 우경화된 말과 행동을 그치지 않을 것이다. 강한 일본을 보여주기 위해 오히려 한국을 견제하려 들 것이다. 그러면 우리는 어떻게 대응해야 할까?

역시 힌트는 일본의 수출규제에 대응하는 과정에 있다. 한국이 강경한 대응으로 의외의 결과가 나오자 일본은 당황했다. 수출규제 후 1년이 지났음에도 한국의 피해는 없었고, 오히려 일본 제품의 한국시장 점유율만 줄어들었다. 그들의 인식 속의 한국은 환상이었고 맹렬한 속도로 일본을 추격하는 한국이 있었다. 이렇게 우리는 '한국을 잘못 건드리면 다친다'라는 사실을 일본의 뇌리에 각인시킬 수 있었다.

　일본 국민들은 강한 일본을 원하고, 경제가 성장하기를 바란다. 그리고 정치가들은 이 소망에 맞는 목소리를 내며 표를 얻는다. 그런데 한국을 때렸을 때 이 소망에 부응할 수 없는 상황이 된다면 어떻게 될까? 한국을 때리는 것 외의 방법을 생각할 것이다. 그리고 그 방법이 이익이 더 크다고 판단된다면 설령 개인적으로는 극우 성향이라도 태도를 바꾸고 우경화 정책을 중단할 것이다. 한국과의 관계를 새롭게 바꿀 것이다. 그들의 표와 권력을 위해.

　결국 일본과 벌어지는 여러 갈등에서 빠져나가는 길은 우리의 국력을 키우는 것, 이 과정을 국민이 이해해주는 것이다. 물론 쉬운 일은 아니다. 하지만 반드시 해야 할 일이다.

맺음말
일본 졸업

일본이 무례하게 구는 이유

일본의 수출규제는 당시로써도 그랬고, 1년이 지난 지금 봐도 그렇고 대실패다. 일본 반도체 소재 시장은 큰 타격을 입었지만, 발목이 잡혔어야 할 한국의 반도체 수출은 오히려 전년 대비 4천만 달러가 늘었다. 여기서 그쳤으면 모를까 다른 피해도 생겼다. 어떤 형태로든 한국을 도발하거나 한국국민들을 조롱한 기업들 혹은 이 조롱에 휘말린 기업들이 여지없이 '자발적 불매운동'으로 타격받은 것이다.

전문가들은 일본경제에서 한국의 비중이 그리 크지 않으니 일본경제의 피해는 크지 않다고 말한다. 하지만 내 생각은 다르다. 정치적 분쟁에 무역을 이용했다는 상황에서 국제적인 신뢰를 잃어버릴 수밖에 없다. 뿐만 아니라 오랫동안 일본이 공들여 만들어놓은 한국의 산업이 일본에 의존하는 체제를 무너뜨리고, 한국에게 자립해야 한다는 생각을 하게 만들었다. 오히려 일본에게 이미 한국이 일본이 그렇게 원하는 일본경제 성장에 중요한 역할을 한다는 것을 깨닫게 해버렸다.

과거 전성기의 일본은 내수가 튼튼해서 내수 시장만으로도 문제없이 살아갈 수 있었다. 하지만 거품경제 붕괴 이후, 여러 가지 정책적 실패로 인해, 저출산, 고령화가 가속화된 지금 일본의 내수 시장은 정체되어 버렸다.

이런 위기에서 벗어나려면 내수 시장만 의존하지 않고 해외시장도 개척해야 한다. 세계 경제는 수출을 중시하기 시작했고, 생산망은 다

변화되었다. 이런 상황에서 일본이 무역에서 흑자를 보는 국가가 미국과 한국 둘뿐임을 생각하면, 한국을 조금 더 조심스럽게 다뤘어야 한다. 하지만 일본 정부는 현재 상황을 읽기는커녕, 과거의 시선을 갖고 한국을 대했다. 그래서 수출규제는 대실패였다.

그런데 왜 그들은 이런 무리한 수출규제를 실행한 것일까?

한국을 일본 아래의 국가로 보기 때문이다

일본의 기행은 '갑질' 측면에서 보면 이해하기 쉽다. 갑질을 하는 사람들은 자신이 공격하는 사람보다 우월하며, 갑질을 해도 나에게는 아무런 피해가 없다고 철석같이 믿는다. 왜냐하면, 그들은 신분의 상하관계를 철저하게 따지며, 아랫사람은 아랫사람답게 살아야 한다고 생각하기 때문에, 내가 속한 사회가 갑질을 당한 아랫사람이 나에게 반격할 수 없도록 지켜준다고 믿기 때문이다. 시스템 국가 일본은 이런 성향이 강하다.

일본어로 '身分を弁えろ', '自分の立場を考えろ'라는 말이 있다. 각각 '네 주제를 파악해라', '네 처지를 생각하라는 말이다'. 그들은 시스템에서 부여받은 의무에 충실해야 하며, 그 밖으로 나가려는 사람을 절대 용서하지 않는다. 과거에는 귀족, 농민, 사무라이로 역할을 정해둔 시스템 밖으로 나가려는 사람을 죽여도 죄를 묻지 않는 '키리스테고멘(斬り捨て御免)'이라는 법까지 만들던 나라이며 오늘날에는 유무형의 사회적 제제로 처벌하는 나라다.

시스템대로 움직이는 것을 좋아하는 나라기에 자신들의 입김이 닿는 모든 것, 설령 다른 국가들도 자신들의 시스템대로 움직이기를 원한다. 한국처럼 다른 나라와 맞춰 나가는 외교는 미국같은 강국이 아니면

하려고 하지도 않는다. 이렇게 태어난 것이 일본이 자랑하는 외교다.

그러나 그 외교의 본질은 친교가 아니라 전 세계에 일본의 영향력이 닿게 하도록 여러 가지 형태의 투자, 로비를 하는 것이다. 그리고 그 속내는 그들의 비위를 거슬렀을 때 나타난다. UN 고문방지위원회 (CAT·Committee Against Torture)에서 일본의 형사제도가 중세수준에 가깝다는 일본민주주의에 대한 비판이 나오자 '닥쳐(Shut up!)'라고 막말을 하는 한편, 한국이 강제징용 문제 판결을 (일본의 입김이 닿는) 제3 국에게 넘기려고 하지 않자 한국의 대사를 초치(招致)[123]해 놓고선 대사의 발언이 끝나지도 않았는데 말을 자르고 기자들을 끌어낸다. 이는 일본이 자기보다 약하다고 생각하는 다른 존재를 시스템의 어느 위치에 두고 있는지 보여주는 사례다.

일본은 서열을 매기는 것이 습관이 된 국가다. 그들의 관점에서 미국같이 명확한 힘의 우위에 있지 않은 나라는 모두 아랫것이다. 모든 질서를 일본식에 맞춰 재편하는 일본은 한국은 자신들이 점령하던 나라, 스스로 독립 못 한 나라, 일본 덕분에 경제성장을 이뤘으며 아직도 경제적으로 볼 때 일본보다 아래에 있는 나라로 서열을 매긴 것이다. 그리고 아랫사람같이 취급한 것이다.

사실 이런 움직임이 처음 보인 것은 아니다. 1997년 아시아 금융위기 당시 미국과 IMF가 주도하는 구조조정에 아시아 국가들이 반발하자 일본이 이를 틈타 '아시아통화기금(AMF)'을 설립하려는 움직임이 있었다.

하지만 결과는 실패였다. 이유인즉슨 일본이 일방적으로 아시아 통화기금의 주축이 되겠다고 밀어붙였기 때문이다. 한국이야 그렇다

---

123 한 국가의 외교당국이 양국관계에 부정적인 영향을 주는 외교적 사안을 이유로 자국에 주재하는 어떤 나라의 대사, 공사, 영사의 외교관을 외교공관으로 불러들이는 행위를 말한다.

쳐도 중국 등의 국가는 전범 행위를 사과받은 일이 없다. 그 분노가 아직 식지 않은 사람들에게 우리가 잘 나가는 리더니 무조건 따르라는 식의 갑질은 공분을 살 수밖에 없었기에 결국 AMF는 무산되었다.

이렇게 일본은 낮은 서열로 분류한 국가에 대한 태도가 한결같았다. 다만 이때는 아직 한일격차가 컸고, 국민들이 체감할만한 사안이 아니었기 때문에 쟁점이 되지 않았을 뿐이다. 하지만 한국의 국력은 성장했고 수출규제, 일방적인 비자 제한, G7 참여에 대한 주권침해, 개인이 만든 조각상 '영원한 속죄'에 용서할 수 없다를 보고 한일관계에 결정적인 영향을 준다고 강경하게 발언하는 등 한국을 아래로 보는 행위, 발언이 계속 이어지자 한국인들이 이에 주의를 기울이기 시작했고 이것이 한국국민이 분노하는 원인이 되었다.

갈등은 끝나지 않는다

당연히 이런 상황은 한국에 피곤한 일이다. 가뜩이나 한국과 일본은 같이 해결해야 할 국제적인 문제가 많다. 그래서 최소한 대화는 되는 상황을 만들어야 한다. 하지만 한쪽이 우위에 섰다는 식으로 행동하는 한, 일본이 인한 문제를 제기할 때 대화를 회피하는 한 대화는 어렵다.

이런 피로가 일본의 특성 때문에 심해진다. 일본은 패자에게 가혹한 국가다. 리더는 항상 이겨야 하며, 약한 모습을 보이면 안 된다. 하물며 한국과 일본이 사실상 외교전을 하는 지금은 더욱 그렇다. 그래서 아베 총리는 퇴임하는 순간까지 일련의 행위에 대해 사과를 하지 않았다. 또한, 일본 사회가 우경화된 상황에서는 어느 일본 정권이라도 지지율을 확보하기 위해 한국에 사과할 수 없다.

30년간 이어진 불황에 지친 일본인들은 성장에 목말라하고 있으며, 이런 상황에서 국수주의, 민족주의가 점점 강해지고 있다. 이것이 우경화로 이어지고 극우 정권은 이 우경화를 부추겨서 전쟁이 가능한 이전의 일본으로 돌아가려고 했다. 나아가서 일본의 전범 이미지를 벗어 자신들의 집권 명분을 확보하려고 했다.

이런 일련의 행동은 우경화된 국민들에게 강한 일본을 만들기 위한 이미지를 만드는 듯하다. 이것이 탄탄한 지지율이 증명한다. 그러니 한국에 사과함으로써 대중의 공분을 살 정치가는 없을 것이다.

문제는 일본이라는 국가는 가능성을 갖고 있지만, 일본 정부는 이를 살릴 능력이 없다는 것이다. 그 때문에 일본은 오래 멈춰있었으며 한국, 중국 등은 꾸준히 성장했다. 일본은 80년대 경제 대국이라는 과거의 영광이라는 자기애(自己愛)에 갇혀 세상의 변화를 읽지 못했고 정신을 차려보니 잘하는 것은 많아도 세계를 압도하는 산업을 잃어버린 국가가 되어버렸다. 이를 자기가 저지른 수출규제를 통해 깨닫게 되어버렸다.

하지만 한국이 승리의 기쁨에 취하는 것은 이르다. 아베 총리는 강력한 권력에 맞는 통치력이 없었다. 그러나 앞으로 취임할 총리도 그렇다는 보장은 없으며, 오히려 능력 있는 총리가 취임하여 우경화된 국민들에 맞는 정치를 한다면, 한국에 위협이 될 수밖에 없다.

예전보다 격차는 줄어들었지만, 일본이라는 나라는 여전히 강대국이고 높은 잠재력이 있으며, 시나리오를 짜는데 능하고 무엇보다 한 번 정한 목표는 절대 포기하지 않는다. 1905년 이후 꾸준히 독도를 빼앗기 위해 노력하고 있으며, 1945년 패전 이후 반세기에 가깝게 전쟁이 가능한 나라가 되기 위해 노력하고 있다. 무엇보다 수백 년간 정치적 위기를 한국을 때려서 빠져나가온 나라다. 결정적으로 한 번 만든 시스템을 바꾸려고 하지도 않는다. 이런 일본의 성향은 정치적으로 변동이 심했고 앞으로도 심할 한국에게는 분명한 위협이며, 앞으로 계속될 위협이기도 하다.

일본의 위협, 일본의 재무장

조선 사람으로서는 분노할 말이지만 20세기 초 일본의 약진은 전 세계 강대국에선 찬사를 받았고, 약소국엔 독립과 성장의 희망을 주었다. 하지만 일본은 이를 배신했다. 급격한 성장에 어울리는 성숙함을 갖추지 못한 일본은 결국 패배했으며, 이후 다시 한번 신화를 이룩하지만, 변혁에서 눈을 돌린 탓에 추락하며 21세기를 맞았다. 그리고 이 틈을 한국, 중국, 대만이 치고 들어오는 바람에 아시아의 힘의 구도가 바뀐 상황이다. 일본은 이런 상황을 벗어나기 위해 다양한 정책을 추진하고 있으며, 이는 주변국에 위협이 되고 있다.

그 위협의 중심에는 일본의 재무장이 있다. 일본의 재무장은 꾸준히 진행 중이다. 아베 전 총리의 이미지가 워낙 강해서 한국의 일반인들은 잘 모르지만, 일본은 패전한 순간부터 재무장을 추진해왔다. 요시다 시게루 총리가 자위대를 만들고, 기시 노부스케 총리가 자위대가 미국과 연합작전을 할 수 있도록 만들었으며 아베 신조 총리가 자위대가 해외파병이 가능하도록 만들었다. 또한, 다음 단계로 헌법 재해석을 통해 선제공격(Preemptive strike)을 위한 공격용 미사일 도입은 물론 항공모함 도입도 추진하고 있다.

이는 일부 극우 세력의 정책이 아닌 일본의 정책이며 국제사회의 소망이기도 하다. 혹자는 한때 전쟁을 한 미국이 반대할 것으로 생각하지만, 현실은 반대다. 2020년 5월, 아베 정부가 항공모함 카가(加賀)[124]를 최초로 공개하면서 초대한 사람이 미국의 도널드 트럼프 대통령이었다는 것이 그 증거다.

일본의 재무장은 미국과 영국 그리고 프랑스의 전폭적인 지지 하

---

124 도널드 트럼프가 초대된 카가함은 무려 2차 대전 때 미국과 벌인 미드웨이 해전에 참전한 함선의 이름을 계승한 함선이다.

에서 수행되고 있다. 미국은 동아시아 패권을 위해 중국을 견제해야 하며, 이 과정에서 일본이 중국을 견제하는 데 많은 역할을 해주기를 바란다. 실제로 도널드 트럼프 대통령은 일본이 군사비에 더 많은 비용을 지출하기를 원하며, 그가 임명한 주일 미국대사 케네스 와인스타인(Kenneth Weisntein)은 미국 보수 싱크탱크 허드슨 연구소의 소장으로서 강력한 반중국 정책, 일본의 재무장을 주장했던 인물이다. 만약 트럼프 대통령이 낙선하고 조 바이든이 되어도 상황은 크게 바뀌지 않는다. 그가 속한 민주당은 오바마 행정부가 추진하던 대로 일본을 미국의 대리인으로 삼기 위해 노력할 것이며, 이것이 일본의 재무장에 손을 들어주는 정책이기 때문이다.

미국만이 아니다. 영국은 일본이 '파이브 아이즈(Five eyes)[125]'에 참여하길 원한다. 영국과 미국의 두터운 관계를 볼 때, 미국패권을 위해 일본을 활용하는데 동의한다는 뜻으로 볼 수 있다. 프랑스의 경우에는 프랑스 혁명기념일 행사에 일본군이 아예 욱일기를 휘날리며 샹젤리제 거리를 행진할 정도로 가까운 사이다. 나치 독일에 대한 반감이 아직도 거센 프랑스에서 전범기를 휘날릴 정도로 두 나라의 군사적 협력은 깊으며 일본은 프랑스의 이해지역에서 프랑스를 돕고 있다.

실제로 일본은 아프리카 지부티에 최초의 해외군사기지를 설치한 후, 해적소탕 임무를 수행하고 있다. 프랑스는 전 세계에 퍼진 과거 식민지에 남아있는 프랑스 시민들을 지켜야 할 의무가 있으므로 전 세계적인 군사활동이 필요한 나라이며, 일본이 그 부담을 분담해주는 것은 프랑스에겐 매력적인 선택이다.

미국은 군사대리인을, 영국은 군비를 나눠 낼 물주를, 프랑스는 부

---

125 UKUSA 협정을 맺은 다섯 정보기관이 소속되어 있는 나라들 (미국, 영국, 캐나다, 호주, 뉴질랜드)를 함께 부르는 말로 미국의 최우방국을 가리킨다.

족한 군사력을 보완할 길을 일본에게 원하니, 일본은 이미 이들 국가의 이해를 다 얻어둔 셈이다. 이는 그들이 패전 후부터 꾸준히 추구한 전쟁이 가능한 국가 일본을 위한 외교의 성과이기도 하다.

아베 총리는 2020년 8월 15일, 총리로서 마지막 야스쿠니 신사 참배에서 한 말이 전쟁에 대한 반성이 아닌 '참화를 반복하지 않겠다'라는 말을 했다. 즉 일본이 재무장을 포기하지 않았음을, 차기 총리도 재무장을 꾸준히 추진할 것이라는 일종의 선언과 다름없다. 야스쿠니 신사 참배에 전 세계의 이목이 쏠리는 점을 고려하면 더더욱.

이렇게 일본은 과거에 그들이 앉았던 국제사회의 리더 국가로 다시 나서려고 하고 있다. 만약 이를 이룬다면 그다음 단계는 뻔하다. 과거의 관습에 집착하는 일본은 정치적 위기를 해결하기 위해 한국을 위협하는 한편, 자신들의 질서를 따르게 하기 위해 군사적 압력을 서슴없이 가할 것이다. 그렇다면 우리는 과연 무엇을 해야 하는가?

우리는 무엇을 해야 하는가?

아베 신조 총리는 사임했다. 나는 그가 퇴임할 정확한 시기를 알 수 없던 시점에서도 그가 퇴임할 것은 예측했다. 왜냐하면, 일본 국민은 다른 것은 몰라도 경제, 안전 문제에는 굉장히 민감히 반응하기 때문이다. 2020년 일본에서 일어난 경제추락, 코로나 사태, 올림픽 연기를 고려하면 그는 필연적으로 물러날 수밖에 없을 것이다.

퇴임 이유는 건강문제라고 하지만, 이는 주변에서 만든 시나리오일 가능성이 크며, 진짜 이유는 정권에 대한 지지율, 자민당에 대한 지지율마저 무너지기 전에, 새로운 총리를 뽑아서 국정 동력을 유지하고 싶은 자민당, 또한 물러난다면 최대한 자기 사람들을 내각에 남겨둔 채 상왕 노릇을 하고 싶은 아베 전 총리의 이해가 일치했기 때문일 것이다.

자 그럼 아베 총리가 퇴임했다면 우리가 생각하는 대로 극우는 힘을 잃고, 일본은 다른 길을 걷게 될 것인가? 안타깝게도 그렇게 되지는 않을 것이다. 국수주의, 민족주의는 일본만의 현상이라기보다는 저성장 시대에 들어선 세계 여러 나라의 공통점이다. 다민족, 다문화 민주주의의 본산이라는 미국에서 백인우월주의인 도널드 트럼프 대통령이 당선된 것, 의회민주주의의 선구자라는 영국에서 이민에 대한 반발로 브렉시트가 통과된 것, 보수주의자인 보리스 존슨(Alexander Boris de Pfeffel Johnson) 총리가 당선된 것, 독일에서 나치를 옹호하는 극우 정당인 '독일을 위한 대안'이 72년 만에 의회에 입성하는 등, 전세계에서 일어나는 현상이 일본에서 일어났을 뿐이다.

현재 일본의 선거 분위기로 볼 때 가능성은 없지만, 한국에 우호적인 정당이 집권해도 이미 국민은 저 오랜 집권 기간 이뤄진 우경화 정책, 오랜 정체로 인한 피로감, 연이은 재난으로 인한 불안감으로 인해 국수주의, 민족주의 성향이 상당히 강해진 상황이다. 1차 대전에서 패전한 독일이 그랬듯 역사적으로 볼 때 이런 국민들은 항상 강한 국가를 추구하는 지도자를 따른다. 따라서 일본은 영향력을 키우기 위해 앞으로도 한국을 집요하게 압박할 것이다.

또한 일본 정치 계파의 핵심의 이익도 한국과의 갈등에 있는 상황이다. 그러므로 앞으로 어떤 총리가 앉더라도 이런 흐름에 거스르는 정치를 할 수는 없을 것이다. 그렇다면 우리는 어떻게 대처해야 하는가?

현실적인 한일관계의 해법

한일관계는 이미 양 국가만의 문제가 아니다. 동아시아를 중심으로 한 여러 국가의 이해가 얽혀 있으며, 한국, 일본을 제치고 성장하기 위한 국가들의 이권도 얽혀있다. 이를 잘 풀지 못하면 양국에 해가 될 것은 말할 것도 없다. 그러니 이런 상황에서 양국이 마냥 적대할 수는 없는 것이 현실이다. 하지만 일본은 이 과정에서 영향력을 키우기 위해 한국을 압박하고 있다. 마치 한국이 완전히 복종하길 바라는 듯하다.

한국만이 아니라 전 세계적으로 갑질이 이슈가 되고 있다. 이는 갑질이 최근에 생긴 이슈라서 그런 것이 아니라 인간의 의식이 성장하면서 불거졌기 때문이다. 이를 해결하기 위해 여러 가지 계몽운동이 이뤄지고 법제도가 만들어진다. 하지만 사실 갑질을 가장 확실하게 끊는 방법은 상대의 위에 서는 것이다. 갑질은 을보다 자신이 강하며, 갑질을 해도 지켜줄 세력이 있다는 믿음이 있기에 나오기 때문이다. 물론 빈부격차가 강해져가는 인간 사회에서 갑질을 없애는 것은 어렵지만 한일관계는 그 정도로 힘든 상황은 아니다. 일본은 30년간 멈춰섰지만 한국은 꾸준히 성장하고 있다. 이후 한국이 일본보다 강한 국가가 된다면, 세계 정치에서 한국의 영향력이 강해진다면, 일본이 한국 없이 뻗어 나가기 힘든 상황이 된다면 일본은 지금까지의 태도를 바꾸고 한국과 맞춰가려고 할 것이다.

우리에게 닥친 국제사회의 현실

국가간의 갈등은 비단 일본만이 아니라 다른 국가와 생길수도 있다. 한반도는 열강이 충돌하기 좋은 위치다. 그래서 구한말의 대립이 일어났고, 지금은 미국과 중국의 패권싸움 중심지가 되었다. 미국은 냉전 시대 때부터 이어온 패권싸움에서 물러나지 않을 테고, 중국은 영향력을 키우는 입장에서 미국과 부딪힐 수밖에 없다. 이런 싸움을 위해 두 국가는 자신들의 아군을 늘리기 위해 노력하고 있다.

중국이라는 나라는 공산당이 모든 것을 통제할 수 있는 시스템 국가다. 2012년 중국에서 폭동에 가까운 불매운동이 일어난 적이 있다.

중국과 센카쿠 열도(댜오위다오) 분쟁이 붙은 것이 원인으로, 중국 내 일본 매장이 습격당하고, 일본산 자동차가 불탈 정도로 규모가 거셌다. 하지만 이 폭동은 일본이 꼬리를 내린 시점에서 깔끔하게 정리된다. 중국 정부의 통제력을 보여주는 사건이다.

이 통제력이 한국을 향한 적이 있다. 바로 2016년 한반도에 사드(THAAD)가 배치된 순간이다. 이에 중국은 2017년 대한민국에 경제적 제재를 가하는 한한령(限韓令)으로 반격한다. 중국은 베이징이 가시권인 사드(THAAD)가 마음에 들지 않았다.

그런데 한한령이 일어난 근본적인 원인은 사드 이전에 **한국이 만만하게 보였기 때문이다.** 일본이 수출규제로 한국을 길들이려 했던 것처럼, 경제조치로 한국을 길들이려고 한 것이다. 안타깝게도 이 시도는 성공했으며 한한령은 이 책을 쓰는 시점에서 완전히 풀어지지는 않았다. 언론에서는 방송에서 한국 아이돌의 노래가 흘러나온다며 한한령을 풀어줬다고 말하지만 내 생각은 다르다. **중국은 한국이 미중전쟁에서 중국편을 들 거라는 확신이 생기지 않는 한 절대 한한령을 풀지 않을 것이다.**

이따금 한한령이 풀리는 것처럼 보이는 이유는, 중국에 대한 희망을 완전히 놓지 않게 해서 한국을 중국에 잡아두려는 일종의 유인책이다. 무역 비중 1위의 국가가 우리를 버리면 경제가 망가질 것이다. 한한령이 풀리면 중국시장도 이전처럼 열릴 것이다. 그러니 중국을 거스르지 말자는 식의 여론을 형성하기 위해서다.

하지만 우리 입장에선 정치를 위한 경제보복은 한한령, 수출규제만으로도 충분하다. 이런 의미에서 수출규제에 대한 단호한 대처는 한국을 건드리면 일본도 피해를 볼 것이라는 메시지였다. 그리고 우리에게 교훈을 준다. 한국을 괴롭히는 굴레에서 졸업하려면 스스로 강해지는 것이 가장 좋은 **방법이라고.**

일본 졸업

한국과 일본은 앞으로 많이 부딪힐 것이다. 국제적인 영향력을 넓히기 위해 노력하는 국가들이며, 역사적으로 가장 심하게 대립한 나라고, 경제적으로 볼 때 성장하기 위해서 차지해야 하는 분야가 많이 겹치는 나라다. 자동차, 통신 등이 그랬고 최근에는 반도체도 마찬가지다.

그렇다면 우리는 **일본과 싸워야 한다**. 무기를 든 전쟁을 하거나 상대방을 파멸로 몰아넣기 위해 외교를 하자는 것이 아니다. 앞으로 **일본이 한국을 위협하는 정책을 취하지 못하도록, 성장하기 위해 싸우자는 것이다**.

이는 무기를 든 전쟁을 피하기 위한 싸움이며 이를 위해서는 어느 순간 우리 국민들의 공감대가 필요하다. 공감대가 없으면 수출규제가 일어났을 때처럼 일본에게 숙이자는 말이 또 나올 것이다.

일본은 이미 이렇게 싸우고 있다. 물론 2020년 5월, 도널드 트럼프 대통령은 중국을 견제하기 위해 G7을 구성한다. 그리고 여기 대한민국을 초청한다. 일본이 반대할 것이 뻔하기에 초청이라는 형식을 취했을 뿐, 한국의 역할에 따라 G8이 될 가능성도 열려있다. 트럼프 대통령처럼 계산이 밝은 사람이 패권전쟁을 위한 포위망을 구성할 아군에 아무나 가져다 붙이진 않는다. 이는 대한민국이 미국을 지지할 수 있을 정도의 힘이 있으며, 중국에 붙으면 골치 아플 정도의 국가로 성장했다는 뜻이다.

이는 굉장히 중요한 변화다. G7 문제 이전까지만 해도 미국은 항상 일본 편이었다. 위안부합의 강요, 사드 배치 등 오바마 행정부의 여러 가지 정책이 일본의 입맛에 맞는 것이었으며, 오바마 행정부의 국무부 장관 콘돌리자 라이스, 트럼프 행정부의 스티븐 비건 국무부 부장관, 존 볼턴 국가안보 보좌관 등의 핵심인사들은 일본에 아주 우호적인 사람들임을 언동, 행동으로 보여줬다. 그리고 그 정책으로 인한 피해가 한국에 고스란히 떨어졌다. 우리가 일본의 굴레에 얽매인 이유 중 하나기도 했다.

하지만 지금 상황은 다르다. 미국이 한국을 G7에 초청하고, 한국의 미사일 사거리를 늘리도록 허가하더니 나중에는 아예 전술핵 배치까지 논의하기 시작했다. 이는 중국을 견제하기 위한 것이고 중립외교를 해야 하는 우리가 덥석 물 수는 없는 떡밥이지만 한국의 영향력이 강해진다는 신호로 받아들일 수는 있다. 그리고 이는 일본이 필사적으로 막으려고 하는 현상이다.

한국과 일본은 성장을 위해 달리고 있으며 겹치는 분야가 많은 두 나라는 앞으로도 빈번하게 부딪힐 것이다. 서로의 힘을 꺾어서 유리한 고지에 서기 위해 노력할 것이다. 오히려 더 노골적이 될 수도 있다. 한국인이 WTO 사무국장에 입후보하고, WHO의 차기 총장으로 거론되고 있으니까. 상당한 영향력을 가진 일본이 필사적으로 방해하니 쉽지는 않겠지만 국제사회는 이익에 따라서만 움직인다. 그러니 일본의 영향력이 영원할 것이라는 보장은 없다. **그렇다면 한국이 할 일은 이익을 노리는 아군이 모이게 하기 위해 국제사회의 영향력을 키우면서 꾸준히 도전하는 것 뿐이다.**

일련의 수출규제는 일본이라는 외세의 위협에 효과적으로 대처하는 방법을, 코로나 19는 우리 국민이 선진국 국민 이상의 저력을 갖고 있음을 보여줬다. 앞으로는 이를 자산으로 일본의 부당한 위협은 현명하게 대처하고, 우호적인 행위만 우호적으로 화답하면서 그들에게 우리가 이제는 밑이 아니라 대등한 한 국가임을 각인시켜야 한다.

이 과정에서 원칙을 중시, 명분을 얻어가며 대하는 것이 일본이 우리에게 함부로 하지 않게 하는 방법이다.

그렇게 일본의 영향에서 벗어나는 순간, 비로소 과거에서 졸업한 후 다음 단계로 성장할 수 있을 것이다.

참고문헌, 읽어보면 좋은 책들

참고 웹 사이트

일본경제산업성: https://www.meti.go.jp

일본관광청: https://www.mlit.go.jp/kankocho/

일본국세청: https://www.nta.go.jp/

일본농림수산성: https://www.maff.go.jp/

일본문무과학성: http://www.mext.go.jp/

일본부흥청: https://www.reconstruction.go.jp

일본올림픽위원회: https://www.joc.or.jp/

일본외무성: https://www.mofa.go.jp/index.html

일본원자력규제위원회: http://www.nsr.go.jp/

일본중소기업청: http://www.chusho.meti.go.jp/

일본통계청통계국: https://www.stat.go.jp/

일본환경성: http://www.env.go.jp/

일본회의: https://www.nipponkaigi.org/

와세다 대학 종합연구기구: https://www.waseda.jp/inst/cro/

제트로: https://www.jetro.go.jp/

지도리가와전몰자묘원: https://www.chidorigafuchinationalcemetery.com/

코트라: www.kotra.or.kr/

코트라 해외시장 뉴스: https://news.kotra.or.kr/

한국사 데이터베이스: http://db.history.go.kr/

한국은행 경제통계 시스템: https://ecos.bok.or.kr/

후쿠시마 부흥청: https://www.reconstruction.go.jp/

국내출판본

가와이 하야오, 〈일본인의 심성과 일본문화〉, 한울, 2018
가토 요코, 〈그럼에도 일본은 전쟁을 선택했다〉, 서해문집, 2018
가토 요코, 〈왜 전쟁까지〉, 사계절, 2018
가토 히로시, 〈인구로 읽는 일본사〉, 어문학사, 2009
강상중, 〈재일 강상중〉, 삶과 꿈, 2004
감영희 외, 〈일본 사회와 문화〉, 동양북스, 2017
김경민, 〈건축왕 경성을 만들다〉, 이마, 2017
고바야시 히데오, 〈일본의 아시아 침략〉, 와이즈플랜, 2018
김승식, 〈성공한 국가 불행한 국민, 끌리는 책〉, 2013
김숙자 외, 〈사진으로 보고 가장 쉽게 읽는 일본문화〉, 시사일본어사, 2016
김영근, 〈한일 관계의 긴장과 화해〉, 보고사, 2019
김용관, 〈천황〉, 북랩, 2019
김용운, 〈천황이 된 백제의 왕자들〉 한얼사, 2010
김욱, 〈가면 속의 일본 이야기〉, 한국경제신문사, 2014
김효진 외, 〈난감한 이웃 일본을 이해하는 여섯 가지 시선〉, 위즈덤하우스, 2018
개번 매코맥, 〈이기호, 종속국가 일본-미국의 품에서 욕망하는 지역패권〉, 창비, 2008
고마 도시로, 〈일본문화의 선구자들〉, 어문학사, 2007
구마노 히데오, 〈버블의 역습〉, 한즈미디어, 2010
구태훈, 〈일본역사탐구〉, 태학사, 2002
규장각한국학연구원, 〈전란으로 읽는 조선〉, 글항아리, 2016
그레이엄 앨리슨, 〈예정된 전쟁 : 미국과 중국의 패권 경쟁, 그리고 한반도의 운명〉,
    세종서적, 2018
권혁태, 〈일본 전후의 붕괴: 서브컬쳐 소비사회 그리고 세대〉, 제이앤씨, 2003
김시덕, 〈그들이 본 임진왜란〉, 학고재, 2012
김시덕, 〈일본인 이야기 1, 2〉, 메디치미디어, 2019
김현구, 〈김현구 교수의 일본 이야기〉, 창비, 2004

나가츠카 아키라, 〈시바 료타로의 역사관〉, 모시는 사람들, 2014
나가하라 게이지, 〈20세기 일본의 역사학〉, 삼천리, 2011
남기정, 〈일본 정치의 구조 변동과 보수화〉, 박문사, 2017
닛케이, 〈일본 기업은 AI를 어떻게 활용하는가〉, 페이퍼로드, 2018
노가미 다다오키 〈아베 신조, 침묵의 가면〉, 해냄, 2016
노무라종합연구소, 〈2019 한국경제 대예측〉, RHK, 2019
노성환, 〈젓가락 사이로 본 일본문화〉, 교보문고, 1997
니혼케이자이 신문사, 〈샤프 붕괴〉, AK, 2017

다카사키 소지, 〈식민지 조선의 일본인들〉, 역사비평사, 2006
다카하시 데쓰야, 〈일본 전후책임을 묻는다〉, 역사비평사, 2000
다케우치 야스오, 〈일본인은 왜 그럴까〉, 삼화, 2019
대외경제정책연구원, 〈일본의 FTA 추진전략과 정책적 시사점〉, 휴먼컬처아리랑, 2016
도널드 킨, 〈메이지라는 시대 1~2〉, 서커스, 2017
도리우미 유타카, 〈일본학자가 본 식민지 근대화론〉, 지식산업사, 2019
동북아역사재단, 〈몽골의 고려, 일본침공과 한일관계〉, 경인문화사, 2009

루스 베네딕트 〈국화와 칼〉, 연암서가, 2019
루스 베네딕트 〈국화와 칼〉, 을유문화사, 2019

마리우스 B 잰슨, 김우영 외 옮김 〈현대 일본을 찾아서〉 1·2권, 이산, 2006
마츠다 고이치로, 후쿠자와 유키치 다시보기, 아포리아, 2017
미야자키 마사카츠, 〈하룻밤에 읽는 세계사 2〉, 랜덤하우스코리아, 2011

박규태, 〈일본은 왜? 국화와 칼〉, 크레듀, 2016
박상준, 〈불황탈출〉, 알키, 2019
박상현, 〈일본 문화의 패턴〉, 박문사, 2017
박상휘, 〈선비, 사무라이 사회를 관찰하다〉, 창비, 2018
박시백, 〈35년 1~5〉, 비아북, 2019

박유하, 〈누가 일본을 왜곡하는가〉, 사회평론, 2000
박훈, 〈메이지유신은 어떻게 가능했는가〉, 민음사, 2014
방호경, 나승권, 이보람, 〈한 중 일 3국 IT서비스 산업의 비교 우위 검토〉, 대외경제정책연구원, 2014

삼성경제연구소, 〈한국기업의 글로벌 경영〉, 위즈덤하우스, 2008
서중석, 〈서중석의 현대사 이야기 1~11〉, 오월의 봄, 2015
서현섭, 〈일본 극우의 탄생, 메이지 유신 이야기〉, 라의눈, 2019
스티브 워커, 〈카운트다운 히로시마〉, 황금가지, 2005

아라이 신이치, 〈폭격의 역사〉, 어문학사, 2015
아사히 신문 취재반, 〈그럼에도 일본은 원전을 선택했다〉, 호밀밭, 2019
아오키 오사무, 〈아베 삼대〉, 서해문집, 2017
아오키 오사무, 〈일본회의 정체〉, 율리시즈, 2017
야마다 아키라, 〈일본, 군비확장의 역사〉, 어문학사, 2014
안베 유키오, 〈일본경제 30년사〉, 에이지21, 2020
안성두, 한태규 〈동아시아 공동체 논의 현황 및 고려사항〉, 2010
야스다 고이치, 김현욱 옮김 〈거리로 나온 넷우익: 그들은 어떻게 행동하는 보수가 되었는가〉, 후마니타스, 2013
야스다 고이치, 이재우 옮김 〈일본 '우익'의 현대사〉, 오월의봄, 2019
양의모, 〈일본은 왜 이상한 나라가 되었는가〉, 좋은땅, 2019
오구라 가즈오, 〈한일 경제협력자금 100억 달러의 비밀〉, 디오네, 2015
오코노기 마사오, 〈한반도 분단의 기원〉, 나남신서, 2012
오태헌, 〈일본탐구〉, 석필, 2006
와다 하루키, 〈러일전쟁 1, 2〉, 한길사, 2019
와타나베 히로시, 〈일본정치사상사〉, 고려대학교출판문화원, 2017
요시다 유타카 〈일본 근 현대사 시리즈 1~10〉, 어문학사, 2012
우메사오 다다오, 〈일본인의 생활〉, 혜안, 2001
우수근, 〈한중일 힘의 대전환〉, 위즈덤하우스, 2019

유시민, 〈유시민과 함께 읽는 일본문화 이야기〉, 푸른나무, 2002
유인선 외, 〈사료로 보는 아시아사〉, 위더스북, 2014
유정래, 〈일본 무사 이야기〉, 어문학사, 2016
유홍준, 〈나의 문화유산답사기 일본편 1~4〉, 창비, 2014
이경규, 〈일본문화의 이해와 독해〉, 신아사, 2018
이규수, 〈한국과 일본, 상호인식의 변용과 기억〉, 어문학사, 2014
이만희, 〈일본 열도는 왜 후진하는가〉, 인간사랑, 2016
이명찬, 〈일본회의와 아베 정권의 우경화〉, 동북아역사재단, 2018
이문기 외, 〈한중일의 해양인식과 해금〉, 동북아역사재단, 2007
이성주, 〈러시아 VS 일본 한반도에서 만나다〉, 생각비행, 2016
이성주, 〈미국 VS 일본 태평양에서 맞붙다〉, 생각비행, 2017
이성현, 〈미중전쟁의 승자, 누가 세계를 지배할 것인가? : 중국편〉, 책들의 정원, 2019
이시이 다카시, 〈메이지유신의 무대 뒤〉, 일조각, 2008
이시하라 슌, 〈군도의 역사사회학〉, 글항아리, 2017
이어령, 〈축소지향의 일본인〉, 문학사상사, 2008
이영숙, 〈일본문화의 이해〉, 석필, 2017
이영채, 한홍구, 〈한일 우익 근대사 완전정복〉, 창비, 2020
이종윤, 김현성, 〈전환기의 한일경제〉, 이채, 2007
이원복, 〈업그레이드 먼나라 이웃나라 일본 1, 2〉, 김영사, 2018
이케하라 마모루, 〈맞아죽을 각오를 하고 쓴 한국한국인 비판〉, 중앙M&B, 1999
이헌모, 〈도쿄30년 일본의 정치를 꿰뚫다〉, 효형출판, 2018
에드워드 챈들러, 〈금융투기의 역사〉, 국일증권경제연구소, 2001

전용신, 〈일본서기〉, 일지사, 1997
정세현, 〈담대한 여정〉, 메디치미디어, 2018
정세현, 이종석 외, 〈한반도 특강〉, 창비, 2018
정형, 〈천황제국가 비판〉, 제이앤씨, 2000
정효운, 〈프라임 일본문화정보〉, 신아사, 2018

조경달, 〈근대 조선과 일본〉, 열린책들, 2015
조양욱, 〈상징어와 떠나는 일본 역사문화 기행〉, 엔북, 2018
조종화, 〈일본의 자산버블 경험과 한국에 대한 시사점〉, 대외경제정책연구원, 2003
조현범, 〈문명과 야만: 타자의 시선으로 본 19세기 조선〉, 책세상, 2003
존 리, 김혜진, 〈다민족 일본〉, 소명출판, 2019
존 톨런드, 박병화, 이두영 옮김, 〈일본 제국 패망사〉, 글항아리, 2019
제프 라이언, 〈닌텐도는 어떻게 세계를 정복했는가〉, 이레미디어, 2009

차학봉, 〈일본에서 배우는 고령화 시대의 국토-주택정책〉, 삼성경제연구소, 2013
최관, 〈우리가 모르는 일본인〉, 고려대학교출판부, 2006
최인규, 〈밉지만 알아야 하는 삐뚤빼뚤 일본이야기〉, 지식과 감성, 2019

피터 자이한, 〈21세기 미국의 패권과 지정학〉, 김앤김북스, 2018

하네다 마사시, 고지마 쓰요시, 〈바다에서 본 역사〉, 민음사, 2013
하야미 아키라, 〈근세 일본의 경제발전과 근면혁명〉, 혜안, 2006
하야시 에이다이, 〈사할린은 통곡한다〉, 보고사, 1992
하우봉, 〈한국과 일본 - 상호인식의 역사와 미래〉, 살림, 2005
하종문, 〈일본사 여행〉, 역사비평사, 2014
하종문 역, 〈20세기 일본의 역사학〉, 삼천리, 2011
한림대 일본학 연구소, 〈한일 관계의 긴장과 화해〉, 보고사, 2019
한상일, 한정선, 〈일본, 만화로 제국을 그리다〉, 일조각, 2007
한영혜, 〈일본사회개설, 한울아카데미〉, 2004
함동주, 〈천황제 근대국가의 탄생: 일본〉, 창비, 2009
호리 가즈오, 〈일본 자본주의와 한국, 대만〉, 전통과현대, 2007
호머 헐버트, 〈대한제국멸망사〉, 집문당, 1999
호사카 마사야스, 〈쇼와 육군〉, 글항아리, 2016
호사카 유지, 〈아베, 왜 그는 한국을 무너뜨리려 하는가〉, 지식의숲, 2019
호사카 유지, 〈호사카 유지의 일본 뒤집기〉, 북스코리아, 2019

호즈미 가즈오, 〈메이지의 도쿄〉, 논형, 2019
홍익희, 〈조선의 은 제련기술과 백자, 일본 경제대국 만들다〉, 유페이퍼, 2012
후카오 쿄지, 〈한반도 통일이 일본에 미칠 편익비용 분석〉 대외경제정책연구원, 2014
후쿠자와 유키치, 허호, 〈후쿠자와 유키치 자서전〉, 이산, 2006

KBS 국권침탈 100년 특별역사다큐 제작팀, 〈한국과 일본, 2000년의 숙명〉, 가디언, 2019
NHK 도카이무라 임계사고 취재반, 〈83일〉, 뿌리와이파리, 2015

해외출판본 (영문표기 알파벳순)

荒木 博之, やまとことばの人類学, 朝日新聞社 1985
石井良助, 天皇 -天皇の生成および不親政の伝統, 講談社学術文庫, 2011
内村鑑三, 代表的日本人, 岩波書店, 1995
笠谷和比古, 黒田慶一, 秀吉の野望と誤算―文禄・慶長の役と関ケ原合戦, 2000

河合隼雄, 日本人とアイデンティティ―心理療法家の着想, 講談社, 1995
加藤陽子, それでも, 日本人は「戦争」を選んだ, 新潮文庫, 2016
木畑洋一, 帝国航路(エンパイアルート)を往く, 岩波書店, 2018
北島万次, 加藤清正―朝鮮侵略の実像, 吉川弘文館, 2007
北島万次, 豊臣政権の対外認識と朝鮮侵略, 校倉書房, 1992
北島万次, 秀吉の朝鮮侵略と民衆, 岩波新書, 2012
金容雲, 日韓民族の原型―同じ種から違った花が咲く, サイマル出版会, 1986
清水正之, 日本思想全史, ちくま新書, 2014
栗田勇, 日本文化のキーワード, 祥伝社, 2010
古田博司, 朝鮮民族を読み解く, ちくま学芸文庫, 2005

南博, 日本人論―明治から今日まで, 岩波書店, 1994
三戸公, 恥を捨てた日本人―民主主義と〈家〉の論理, 未来社, 1987
森岡孝, 二働きすぎの時代, 岩波書店, 1996

大森尚三郎, 日本人のすべて, 三省堂, 1988
大浜徹也, 日本人と戦争―歴史としての戦争体験, 刀水書房, 2002

佐藤和, 日本型企業文化論, 慶應経営学叢書, 2019
申尚穆, 韓国の外交官が語る 世界が見習うべき日本史 今こそ大事な江戸時代の 真の姿, サンクチュアリ出版, 2018
篠沢秀夫, 日本国家論―花の形見, 文藝春秋, 1992

津田大介, 安倍政権のネット戦略, 光文社, 2013
津田真澂, 日本の経営文化―二十一世紀の組織と人, ミネルヴァ書房, 1994

浜口恵俊,「日本らしさ」の再発見, 講談社学術文庫, 1988
帚木蓬生, 生きる力 森田正馬の15の提言, 朝日新聞出版, 2013
藤本隆宏, 現場から見上げる企業戦略論, 角川新書, 2017
林えいだい, 妻たちの強制連行, 風媒社, 1994
林えいだい, 清算されない昭和 : 朝鮮人強制連行の記録, 岩波書店, 1990
安田浩一 : ネットと愛国, 講談社+α文庫, 2015
林えいだい, 筑豊·軍艦島 : 朝鮮人強制連行, その後 :《写真記録》, 弦書房, 2010
吉見俊哉, 戦後と災後の間, 溶融するメディアと社会, 集英社, 2018
吉見俊哉, 大予言「歴史の尺度」が示す未来, 集英社, 2017
吉見俊哉, 平成時代, 岩波新書, 2019
吉見俊哉, ポスト戦後社会―シリーズ日本近現代史, 岩波新書, 2009
渡邊惣樹, 日本開國: アメリカがペリ-艦隊を派遣した本當の理由, 草思社, 2016

보도자료/웹자료/영상자료

강인욱(한겨레): 일본은 왜 한국을 '되찾아야 할 고향'이라 하는가?
강주화(국민일보): 고민정 청와대 대변인 "한국신용등급, 일본과 중국보다 높다"
고은지(연합뉴스): 日규제시 '위험품목' 반도체소재·기계장비, 대일수입액 8% 차지
권중혁(국민일보): "싸움은 첫 한방이 중요해" 아베 참모들이 수출규제 밀어붙였다

김상기(국민일보): "이 벌레 때문에 8조원을?" 아베 옥수수 구매 뭇매
김병규(연합뉴스): 日법원, 한국인 야스쿠니 합사 취소 소송서 원고 패소 판결
김인영(오피니언뉴스): 明나라, 일본 銀의 블랙홀
김선재(SBS 오! 클릭): 日 정부, 한국인 유골 봉환 요청 '모르쇠' 이유는?
김종대(뉴스공장): 전쟁 가능한 나라를 꿈꾸는 아베 정권, 군사 대국화 움직임 속 9.11 개각 진단
김종성(오마이뉴스): 일 국왕 '통석의 염'은 사과 아닌 조롱
김현종(뉴스공장): 방미 외교와 日 수출규제에 대한 입장

노주희(시사인): 이것 때문에 후쿠시마 수산물 WTO 승소하다

미키 데자키: 주전장 (2019)

박고은(노컷뉴스): 日기업 6곳, '朴 대선자금' 제공 후 한일협정 체결돼
박혜원(뉴스원): "日 3년간 끌어온 마이너스 금리 역효과. 경기악화 신호만 줘"

서중석(프레시안): 서중석의 현대사 이야기, 日, 왜 박정희 후계자로 전두환을 밀었나?
시라이 사토시(한국일보): "아시아 일등국 위협받는 일본, 집단적 히스테리 한국에 분출"

요시노 다이치로(허핑턴포스트 일본판): 일본 우익청년이 '혐한시위'에 반대하는 이유
우치다 다쓰루(시사인): "미국이 '그만둬' 하면 경제제재 바로 중단"
유원정(노컷뉴스): 폭발한 대마도 민심 "韓 관광객 '제로', 정부 책임져라."
이일호(인사이트): 아베의 경제침략 대반전, 韓-日 경제력 차이는?
이경주(서울신문): "도쿄올림픽 경기장 방사능 출입금지 수준"
이세원(연합뉴스), 日방위백서, 독도 충돌시 전투기 출격 가능성 첫 시사 '도발'
이영채 교수 특강(한홍구 TV, 역사 '통'): 1강 일본은 왜 역사 반성을 하지 못했는가?
이영채 교수 특강(한홍구 TV, 역사 '통'): 2강 야스쿠니 문제란 무엇인가?
이영채 교수 특강(한홍구 TV, 역사 '통'): 3강 전후 재일조선인 문제와 북일 관계
— 북일 국교 정상화는 가능한가?

이영채 교수 특강(한홍구 TV, 역사 '통'): 4강 전후 일본 사회운동과 오늘의 일본
이일호(인사이트): 아베의 경제침략 대반전, 韓-日 경제력 차이는?
이현숙(그린피스): 도쿄전력 3가지 거짓말, 이솝우화 양치기 소년의 실화

장관순(노컷뉴스): 日 공세에도 7월 외환보유액 4천만달러 증가…4031.1억달러
정영욱(한겨레): "맥아더 각하, 쌀 배급만 늘려주면 천황제 없애도 환호"
조세영(한겨레): 대사님, 좀 들어오시죠, 새벽 2시에
조세영(한겨레): '한국은 거짓말할 줄 모르잖아요'의 속뜻은

채민기(조선일보): "40대, 우리나라 최초의 개인주의 세대"
채명석(시사IN): 후지TV가 반한류 시위 표적이 된 까닭
최은경(조선일보): 日변호사·네티즌이 '혐한 동영상' 30만개 없앴다

콘도 다이스케(월간중앙): 아베 신조, 그 혈통과 성장의 비밀

한정선(일본비평): 현대 일본우익 대중주의의 알고리즘: 고바야시 요시노리
　'전쟁론'의 언설과 이미지
함나얀(동아일보): 日, IAEA서 얼떨결에 '후쿠시마 오염수' 방사능 물질 시인
호사카 유지(대화의 희열2): 일본군 위안부 문제
호사카 유지(차이나는 클라스): 51회 '독도와 위안부, 혐일을 넘어 극일로'
홍우람(뉴스타파): 日외무성 "계엄군 5·18 진압은 효과적, 다행…" 외교문서
　최초공개

明石順平: アベノミクスの「成果」を示すデータ集
鈴木貴博(ダイヤモンド): セブンにくら寿司,「バイトテロに法的措置」が止むを得
　ない理由
戸坂弘毅: 次期首相に最も近い男・菅官房長官、哀しいまでの「中身のなさ」
舛添要一(JBpress): 次期首相は「安倍路線の継承」だけでは済まされない
野尻民夫(LITERA):「ポスト安倍は菅官房長官で決まり」予想でマスコミがさっ

そく菅官房長官に尻尾ふり！ 報道番組は出演オファー、ワイドショーは忖度復活

古谷有希子(Yahoo News): 日韓関係の悪化は長期的には日本の敗北で終わる

古川勝久(Newsweek): 韓国の反論は誤解だらけ

朝日新聞: 菅氏優位、細田・麻生両派が支持　総裁選、顔ぶれ固まる

NHKクローズアップ現代+: どうなる"最悪"の日韓関係~解決の糸口はあるのか~

NHKクローズアップ現代+: 亀裂深まる日本と韓国 ~「徴用」判決の波紋~

NHKクローズアップ現代+: 韓国　過熱する"少女像"問題　~初めて語った元慰安婦~

内閣総理大臣官邸: 安倍内閣総理大臣記者会見 (2020年、8月28日)

NHKニュース: 島耕作が歩んだ"平成"

NHKニュース: 原発事故 "土から放射性物質 取り除いて" 農家の訴え

日本経済新聞: 福島の農産物輸出量が最多に 2018年度

기타사항

1. 천황이라는 표현은 일본의 오랜 역사 속에서 정착된 고유명사이지만, 이 용어에 대한 반감이 있는데다 다른 입헌군주제 국가와는 달리, 헌법상 국가원수가 아니라는 점 따라서 황/왕이라는 표현이 혼동을 줄 수 있다 판단되어 '덴노'를 고유명사로 표기하는 안을 채택하였습니다.

2. 위 참조서적류는 인용만이 아니라 추리, 분석방식 및 근거를 참조한 서적, 데이터도 같이 정리하였음을 알려드립니다.